colección textos / 56

Con la colección TEXTOS, Editorial Planeta se ha propuesto ofrecer al público una serie de documentos que, por la personalidad de sus autores, por la importancia de su contenido, o por el impacto que su aparición causa en la opinión pública, son de lectura imprescindible para la cabal comprensión de los problemas socio-políticos de nuestro tiempo.
La colección TEXTOS se postula como complemento de la colección ESPEJO DE ESPAÑA, y como ella responde a una voluntad de testimonio abierto y objetivo.

MANUEL FRAGA IRIBARNE

Ideas para la reconstrucción de una España con futuro

EDITORIAL PLANETA   BARCELONA

COLECCIÓN TEXTOS
Dirección: Rafael Borràs Betriu
Consejo de Redacción: María Teresa Arbó, Marcel Plans y Carlos Pujol

Editorial Planeta, S. A., Córcega, 273-277, Barcelona-8 (España)
Diseño colección y cubierta de Hans Romberg (foto V. Clavell/Firo-Foto y realización de Jordi Royo)
Primera edición: mayo de 1980
Segunda edición: junio de 1980
Tercera edición: septiembre de 1980
Depósito legal: B. 28.169-1980
ISBN 84-320-0626-2
Printed in Spain - Impreso en España
Grafson, S. A., Luis Millet, 69. Esplugas de Llobregat (Barcelona)

Índice

A los que han muerto por defender
a España, su unidad y su ley

A los que deben vivir y luchar porque
su muerte injusta no sea estéril

Prólogo

Día a día, España avanza por el camino difícil de una compleja transición política; por «mares nunca antes navegados». Muchos españoles se preguntan si pesa sobre nosotros alguna maldición o maleficio; por qué, a lo largo de dos siglos, tantas veces hemos de volver al enfrentamiento, a la duda, a la inhibición, a repetir errores pasados. Muchos se interrogan dramáticamente, mientras se tritura la tradición, cede el sentido de la ley, aumenta la abstención, cuál puede ser el futuro de nuestra España.

Ese futuro no es como la meteorología, que no podemos hacer gran cosa para cambiarla; es, en gran parte, previsible y susceptible de que se sienta nuestra acción meditada, serena y responsable. No cabe un activismo apasionado; es esencial el análisis de los hechos y la utilización de los instrumentos adecuados.

Cada vez estoy más convencido de que las ideas claras y las actitudes firmes son lo único que construye la Historia. Una vez más, ofrezco mi convicción de que no tenemos salida hacia atrás, ni hacia la utopía. Somos lo que somos; podemos reformarlo o mejorarlo; podemos también destruirlo. Lo que no podemos es ser otra cosa que españoles; españoles de hoy, de ayer y de siempre. Y ésa es una cosa muy seria para jugar con ella.

Una España con futuro es una España con raíces; una España con sentido común en el presente; una España con ilusión de empresa para el porvenir. Es, en particular, una España con una organización política viable, capaz de establecer una legitimidad compatible con la eficacia.

Hágase España, una España a la vez tradicional y moderna, y habrá orden, ley, progreso económico, justicia social, autonomías y todo lo demás. Nada de esto será, en cambio, posible si empezamos por desmontar a España misma.

Desde este espíritu he escrito estas páginas, volanderas como corresponde a una etapa de transición, pero que aspiran a recoger el guante de un desafío global, que sin duda afecta a nuestra sociedad entera.

Por entre sus líneas, que buscan la clarificación, late por supuesto la angustia de muchos, que es la mía. Por eso dedico el libro a los que sufren más y a los que están obligados a luchar porque las cosas se arreglen.

Madrid, febrero de 1980.

1. La crisis del Estado constitucional

Nos enfrentamos con una crisis indudable del Estado en la mayoría de los países de nuestra civilización occidental, tema al que vengo dedicando amplias meditaciones desde hace un cuarto de siglo, de observación teórica y práctica.[1] Pertenece a la naturaleza social del hombre, ser libre y creador, el que sus organizaciones estén en crisis consustancial y permanente. Porque el hombre, por ser capaz de discurso y ambición, a la vez que libre del instinto en sus decisiones, tiene el tremendo privilegio (a diferencia de las abejas y las hormigas) de estar constantemente intentando mejorar su entorno social.

La Historia de la Humanidad, vista en su conjunto, muestra, indudablemente, una corriente de progreso. Vista en detalles, las conclusiones son más difíciles; el avance está lleno de discontinuidad; pocas sociedades han logrado la estabilidad, y no por mucho tiempo; la vida de la mayoría de los hombres ha sido penosa y breve. El progreso, en definitiva, se ha logrado para los menos, sobre el sacrificio de muchos. No siempre se progresa; a veces se retrocede. Cada sociedad ha de ser, por ello, muy vigilante de su propia estabilidad y crítica de su propio pro-

1. Ver mi libro *La crisis del Estado*, Madrid, 1955; segunda edición, 1958.

greso, no cometiendo la ingenuidad de creer que otros le van a arreglar sus propios problemas, ni de pensar que los esquemas de uno son necesariamente válidos para otros.

La Historia es, en fin, un cementerio de Estados sucesivamente enterrados por otros; una repetición constante del festín de Baltasar, con sus signos de fuego en la pared. Los visigodos enterraron al Estado hispanorromano; los árabes al Estado visigodo; los reinos cristianos a los reinos de taifas; el Estado liberal al Antiguo Régimen. Hoy nadie duda de que atravesamos una crisis profunda, que afecta no sólo a la raíz de la organización política, sino a todos los sectores de la convivencia: a nivel familiar, escolar, profesional, etc. No es sólo una crisis de Estado; afecta a los cimientos de la vida humana y social, al sitio del hombre en la vida y en el cosmos. Como toda crisis, viene acompañada de un pesimismo generalizado; hay que ver también sus posibilidades creadoras y regeneradoras, pues «tales tiempos son siempre grandes tiempos», como observó Goethe. Por supuesto, las crisis ponen a prueba a los pueblos y también a sus dirigentes de turno.

La situación general de hoy es, en efecto, de hastío generalizado, de desilusión, de pesimismo, de falta de ideales y hasta de ambiciones; por lo menos en nuestra zona histórica y geográfica, antes por excelencia una grey de pueblos agresivos, lanzados y creadores.

Y no es un tema de edad; al contrario, lo que más nos preocupa a los adultos de este fin de siglo (padres, maestros, pastores, o lo que sea), que al fin y al cabo ya hemos vivido lo nuestro, es, justamente, la actitud de tristeza, de hastío, de evasión, de pasotismo, de falta de alegría de vivir que se encuentra en los jóvenes aún más que en los viejos; preocupación tanto más profunda cuanto que no nace del hastío del corazón, sino de la frustración de la cabeza.

No es, por supuesto, una situación totalmente nueva y sin precedente. La sensación de un mundo envejecido (*«senuerat iam mundus»)* nos la muestra la Historia en diversas épocas y culturas; períodos de crisis generalizada de las tradiciones, de derrumbamiento de las instituciones, de falta de horizontes, de agotamiento de las fórmulas. Lo tremendo es que hoy no se trata tanto de la falta de medios, como de un no saber qué hacer con ellos, en su increíble abundancia y plenitud; lo que precisamente da la medida de nuestras carencias intelectuales y morales. Como ha escrito recientemente M. Poniatowski, «la gran paradoja es que nos encontramos con la causa de nuestros problemas en la misma realización de nuestros sueños». Lo que «es una victoria, se convierte en melancolía y discutido. Todos los sectores de la sociedad... parecen haber perdido sus metas y la conciencia de sus instintos colectivos».[2]

Un elemento indudable de este desconcierto ha sido la aceleración de la historia, es decir, la acumulación y el volumen de los cambios. Más que el *Eduardo II* de Bertolt Brecht, hoy sangramos todos mortalmente «de tanto cambio súbito». La demografía se ha disparado; la población mundial, estimada en 1750 en 700 millones de seres humanos, pasa en 1850 a 1 100, en 1950 a 2 500, en 1976 a 4 000 millones; y la mayoría se amontonan en ciudades cuyo monstruoso crecimiento se produce hoy en todas partes, independientemente de que haya o no industrialización y viviendas, como ocurre en África.

La vida de estas grandes masas se ha visto constantemente sacudida por los impactos continuos de una tecnología en pleno avance. Empezó la máquina de vapor; ya en 1850 se quemaban 90 millones de toneladas de carbón, 700 en 1900, 1 800 en 1958. Siguió el motor de explosión en

2. Michael Poniatowski, *L'avenir n'est écrit nulle part*, París, 1978, p. 53.

1862, el automóvil en 1886, el motor diesel en 1893, el de aviación en 1900, el reactor en 1939, los supersónicos a partir de 1953. La electricidad transforma el alumbrado, y permite la radio en 1922, la televisión en 1926, el cerebro electrónico en 1931. La primera pila atómica se monta en 1942; la primera bomba nuclear explota en 1944; siguen rápidamente la bomba H y las centrales nucleares. La lista sería interminable.

Pues bien: todos estos cambios no sólo han hecho resquebrajarse las bases sicológicas y sociológicas de nuestro mundo, sino que, curiosamente, han hecho transformar la actitud inicial de optimismo, ante los logros de la razón y de la técnica, en otra cada vez más pesimista, sobre la capacidad del hombre y de la sociedad para dominarlas. En el siglo XVIII, nadie dudaba del triunfo de la diosa Razón y de que el proceso haría a los hombres más felices y más libres. A finales del siglo XIX, bien asentada la sociedad liberal y muy avanzada la civilización tecnológica, se daba por segura una época de desarrollo económico, educación general y democracia plena; mejores leyes sociales y aumento generalizado del nivel de vida y el consumo. Todo ello se ha logrado, básicamente, en muchas sociedades occidentales; pero eso no ha impedido en las mismas guerras irracionales y otros choques, y las mismas se encuentran en medio de un terrible pesimismo antropológico y sociológico, cuya mejor prueba es que no se reproducen; países como Alemania e Inglaterra están por debajo del crecimiento cero, y a él se acercan otros países europeos.

Y, lo que es peor, a finales del siglo XX, todo aquello sigue siendo un sueño para muchos; grandes sectores de la Humanidad se están organizando bajo otros principios; y los países que han completado el ciclo se encuentran con nuevos problemas, y muchos están pensando en que hay que idear otra cosa. La Humanidad, en fin, no ha encontrado en el progreso tecnológico la salvación que esperaba; y el *nomos* o ley básica del planeta terráqueo no se logra, de acuerdo con el estadio actual de la población, las técnicas, las comunicaciones, etc.

Estamos, en efecto, en medio de una profundísima *crisis cultural.* Unos y otros estamos cada vez más separados de aquellas *sociedades orgánicas* que se fueron desarrollando desde el neolítico a la sociedad industrial; y cada vez más sometidos al bombardeo ideológico y publicitario.

Las viejas culturas, de base agraria y también urbana (unas ciudades amuralladas en medio de un universo campesino), han estallado. Las actuales sociedades, mucho menos *integradas*, agrupan a millones de individuos, mucho menos integrados en grupos intermedios, y muy desintegrados interiormente.

La debilidad de estas sociedades, cada vez menos vertebradas, y cada vez más desestabilizadas, es indudable. Sólo desde estos supuestos se pueden comprender situaciones como la de mayo de 1968 en Francia, aquel caos indescriptible que aún no sabemos ni cómo vino ni cómo se fue. Una generación de franceses, de la que han salido fenómenos tan importantes como los «nuevos filósofos» y la «nueva derecha», todavía le están dando vueltas al asunto, de cómo el viejo y sabio París pudo ser tan frágil.

Es indudable que nuestras sociedades se han ido apartando de los sólidos cimientos espirituales que les daban la moral tradicional y la familia. Por otra parte, la moral liberal, basada en la racionalidad económica y en una ética de la eficiencia individual, se desgasta progresivamente (como ha señalado Habermas) a medida justamente que se separa del soporte que le daba la base religiosa tradicional. El mercado del arte no puede reemplazar a la teología, ni las relaciones entre naturaleza y sociedad pueden encontrar cabida plena en el marco de las relaciones de mercado.

Marx ya había planteado, desde el comienzo, la guerra cultural, en su ataque a la religión, como «opio del pueblo», convencido de que no pueden coexistir dos órdenes espirituales; Gramsci y Mao Tse-tung la han llevado a las últimas consecuencias. El orden social es atacado desde dentro. Antonio Gramsci descubrió la importancia del «poder civil» implícito resultando de la aceptación general de una serie de valores, mitos, sentimientos y costumbres, que crean una base consuetudinaria de respeto a lo establecido. Sin ese consenso básico, ningún Estado puede funcionar a la larga, por fuertes que sean sus instrumentos de coacción.

Sobre esas sociedades desintegradas, se ha lanzado una acción sistemática de subversión de los fundamentos sicológicos, morales y estructurales, oponiendo un «poder cultural» paralelo que respalda y facilita la tarea de la oposición política propiamente dicha.

Los gobernantes de la derecha política y los administradores de la derecha económica han tardado mucho en advertir el peligro; sólo atisbaron unas modas intelectuales y estéticas, sin trascendencia, cuando lo que venía era una guerra cultural sin cuartel.

Observando los periódicos de más prestigio en Europa, se puede ver que, a menudo, la página política está inspirada por el Gobierno; la económica, por la comunidad financiera; la cultural, por los marxistas. Ahí, justamente, está el problema: eso es el *establishment* real, pero no hace falta ser un lince para comprender quién gana a largo plazo, teniendo en sus manos las minas que debilitan las murallas, que un día habrán de oír las trompetas de Jericó.

Tampoco se advierte que, a través de los actuales medios de comunicación de masas (libros de bolsillo, discos, transistores, etc.) y del aumento del tiempo libre, el impacto de las «canciones protesta» y de los «testimonios críticos» era mucho mayor que en épocas anteriores. Desde el urbanismo a la moda, todo ha ido confluyendo a crear un clima general de escepticismo, en el que se van disolviendo, como en un ácido, el patriotismo, las lealtades institucionales y todo lo demás.

La «cultura de la decadencia» (modas incoherentes, espectáculos absurdos, erotismos desviados, antisiquiatría, etc.) es el caldo ideal de cultivo para preparar la revolución. Un verdadero «terrorismo intelectual», que destruye o silencia todo lo positivo del orden social, y machaca sin cesar sus «contradicciones», actúa al respecto de modo coordinado y continuo. Parte esencial del mismo es la destrucción sistemática del espíritu de competencia y de esfuerzo; la devaluación de los títulos profesionales; la reprobación de los exámenes y sistemas selectivos; la destrucción del concepto de educación como adaptación e *integración* de la persona en su comunidad, sustituida por la *contestación* sistemática.

Recordemos que un americano medio, leyendo un promedio diario de 52 minutos, más los espacios de radio y televisión, «impacta» de 10 a 20 000 palabras impresas, 11 000 en la radio, y muchísimas en televisión, recibiendo unos 560 mensajes publicitarios. El tema clave de la información y difusión cultural, tabú para el legislador, da a los «creadores de imagen» un inmenso poder, con muy escaso control social.

Nuestras sociedades han pasado de la sobriedad al mundo de la droga; del puritanismo al pansexualismo; del respeto a la hipercrítica. Y el hombre no puede construir un mundo estable sin basarse en algún arraigo, en una acumulación tradicional. Para ser alguien, y sobre todo, para ser libre, hay que estar implantado; para ser creador, hay que tener raíces. No basta con defender la naturaleza física, hay que proteger también el medio histórico, el patrimonio cultural.

Al lado de la crisis cultural, la *profunda desestabilización del sistema económico*. La esperanza poskeynesiana de haber dominado el ciclo económico expansión-recesión, y de haber entrado en un período de crecimiento o desarrollo indefinido, se ha roto; hemos desembocado ahora en la «estanflación», en un estancamiento con inflación, para el cual no hay soluciones en los libros.

El sistema económico montado al final de la segunda guerra mundial se ha derrumbado. No funcionan sus *bases monetarias*; los acuerdos de Bretton Woods (1944) lo hacían descansar en el dólar, convertible al precio de $ 35 la onza. El dólar ya no es convertible, y la onza se ha disparado por encima de $ 800. No funciona tampoco su *base comercial*, que era teóricamente el libre comercio. Por todas partes han surgido «comunidades económicas», es decir, clubs exclusivos y excluyentes, como lo demuestra con toda evidencia la actual situación de nuestras relaciones con la CEE. Sobre todo, se han derrumbado los *presupuestos energéticos*; hemos pasado de una energía abundante y barata a una energía cara y escasa. Recordemos que el consumo por persona y año, de «equivalente petróleo» (TEP) es, en Estados Unidos, de 8,5 toneladas métricas; en Europa, de cerca de 4; en el resto del mundo, de 0,7. Este factor sube de precio vertiginosamente y sin esperanza de cambio.

También se han disparado los costos de la investigación y la inversión. Cada vez cuesta más crear un puesto de trabajo. Y, en 1903, los hermanos Wright se construyeron su propio aeroplano por unos pocos cientos de dólares; en 1969, el proyecto Apolo 11, que llevó a los tres astronautas a la Luna, movilizó durante 10 años a 300 000 personas, y costó 25 millones de dólares.

Lo cierto es que la economía mundial está perdiendo

gas, mientras crecen las poblaciones y sus necesidades; aumenta el desempleo y se desacelera el crecimiento y la inversión. El impacto sobre unas sociedades cada vez más exigentes, con juventudes más independientes e instruidas, es realmente serio. Se quiere trabajar menos y consumir más; el resultado no puede ser otro que frustración y enfrentamiento. Y, por supuesto, crisis profunda en las *relaciones sociales* de todas clases y a todos los niveles: familia, escuela, empresa y cualesquiera otras instituciones.

Sería imposible referirnos a la totalidad de estas cuestiones; enumeremos simplemente algunas de las más trascendentales. La *crisis juvenil*: resultado de *múltiples factores*, como la expansión y prolongación del sistema educativo, que produce una «moratoria sicosocial» de portentosas consecuencias; el *choque de modelos culturales*, cuando se actúa a la vez en la familia paterna, en la escuela y en el trabajo; la familia *igualitaria*, menos institucional y dotada de menos autoridad; la presencia de anticonceptivos eficaces y de fácil empleo; la tendencia igualitaria llevada a límites extremos.

La crisis de las *relaciones entre los sexos*, una de las polaridades esenciales de la vida humana social. Relaciones prematrimoniales, trabajo de la mujer, divorcio fácil, y mil problemas más, que debilitan la familia, unidad básica de consumo y de educación.

La *crisis de las escuelas*: a finales del siglo XVIII, y aun hace veinte años, no se dudaba de que la ilustración mejoraba a los individuos; y desde los años 30 de este siglo se aceptaba que la igualdad de oportunidades, basada en la expansión educativa, mejoraría a la sociedad. Hoy, el profesor Illich nos dice que hay que ir a la «antieducación», y que la escuela es mala para el individuo y para la sociedad. La autoridad de todo magisterio se ha derrumbado y las sociedades actuales se encuentran con enormes sistemas educativos con los que, realmente, no saben ya qué hacer.

Crisis de la *empresa*: desde el taller corporativo pasamos a la fábrica, y de ésta a la gran empresa; la producción ha aumentado, pero no han mejorado las relaciones humanas. El sistema tiende a una creciente desconfianza mutua y a la consiguiente insolidaridad. Los problemas de la productividad y del empleo se han convertido en difíciles y aun insolubles, sin un cambio general de actitud.

Todo ello confluye en motivar una *crisis política* sin precedentes: crisis de *legitimidad*, crisis de *seguridad*, crisis del *Derecho*, crisis de las *funciones* del Estado; crisis, en fin, del Estado constitucional, como forma política histórica.

Crisis de *legitimidad*: el más viejo e importante problema de la filosofía política, el *derecho a mandar* y la probabilidad de que *las órdenes se cumplan*. Esta cuestión capital, que los clásicos distinguían entre *legitimidad de origen* y *legitimidad de ejercicio*, hoy se ha vuelto enormemente compleja; habría que hablar de *legitimidad básica* (o cultural) y *legitimidad concreta* (o política, en sentido estricto).

Los análisis más recientes (de Durkheim a Habermas) confirman que la sociedad es siempre una realidad moral; lo contrario es una sociedad sin normas válidas, la «anomía». La estabilización del mundo consiste en evitar el caos, dominando las contingencias, confiriendo sentido a la vida en común.

Max Weber realizó un análisis insuperable, de los tres criterios básicos de la legitimidad: *tradición*, *razón* y *carisma*. La mayor parte de las sociedades europeas vivieron la legitimidad tradicional, hasta la Revolución francesa; quisieron cambiarla por una legitimidad racional (basada en una razón individualista, liberal y capitalista); el avance de la democracia fue creando sectores crecientes de irracionalidad, que dieron lugar a nuevos planteamientos revolucionarios y a planteamientos nuevos, en base a personalidades carismáticas; los medios informativos aumentaron la importancia de la imagen, haciendo aumentar la distancia entre los planteamientos sicológicos y la realidad objetiva.

Si la legitimidad es algo más que la legalidad formal, ha de basarse en pretensiones de fondo, de justicia material; y ha de defenderse como conjunto de la validez entera del orden constitucional. Carl Schmitt ha subrayado recientemente (hablando del eurocomunismo) que no es posible meter la revolución dentro de la Constitución; son términos antitéticos.

Siempre la cuestión de la legitimidad ha de volver, por lo tanto, al Derecho natural, o a una ética de valores (en el sentido de Max Scheler). No creo que baste, como dice Habermas, con recurrir al «discurso racional», salvo que éste, en sus normas fundamentales, nos reconduzca al mismo planteamiento. Derecho natural ha de ser Derecho racional.

El *discurso* (bien analizado por los «nuevos filósofos») ha de ser la base del reconocimiento racional del orden y de las normas en que se desarrolle. Las cuestiones problematizadas (inevitables en toda sociedad, y sobre todo en las sometidas a cambios rápidos) han de ser discutidas en serio, sin más coacción que la del mejor argumento, excluyendo todo motivo que no sea la búsqueda cooperativa de la verdad. Pero, una vez lograda esta «voluntad racional», ésta ha de ser dotada de una estabilidad básica; lo contrario sería la anarquía permanente y sin remedio.

Esta «voluntad racional» básica, reflejada en decisiones constitucionales, es compatible con los compromisos permanentes, reflejados en actos legislativos, factistas o administrativos; es el marco necesario de todos ellos. Pero debe recordarse que los caminos de ese discurso racional son cada vez más inseguros y difíciles; muchas veces están salteados por los intereses de partidos y por los canales de información. Por eso hay que insistir en la necesidad de introducir elementos objetivos e indiscutibles, tales como la tradición, las realidades exteriores y económicas, etc.

Recordemos que, a su vez, ningún criterio tecnocrático puede evitar las opciones políticas, el puro cientifismo tropieza siempre, a la hora de las decisiones sociales, con los temas de valoración y de prioridades. «Gobernar es escoger.» Hay que establecer un equilibrio profundo entre naturaleza, razón, tradición y decisión. Sólo así podremos reconstruir una base de legitimidad para nuestras sociedades agitadas.

Sobre la legitimidad, hay que restablecer la *seguridad*. Nuestras sociedades, además de no sentirse claras en sus fundamentos morales, se encuentran notoriamente inseguras. Es curioso que cuando se avanzaba en todos los frente de la «seguridad social» (pensiones, seguros, etc.) nos íbamos hundiendo en las cuestiones de la seguridad básica: de las vidas, de los bienes, del honor.

Una de las lecciones más claras de la Historia es que toda tolerancia de la violencia y el desorden es fatal. Si un Estado no cumple su función más básica, que es controlar la violencia y garantizar la seguridad, está condenado. Es cierto, por otra parte, que nuestras sociedades actuales, al romper todos los moldes anteriores, han dejado muchas grietas por donde se escapa la violencia. En todas partes se producen actos de terrorismo, golpes de Estado, revoluciones, acciones militares, etc. Es imposible explicarlos por una sola causa: las hay económicas, sociales, políticas, sicológicas, etc.

Pero debe recordarse, además, que, en estos difíciles momentos, hay una organización sistemática de la violencia, para fines de subversión internacional. Nadie discute el hecho de que determinados gobiernos fomentan y financian el terrorismo, entrenan a quienes lo practican, dan asilo a sus autores y justifican sus hechos. Ello obliga a una nueva valoración de la seguridad ciudadana y de los instrumentos para defenderla.

Crisis del Derecho: el Estado ha sido, históricamente, el creador y garante de un ordenamiento jurídico completo y eficaz; de un sistema de normas seguro, aplicado por tribunales imparciales. Esto se está deshaciendo a ojos vistas: ni funciona la aplicación de las normas, ni el sistema para crearlas y renovarlas.

Los tribunales se ven cada vez con más dificultades para actuar; presionados por los terroristas, insultados por grupos revolucionarios que les niegan legitimidad, intimidados por piquetes sindicales, no respaldados por la autoridad ejecutiva, discutidos por la prensa, divididos interiormente por razones políticas o profesionales, con dudas sobre su verdadera misión.

Y con un sistema de normas cada vez más confuso. El Estado moderno, gran codificador y legislador, se ha pasado; como el rey Midas, todo lo que toca lo convierte en Derecho, produciéndose una enorme inflación. Toda inflación deprecia. Pero, además, las leyes se hacen por compromisos ambiguos entre facciones políticas y grupos de intereses; son de difícil interpretación y aplicación. Finalmente, a nadie le importa: en un Ayuntamiento se votó que no hubiera Comisión Permanente (obligatoria, según la ley) y en otro sobre lenguas oficiales (contra lo expresamente dispuesto en la Constitución).

Todo ello es uno de los reflejos del *desbordamiento de las funciones del Estado.* El Estado, llamado de aquí y de allá, interviene cada vez más en el sistema económico; maneja un creciente sector público, potencia los gastos sociales, ayuda directamente a determinados sectores (agricultura, minería, etc.), protege el medio ambiente, etc. Asume así un protagonismo económico, que es parte decisiva de la política actual. Todos los grupos (empresariales, sindicales, consumidores, etc.) vienen a pedir medidas determinadas, condicionando, por supuesto, votos y otras ayudas. La Administración se implica cada vez más en todos los niveles sociales; con ello pierde fuerza para las más importantes, de defensa del conjunto y de arbitraje.

«Cuantos más poderes asume el Estado, más difícil es controlar su administración»; «cuanto mayor y más complejo es el Estado, tanto menor es la influencia que el pueblo puede ejercer»; «cuantas más leyes, menos justicia».[3] Son verdades elementales y nada paradójicas. Por eso son muchos los que empiezan a creer que sin una limitación efectiva del tamaño del Estado y de sus funciones, éste morirá sin remedio, como los antiguos dinosaurios.

Brian Crozier ha escrito un agudo libro, *El Estado mínimo,*[4] donde defiende este punto de vista. El Estado debe concentrarse en sus tres funciones básicas: la seguridad del pueblo, es decir, la defensa del débil; la defensa contra los enemigos exteriores, y la conservación del valor de la moneda. Hoy la mayor parte de los Estados están *mal* gobernados porque están *excesivamente* gobernados. Empieza a producirse en muchos sitios una clara reacción al respecto; es la causa del retroceso del socialismo en Europa, y del éxito en América de movimientos para la reducción del gasto público y los impuestos, como en la famosa «proposición 13» de California. La gente ya sabe que el dinero público sale de sus propios bolsillos, y que una parte se pierde en el camino.

3. Felix Somary, *Krise und Zukunft der Demokratie*, 1952.
4. Brian Crozier, *The minimum State. Beyond party politics*, Londres, 1979.

Todas estas consideraciones previas nos acercan al análisis cercano del tema central: *la crisis del Estado constitucional.*

El Estado constitucional se organizó, a partir del siglo XVIII, sobre dos ideas básicas: la garantía de los derechos ciudadanos y la división de poderes. Es claro que una Constitución puede escribirse con otros principios, como la rusa o la china, pero nuestros antepasados (europeos y americanos) nunca entendieron que cualquier régimen fuera constitucional.

Todas las comunidades políticas tienen un *régimen*, es decir, un modo determinado de determinar *quién* ejerce el poder político y *de qué modo*; muy diferente en Estados Unidos que en la URSS, o en la Arabia Saudí. La sucesión de Carter, de Brézhnev o del rey Faisal se produce de modo, y con consecuencias, muy distintas; y luego gobiernan con reglas de juego diferentes.

Un régimen es un conjunto de instituciones y normas políticas, familiares, locales, judiciales, militares, etc., de muy difícil estudio y comprensión, aun para quienes conocen la historia y la sociología de cada país.

Lo que es distintivo de la historia de los últimos doscientos años es que se ha intentado que determinados regímenes, además de *ser lo que son*, tiendan a lo que *deberían ser*, con arreglo a determinados ideales de moral, de justicia y de corrección; es decir, que tomando los regímenes de hecho existentes, se intentó clarificarlos, mejorarlos y justificarlos.

La idea (que ya fue desarrollada por los filósofos griegos) era buscar un *régimen ideal*, mejor que los existentes. De esta idea madre han surgido diversas interpretaciones: desde las totalmente *utópicas* a las que han servido de disfraz para justificar determinados intereses de clase y de partido; desde las que han sido capaces (como en Inglaterra) de lograrlo a partir de un sistema acumulativo y consuetudinario, hasta las que se han limitado a copiar malamente los textos ajenos; desde aquellos que realmente aplican sus Constituciones, hasta los que las usan como una tapadera o tarjeta de visita, siendo el régimen real muy diferente.

Lo cierto es que, existiendo siempre una cierta diferencia entre el *régimen constitucional* y el *régimen efectivo* (o, si se quiere, entre el *país legal* y el *país real*), todo el mundo está de acuerdo en que una Constitución de verdad y no meramente «semántica» incluye (como ya dijo la famosa *Declaración de derechos del hombre y del ciudadano*, de 1789) dos elementos imprescindibles: una garantía de un cierto número (variable según las épocas) de libertades personales y de grupo, y una cierta organización institucional de los poderes públicos, que permita entre ellos un cierto juego o contrapeso. Si la ley puede hacerlo todo, sin respetar ningún derecho, y si un solo órgano constitucional puede hacerlo todo, sin procedimiento ni control, no hay Constitución.

Todas las Constituciones prevén situaciones excepcionales, en que los derechos y las garantías se pueden suspender, para todos o para algunos, y en las cuales también se concentran los poderes, para hacer frente a situaciones o urgencias excepcionales, pero esas mismas excepciones confirman la regla.

Pues bien, estos dos principios básicos del Estado constitucional se encuentran en seria crisis. Las *libertades individuales* han cedido ante las de *grupo*; y unas y otras ante un nuevo planteamiento de las funciones del Estado. La *libertad de trabajo* ha cedido ante la *libertad sindical*; la *libertad de expresión* ante los poderes de los grandes grupos creadores de *imagen*; y así sucesivamente.

Pero, así como las primeras libertades eran *frente* al Estado (libertad de escribir y publicar, derecho de propiedad, garantía de no ser arrestado arbitrariamente, etc.), las nuevas libertades sólo pueden conseguirse *a través* del Estado: la vivienda, el seguro de enfermedad, el derecho a la enseñanza, exigen cuantiosas inversiones públicas, fuerte presión fiscal, un Estado omnipresente y una Administración providencial. Aquellas aristocracias que lucharon contra el poder absoluto de la realeza, y aquellos grupos burgueses que pelearon contra el privilegio nobiliario, tenían una independencia natural, basada en las tierras, en el dinero, en la cultura. Las masas de las grandes ciudades dependen mucho más de la burocracia, de los servicios públicos, del puesto de trabajo, de los grandes medios de comunicación social. Las soluciones a corto plazo les preocupan más que las garantías a largo.

Más precaria es aún la situación vista desde otro ángulo: mientras el ciudadano normal se preocupa menos de sus libertades, grupos organizados las utilizan para destruir las de todos. Un terrorista tiene siempre una «coordinadora» para pedir su amnistía, o para alegar supuestas torturas policiales, o para presionar al tribunal que ha de juzgarle. La libertad del crimen, de la pornografía y de muchas otras cosas nocivas, está hoy mejor garantizada que aquella que Montesquieu definiera correctamente como el derecho «a hacer lo que se debe hacer», y el no ser obligado a «hacer lo que no se debe hacer».

El otro punto es no menos penoso: la *división de poderes*, la gran doctrina del siglo XVIII, está en crisis en todas partes. Un fenómeno imprevisto por Montesquieu y por los federalistas americanos, la aparición de los poderosos partidos políticos de hoy, ha vuelto a poner en las mismas manos los resortes institucionales del Estado; las mismas personas controlan el legislativo y el ejecutivo, y presionan eficazmente al judicial.

En Europa la historia del constitucionalismo europeo,

hasta 1917, es la historia de las Monarquías parlamentarias y del liberalismo doctrinario. Después de los excesos de la Revolución inglesa, que termina en la dictadura militar de Cromwell, y de la Revolución francesa, que se remansa en el cesarismo napoleónico, los promotores del cambio constitucional lograron un compromiso. Las clases medias controlan el Parlamento, y a través de él limitan al ejecutivo, y promueven un nuevo orden económico y social, capitalista y basado en la libertad de empresa. Por otra parte, reservan un nivel de autoridad a la Monarquía constitucional, que controla la política exterior y la seguridad interior, apoyándose en ella a la vez contra los peligros de radicalización democrática y socialista, y frente a la dictadura militar.

Así se pasó de la Monarquía absoluta a la Constitución mixta, y de ésta a la división de poderes. Pero el equilibrio se rompió, desde finales de siglo, por la presión conjunta de la extensión del sufragio, las nuevas fuerzas sindicales y, sobre todo, la aparición de los partidos de masas.

A partir de 1917 (las primeras manifestaciones de unas revoluciones más profundas, con inicio en Rusia, en México y en otras manifestaciones, como nuestra primera huelga revolucionaria) se inicia la transición del Estado de instituciones equilibradas al que hoy vivimos. A partir del año clave de 1917, el año de la democratización efectiva (como señaló Walter Lipman), cuando el esfuerzo de la guerra y sus sacrificios llegaron a ser tales que todos los gobiernos europeos comprendieron que, si querían evitar una catástrofe como la rusa, tenían que hacer concesiones a las masas, se pasa rápidamente de la democracia *legitimadora* a la democracia de *participación*. Este fenómeno, que Burdeau ha descrito como el tránsito a la *democracia gobernante*, en realidad significó el paso del parlamentarismo de notables a los *partidos de masas*, mucho más organizados y burocratizados; y, por lo mismo, mucho más *gobernados* que los anteriores.

El tránsito ha sido muy sutil y ha afectado a los fundamentos mismos de la cultura política.[5] Con partidos cada vez más fuertes y con amplios medios económicos (últimamente procedentes de fondos públicos), la profesión de político ha sido cada vez menos vocacional y más burocrática; menos dispuesta a aceptar perder posiciones por motivos idealistas. Por otra parte, la aparición de los medios audiovisuales de información en masa, ha facilitado los canales adecuados para la creación de las imágenes necesarias, en esta nueva etapa.

Análisis diversos (Mosca, Michels, Pareto, Max Weber, Schumpeter, Lipset, Dahrendorf) coinciden en la apreciación de que la democracia actual es menos un método de gobierno que un sistema para la selección de los líderes. El Parlamento es hoy controlado por un partido o una coalición; éstos, por su minoría dominante.[6] La disciplina de voto destruye el principio del debate público en profundidad.

La defensa de la sociedad pluralista y del sistema representativo obliga, no a destruir el sistema de partidos, pero sí a redimensionarlo, para que no sean los únicos protagonistas del proceso político.

Brian Crozier llega a decir que «lo que está en cuestión es la supervivencia de las cosas que hacen este tipo de sociedad digno de ser conservado», y que «el sistema de partidos no contribuye a ello: es una causa de desintegración, no de conservación».[7] La democracia parti-

5. «Para que las élites sean poderosas y puedan tomar decisiones con autoridad, es preciso restringir el compromiso, la actividad y la influencia del hombre común... De este modo se invita al ciudadano democrático a perseguir fines contradictorios; debe mostrarse activo, pero pasivo; debe participar, pero no demasiado; debe influir, pero aceptar.» Cf. G. A. ALMOND y S. VERBA, *La cultura cívica*.

6. Ver LORD HAILSHAM, *The dilemma of Democracy*, Londres, 1978.

7. CROZIER, ob. cit., pp. 8 y 9.

dista es sólo una de las formas posibles de la democracia; hay varias otras, y sólo una es imposible: la democracia absoluta. Lo que no es dudoso es que un sistema pluripartidista y con demasiada influencia de los partidos funciona normalmente mal.

Hay que utilizar normas de democracia interna (como las elecciones primarias americanas), de control popular (iniciativa popular, referéndum y revocación) y de buena información, que haga pasar el examen serio del fondo de los asuntos por delante de la imagen de los políticos.

La democracia es valiosa en sí misma. Como dice Habermas, lo importante es «el contenido de una forma de vida que hace valer los intereses generalizados de todos los individuos», a través de un sistema «en que todos los intereses legítimos pueden ser satisfechos mediante la realización del interés fundamental en la autodeterminación y la participación».[8]

Pero no está claro, en este momento, el mejor modo de realizar este ideal. Sigue funcionando bien en Suiza, que, aparte de su neutralidad, ha sacado gran partido de la descentralización, del referéndum (que actúa como instrumento de control político y del gasto) y de un consenso social básico. Ha demostrado en Inglaterra y en Francia (a partir de 1958) que puede ser compatible, en Estados más grandes y complejos, con un funcionamiento razonable del Estado. Pero está igualmente claro (como lo demuestran los ejemplos de Italia y de España) que cuesta mucho hacerlo funcionar si no se toman en serio los principios internos de funcionamiento eficaz.

Para los que estamos en plena crisis de construcción de un Estado democrático, y a la vista de los problemas que éste tiene hoy en todas partes, conviene recordar algunas ideas claves.

8. *Problemas de legitimación...*, p. 148.

La primera es que hoy la *democracia* es incompatible con la idea de *revolución*. La revolución establece en todas partes gobiernos despóticos y totalitarios. Por lo demás, en todas partes está en crisis la idea misma de revolución. En todas las sociedades hay cosas intolerables; pero una revolución trae otras aún más intolerables.[9]

La revolución sólo favorece, normalmente, a los revolucionarios, que hoy son una profesión muy bien organizada y rentable. Dollé observa correctamente que en Marx la revolución no se basa en los *buenos sentimientos* (generosidad o filantropía), sino en el *egoísmo*, «forma necesaria de afirmación de los individuos». Marx rechaza todo idealismo: la revolución es pasar de *no ser nada* a *serlo todo*; y si no, que se lo pregunten a Stalin, a Tito o a Fidel Castro. Y por eso hoy «la causa de la revolución es la propia revolución».[10]

La Revolución rusa hoy está consolidada. ¿Qué ha producido? Un Estado muy potente y con muy poca libertad; con escaso nivel de vida y campos de concentración; nada pacifista, sino en agresión constante en todas las partes del mundo. Éstos son hechos indiscutibles.

Entre 1936 y 1938, Stalin hizo detener a un 5 por ciento de la población rusa; esa proporción, en España, equivaldría a un millón y tres cuartos de presos (no suelen pasar de 15 000 en los últimos años). En 1939 había 10 millones de rusos en los campos de concentración.[11] Se ha elaborado todo un lenguaje para situar al disidente (Sajarov o Solzhenitsin) fuera de la comunidad aceptable: «saboteador», «trotkista», «enemigo del pueblo», «fascis-

9. «Lo intolerable existe permanentemente y, sin embargo, la revolución es excepcional» (JEAN-PAUL DOLLÉ, *Le désir de Révolution*, París, 1979).

10. DOLLÉ, ob. cit., p. 268.

11. Ver ANDRÉ GLUCKSMANN, *La cuisinière et le mangeur d'hommes. Essai sur les rapports entre l'État, le marxisme et les camps de concentration*, París, 1975.

ta», «gusano», etc. Se ha creado un dogma absoluto [12] de la disciplina social.

Fuera de sus fronteras, la URSS interviene y utiliza la fuerza militar, de Praga a Kabul, y de Angola a Saigón. Como se sabe, «negociar con los rusos es como jugar con una máquina tragaperras». Se mete la moneda, y a veces sale lo que uno desea. Si no sale, a veces conviene sacudir la máquina; lo que es inútil es intentar dialogar con ella.

Después de lo ocurrido en Praga en 1968, y más recientemente en Angola, Camboya y Afganistán, el mito del comunismo salvador no puede ser defendido en serio. Lo que tenemos es una «nueva clase» dominante y nuevas Espartas por todos lados.

Pero hay algo aún peor. Los partidos comunistas no pueden ser alternativa de gobierno en la Europa occidental; pero, como se ha visto en Francia y en Italia, y ahora lo estamos observando en España, están haciendo todo lo posible para que los partidos socialdemócratas lo sean, o para que los partidos socialistas se decidan a serlo. Hay que denunciar esta jugada, una de las muchas que están detrás del «eurocomunismo». Los ejemplos inglés y alemán demuestran que hay una posibilidad para la izquierda, pero que ésa tiene un precio: renunciar de una vez a la idea de revolución y de pacto con los revolucionarios.

Rechazada la tentación revolucionaria, detrás de la cual está siempre la tentación totalitaria, hay que restaurar el sentido común o, si se prefiere, volver a concebir la política como el arte de la realidad, no como el álgebra superior de las utopías. La política es el arte de lo posible, en medio de las realidades sociales.

12. El idioma ruso distingue entre verdad *(istina)* y verdad absoluta, superior, elevada a la categoría de dogma indiscutible. Ésta se designa como *pravda,* que, como se sabe, es el título del periódico oficioso.

La política es «una visión del futuro»; pero no utópica, sino realista. Parte del presente y de sus cimientos en el pasado. La revolución más radical, la francesa, sólo modificó las partes más superficiales de la sociedad francesa, como han demostrado Tocqueville y Balzac. Eso no quiere decir que la política sea una nueva «administración de las cosas»; al contrario, se mueve, en lo que es específicamente político, al nivel de las grandes ideas y de su representación simbólica.[13] Una sociedad no es capaz de entenderse a sí misma como unidad, sin una explicación doctrinal aceptada y bien simbolizada,[14] como se veía la sociedad ateniense en el teatro de Aristófanes o de Eurípides, y la española en el de Lope o Calderón, o la inglesa en el de Shakespeare.

Las sociedades occidentales se encuentran, a este respecto, con que su orden social, económico y político se contradice con las ideas que ha logrado infiltrar en gran parte de su sistema de educación e información la guerra cultural marxista; de aquí sus dramáticas contradicciones simbólicas, y la crisis generacional; padres e hijos hablan, a menudo, un mensaje diferente.

Afortunadamente, esta situación (gravísima hasta 1968, que fue su más claro reflejo) empieza a cambiar. Hace aún bien poco tiempo, para estar a la moda y actuar con elegancia, sólo se podía pertenecer a la «izquierda divina», tanto más divinizada cuanto más marxista. Ya se está produciendo un cambio evidente en las ideas; recordemos que el mejor marxismo no se hacía en Moscú, sino en París. Y una década de cambios en las ideas empieza

13. Dollé define la política como la «organización material de una maquinaria capaz de dar cuerpo a un determinado orden simbólico» (ob. cit., p. 253).

14. «Desde que las sociedades no segregan un simbolismo político, degeneran, mueren o se abisman en el caos»; y por ello «la política es a la vez la gestión, el dominio y el efecto de lo simbólico, de lo significativo» (DOLLÉ, ob. cit., p. 254).

ya a producir efectos también en los resultados electorales, como se ha visto en Francia, Inglaterra, Suecia, Noruega, Turquía y Portugal.

Los marxistas se han dado cuenta, como lo revela su violenta respuesta a los «nuevos filósofos», presentada, por cierto, como «una intervención crítica contra la *ola de espiritualismo* que golpea sobre el pensamiento y sobre la política contemporánea».[15] Es muy natural que los materialistas se preocupen de la recuperación espiritualista, y de que el Papa actual les preocupe aún más que el nuevo fundamentalismo islámico.

Los «nuevos filósofos» no son una «nueva derecha» (que también la hay), pero han contribuido a liquidar el materialismo filosófico y también una falsa idea del progresismo revolucionario. Por su parte, la «nueva derecha» es, como dice su principal intérprete, Alain de Benoist, un «conjunto informal» de grupos de estudios, asociaciones, revistas, etc., situadas en un plano cultural más que político, creadas por personas que tenían veinte años, o poco más, en 1968, y ahora andan por la treintena; y que no pudiendo aceptar la vieja derecha y su temática superada, se vieron igualmente desencantadas por la izquierda.[16] Coinciden en que el enemigo común y principal de toda reconstrucción social es «una ideología igualitaria, represiva, negativista, representada hoy bajo formas tanto filosóficas como profanas». Hay que poner coto a la destrucción de toda idea de heroicidad, esfuerzo o mérito; superando el marxismo, el freudismo, el estructuralismo y otros «ismos» de la decadencia. También se pretende superar la vieja dialéctica de derecha e izquierda, para ir a lo esencial.

Desde una actitud claramente nominalista y existen-

15. Ver F. Aubral y X. Delcourt, *Contre la nouvelle Philosophie*, París, 1977, p. 326.
16. Alain de Benoist, *Les idées à l'endroit*, París, 1979.

cialista, la «nueva derecha» no renuncia a establecer un sistema de valores; rechaza el individualismo y el relativismo, sosteniendo que el hombre es inseparable de su cultura, de su medio espacial e histórico. La sociedad funciona con arreglo a normas, es un ser real e institucional. El hombre debe *construirse* a sí mismo, con arreglo a una *ética del honor*, que exija una igualdad de deberes al lado de la de derechos. El mundo es un caos, pero es posible darle forma; del mismo modo que el hombre puede ponerse a sí mismo *en forma.*

Como dice Robert Audrey en *La ley natural*, una sociedad es «un grupo de seres desiguales organizados para hacer frente a necesidades comunes». La igualdad total es una imposibilidad natural en las especies sexuadas, incluso la humana; sin entender esto, no se puede establecer un contrato social válido. El mito igualitario, innecesariamente propagado desde hace dos siglos, ha sido derribado definitivamente por las ciencias biológicas y sicológicas, que confirman que los hombres nacen y mueren desiguales. Pero hay algo peor: buscando la igualdad, los jóvenes se reúnen sólo con los jóvenes, los viejos con los viejos, y así sucesivamente; ello rompe la continuidad y la solidaridad, esenciales en toda sociedad.

Los «nuevos filósofos» aún no han superado unas vagas tendencias anarquizantes, por su mismo rechazo del Estado totalitario. La «nueva derecha» se apoya demasiado en temas biológicos e incluso racistas, de puro rechazar los planteamientos utópicos. Pero ambos indican el final del predominio marxista, y el final también de un período dominado por el idealismo-hegelismo (de izquierdas y de derechas) y el retorno al realismo. Al realismo social de Aristóteles, de santo Tomás, de nuestros grandes maestros Vitoria, Molina, Suárez, Balmes. Después de los ideólogos y rebasados los tecnócratas, está llegando el momento de los conservadores. Las utopías no resisten más el desafío implacable de los hechos.

Dos ideas, dominantes en los últimos años, se baten en retirada.[17] Una es el *reduccionismo*, es decir, el vano intento de reducir toda la vida social a una sola causa o motor único. Marx con el factor económico, Pareto con sus «residuos», Freud con su radicalismo sexual, nos han metido en callejones sin salida. La suma de todo eso no explica la vida personal y social, esa gran maravilla que es el hombre.

La otra idea falsa es la de una *orientación necesaria* e inevitable de la Historia en sentido único. Del mismo modo que el racionalismo, el materialismo, el conductismo o el estructuralismo no lo explican todo, y que los factores sociales son múltiples, tampoco la resultante puede ir en una sola dirección. Los *progresismos* son equívocos, porque lo que supone para un grupo social «progreso» (siempre rotativo) puede no serlo para otro. La contraposición de lo *progresivo* a lo *involutivo* es arbitraria: sólo es bueno lo que es bueno, no lo que es nuevo, sólo por serlo. Las últimas exageraciones, que han hecho reaparecer al «buen salvaje» de Rousseau y el abate Saint-Pierre, durarán lo mismo que las anteriores; Marcuse e Illich han pasado ya.

La Historia no es un *destino*: es un *proyecto* que debemos revisar constantemente; y luchar heroicamente por realizarlo. Prometeo y Fausto vuelven a ser modelos; como san Pablo y san Agustín.

Todas las ideologías tienen vocación totalitaria; por eso aspiran todas a destruir la realidad social, la tradición y las diferencias y matices establecidos por la Historia. Si queremos restaurar sociedades estables y flexibles, tenemos que volvernos a la realidad.

17. Ver MAIASTRA, *Renaissance de l'Occident?*, París, 1979.

Es la hora, repito, de los conservadores, que es lo mismo que decir el momento de los reformistas. Sólo ellos pueden dar base a Estados constitucionales, es decir, equilibrados, moderados y flexibles.

Toda sociedad tiene conflictos políticos, o que pueden politizarse; es decir, que no admiten solución administrativa, ni aun judicial. Unos derivan de su propia estructura actual; otros, de los cambios que en la misma desean introducir unos y otros. Típicos de nuestras sociedades son los problemas de carácter moral y religioso (estatuto de las confesiones, régimen familiar, sistema educativo, moral de espectáculos públicos, etc.); las cuestiones que derivan de la distribución territorial del poder, y otras conexas (minorías culturales, desequilibrios económicos regionales, descentralización, etc.); los relacionados con la distribución de la renta nacional entre los distintos grupos, y del correlativo poder de participación social y política, etc. Estas y otras cuestiones se pueden y se deben plantear desde la realidad, no desde la utopía, la imprecisión, la desesperación y la violencia.

La política, repitámoslo una vez más, es el arte de lo posible. Por eso es más parecida a la arquitectura, con sus medios, contrapesos y cimientos, que a la música y sus fugas de la realidad. Volvamos al sentido común y también a la moral. Como dijo Platón, sin moral pública y privada no hay ley, ni estabilidad social, ni régimen que pueda durar. Y Montesquieu añade que en ningún régimen político son más necesarias las virtudes ciudadanas que en la democracia.

2. Algunas ideas políticas para una España con futuro[1]

Los seres humanos vivimos en sociedad; las sociedades que formamos necesitan una organización; no se rigen sólo por el instinto, como las sociedades animales. Nuestras sociedades tienen *leyes*, que establecen lo que se puede hacer, y lo que se debe hacer, prohibiendo las conductas nocivas para la sociedad; crean *instituciones*, en torno a las cuales se organiza el cumplimiento de las funciones complejas de la vida social (familiares, educativas, económicas, defensivas, etc.); procuran unos sistemas de estímulo, reparto y ayuda para sus miembros. Son, en definitiva, *sociedades políticas*, en las que constantemente se plantea el problema de los *valores* aceptados como base de su moral pública; de la *legitimidad* del mando y de los límites de la autoridad; de las *libertades* aceptadas por el individuo y para los grupos institucionales; de las *normas básicas* o constitucionales que rigen la vida del conjunto; de la *distribución* más justa y eficaz de los recursos y de los bienes disponibles, etc.

En la historia de las naciones, hay períodos de una cierta estabilidad y continuidad, en que estas cuestiones

1. Ponencia política presentada al tercer Congreso de Alianza Popular (15 de diciembre de 1979).

están resueltas y aceptadas (por la mayoría) y se funciona en base a las mismas, sin que muchos ciudadanos se preocupen de otra cosa que de respetarlas en su conjunto, y de organizar su propia vida dentro del sistema. Hay otras épocas en las que, por el contrario, todo entra en discusión y en conflicto. Es como cuando la casa en que vivimos se derriba y hay que mudarse a otro piso. A los problemas diarios se suman los de la mudanza. Nunca la nueva casa es igual a la anterior; a unos les viene mejor que a otros el nuevo alojamiento. Es también el momento de tirar definitivamente algunas cosas inservibles, que se conservan por inercia, y de aprovechar la mudanza para mejorar y modernizar lo que se pueda.

Nos guste o no, estamos en uno de esos períodos. Muchos españoles, en su actitud abstencionista, dan a entender que no quieren líos, que era mejor no tocar nada. Es inútil esta posición, porque ya estamos en la mudanza; lo único que ocurre es que quien no participe activamente en ella, se encontrará al final que no será oído en el reparto de los espacios y de los muebles, y no podrá quejarse.

Desde esta perspectiva, del cambio necesario, me propongo examinar los siguientes puntos, básicos en una consideración política:

I. Análisis de la situación en que nos encontramos.

II. Algunas ideas para la reconstrucción de una España con futuro.

III. Qué podemos hacer nosotros como fuerza política.

I. ANÁLISIS DE LA SITUACIÓN

Nadie negará que vivimos un momento de frustración y de desencanto general. ¿Quién cree, de verdad, que las cosas vayan bien en España? ¿Quiénes miran con ilusión al futuro? ¿Hay alguien que juzgue que los españoles estamos mejorando en seguridad, riqueza y dignidad? ¿Qué mañana nos desayunamos sin noticias de muertes, secuestros, atracos o voladuras? ¿Quién se siente, en la realidad de las cosas y no en palabras retóricas, más libre y con mayor participación en los asuntos públicos? ¿Qué plan de obras públicas o de escuelas, qué floración de obras literarias o de arte, qué visión general de progreso o de desarrollo están en marcha?

¿Quién espera que en los próximos años vamos a tener más puestos de trabajo, mejores hospitales o escuelas, o que los Ayuntamientos, aparte de ponerse sueldos y dietas y variar las placas del callejero, vayan a realizar una labor eficaz para resolver los problemas municipales?

Ello determina una *conciencia general de preocupación*, una situación sicológica de inquietud y de confusión. Tenemos *miedo* al futuro, al presente y hasta al pasado, pues se nos quiere presentar como inválida la historia anterior de España, la reciente y la remota. Vivimos una crisis moral, una decadencia de las instituciones, una falta de modelos y de garantías. Y sabemos que esta debilidad de nuestras fuerzas de dirección se produce en un mundo sin entrañas, donde matan los terroristas, donde los exiliados del Vietnam no encuentran un puerto al que acogerse, donde se asaltan las Embajadas y se toman rehenes, donde el que tiene petróleo lo explota a costa del mundo entero, y donde el débil tiene pocas esperanzas de supervivencia.

Vivimos, por otra parte, una grave *crisis económica*. Mientras la falta de confianza retiene frenada toda inversión; mientras se para la construcción; a medida que aumenta el número de empresas en crisis y suspensión de pagos; a la vez que crece un paro sin esperanzas y crece el número de los que no encuentran empleo, ni ya lo buscan siquiera; vemos, por otra parte, el relanzamiento de la inflación; el crecimiento implacable de los costes, y con él la reducción de la competitividad de nuestros productos; los precios y las tarifas disparadas; la crisis del poder adquisitivo, sobre todo para los más débiles. El equipo económico del Gobierno, totalmente desbordado, no ofrece medidas ni soluciones de ninguna clase, salvo el crecimiento astronómico del gasto público y del déficit presupuestario, que está batiendo los récords de todo el siglo; lo que a su vez hace crecer de nuevo la inflación y la ausencia de financiación de las empresas.

A la recesión económica se suma, naturalmente, la *crisis social*. Como no se le explican las cosas al pueblo, ni se le dan buenos ejemplos desde arriba, hay una total degradación de la voluntad de trabajo, de la productividad, del espíritu de ahorro, de la solidaridad. Las centrales sindicales marxistas mantienen una actitud generalizada de reivindicación, sin importarles los efectos sobre la vida de las empresas y sobre el empleo de la mano de obra. El resultado es un empeoramiento general de la situación; mientras que se ataca o no se ayuda a las instituciones que, como la familia, y sus prolongaciones naturales (asociaciones de amas de casa, agrupaciones de consumidores, etc.) pudieran coadyuvar a la absorción de estas dramáticas tensiones. La desfasada legislación laboral impide cualquier cambio real en la situación. En mis constantes viajes por toda España, y en reiterados diálogos con empresarios muy diversos, hay dos frases terribles que se repiten en un constante *ritornello*: unos, la mayoría, que dicen: «Yo voy mal, como la mayoría; no sé hasta cuándo podré aguantar»; otros, que aún lo dejan a uno más preocupado: «Yo voy bien; mis productos se venden y cobro. Podría ampliar, meter cien trabajadores más, pero no me atrevo.» Ésta y no otra es la situación.

Más profunda todavía es la *crisis cultural*. Todo ese complejo mundo que forman las escuelas, los libros, los folletos, las revistas, los periódicos, los espectáculos, las casetes con las canciones de moda, la radio y la televisión, y sus múltiples mensajes, constituyen un auténtico torbellino, que literalmente zarandea cada minuto la conciencia de los españoles. En muchos países hay pornografía; en pocos se aceptan revistas inadmisibles de gran tirada que se exhiban en los quioscos y entren en las casas de familia, como ocurre entre nosotros; en todas partes hay periodistas contestatarios, pero no suelen ocupar las columnas más importantes de gran circulación; en pocos sitios los colegios privados e incluso religiosos han sido tan infiltrados como en España. Y aún se pretende ir más lejos, reduciendo las ayudas a la enseñanza no oficial, y devaluando el sistema de provisión de cátedras, para su más fácil ocupación. El Gobierno, a cambio de mantener el monopolio político de la televisión, ha cedido en sus programas culturales y en la radio. Campañas de escándalo, como la que hemos presenciado sobre el aborto, indican que estamos, desgraciadamente, sólo en el comienzo de una escalada general.

Todo ello concluye en una crisis de la misma *unidad* y la *identidad nacional*. No podemos negar que una cierta crisis del estado-nación existe en toda Europa; el Reino Unido tiene problemas en Irlanda del Norte, en Escocia y en Gales; Francia, en Bretaña y en Córcega; Italia en el Tirol y en Sicilia; Alemania está partida en dos estados. Pero en ningún sitio encontramos un fenómeno de la gravedad de España, que en este sentido es hoy el «hombre enfermo» de Europa. En el País Vasco, la situación es gravísima; el terrorismo campa por sus respetos; expulsa a los funcionarios; recauda enormes cantidades de dinero con el llamado «impuesto revolucionario» y los atracos; compra con ello a numerosos jóvenes, que mantiene en agitación permanente; moviliza toda clase de manifestaciones y actos masivos; todo ello frente a la pasividad de un Gobierno incapaz.

En Cataluña, el tema se plantea con menor violencia, pero la lucha cultural es fortísima, y la total catalanización de la enseñanza va a plantear problemas muy serios, como también el no disimulado expansionismo en los supuestos «países catalanes».

En Canarias, con apoyos internacionales y buscando su neutralización estratégica, la presión es intensa. En Galicia, afortunadamente, los fenómenos nacionalistas son minoritarios, pero están radicalizados y fuertemente apoyados. Y el virus tiende a extenderse, en una extravagante carrera de intentar copiar sin más los Estatutos vasco y catalán, hechos a la medida de los interesados de aquellas regiones, pero escasamente útiles para regiones de distinto desarrollo económico y de emigración.

En crisis el Estado español, su *política exterior* no hace más que dar bandazos. Confunde las relaciones públicas con la verdadera política internacional, y se caracteriza por su total indefinición, debilidad y frivolidad. En el Tema NATO, se dice que vamos a entrar, pero teniendo mayoría clara para ello, no se da el paso, y en cambio comparecemos en La Habana en la Conferencia de Países No Alineados, para que Fidel Castro nos lea la cartilla. En el Mercado Común, marcamos el paso, sin planes claros ni energía alguna en la negociación; Grecia y Portugal van por delante, y nosotros seguimos a la puerta. En el

Norte de África, tanteamos con el Polisario, coqueteamos con Argel, no acertamos en Marruecos, y nos sacuden de todos los lados. En Iberoamérica, el partido del Gobierno se dedica a molestar a la gran mayoría de los allí establecidos; y en Portugal a intervenir igualmente en sus asuntos internos. En todo lo demás, carencia absoluta de criterio y de peso; debilidad creciente en Gibraltar. Eso sí, hemos tenido el honor de ser visitados por el señor Arafat.

Todo ello plantea, ni más ni menos, que una auténtica *crisis de Estado*. Se está planteando la cuestión misma de la legitimidad; la gente se está cansando de la democracia, sin haber llegado a conocerla; está dudando de todas las instituciones constitucionales porque las cosas no van bien; mientras que grupos sociales, cada vez más numerosos e importantes, no ocultan su descontento e insatisfacción ante la marcha de los acontecimientos.

Los partidos políticos, y en general todo el estamento político, están perdiendo credibilidad; la mayor parte eluden la realidad y los problemas, y bastantes sesiones del Congreso parecen las del Parlamento de otro país; a los pocos que llamamos allí las cosas por su nombre y decimos la verdad, se nos tilda de «vehementes» y «catastrofistas».

El Gobierno y su presidente carecen de todo crédito; nadie espera que resuelvan los problemas de la seguridad ciudadana o de la recesión económica; se sostienen porque la oposición (encantada con un Gobierno débil) no presiona, y con el miedo, que fomentan, de un enfrentamiento civil; siendo así que éste llegará a ser inevitable si continúa la actual inseguridad y confusión.

La Administración Pública, a todos sus niveles, está en un rendimiento bajísimo; los ministros no reciben, los directores generales no se ponen al teléfono; los expedientes se paran; los servicios transferidos no funcionan; los Ayuntamientos se limitan a variar los nombres de las calles; las leyes no se cumplen; los decretos-leyes proliferan, y el Estado se para.

La opinión pública, desorientada, acobardada, sin luces, propende cada vez más a la abstención. No ve más que desgobierno, e inicia un típico despegue (muchas veces producido en nuestra Historia) de la Constitución y todo lo que representa.

Pues bien; si decimos todo esto, si lo repetimos a diario, no es porque nos alegremos de ello, ni porque creamos que las cosas no tienen solución. Bien al contrario. No he venido aquí a hacer catastrofismo, sino a levantar esperanzas e ilusiones. No creo (como hace poco nos dijo en el Congreso al señor Carrillo Solares, don Santiago) que España esté dejada de la mano de Dios, precisamente porque creo en Dios y en España. Vengo a pedir y a proponer en este Congreso que nos dejemos de mirar hacia atrás, o hacia los lados, y nos pongamos a trabajar con decisión, seriedad, y coraje, sabiendo adónde vamos, para arreglar las cosas de España. Para la reconstrucción de un clima moral y de sentido común; para la reconstrucción del orden y de la ley; para conseguir una reforma constitucional, base de una democracia realista, que pueda funcionar, y que no destruya a España; para lograr una reforma electoral justa, que permita la necesaria remodelación de las fuerzas políticas; para reequilibrar las autonomías, de modo que sirvan para una más perfecta unión entre los españoles, y no para la destrucción del Estado; para relanzar la confianza hacia un nuevo esquema de desarrollo económico y social.

Porque (recogiendo los mismos temas de la crisis nacional), frente a la desilusión y la frustración, hemos de promover el afán de futuro, la decisión de supervivencia nacional y de convivencia ciudadana, un gran objetivo nacional para España. Hay que restablecer la moral de los españoles, planteando la cuestión de la moralidad pública y privada, y haciendo que los ejemplos vengan de arriba. Hay que ofrecer un plan sugestivo de vida española, que ilusione a todos, y en especial a los jóvenes; un mensaje lleno de sentido común, de compasión, de moderación, de coraje.

Y frente a la crisis económica, hay que empezar por decirle a España la verdad, y las consecuencias de continuar en la actual política irresponsable; pues si continúan el cierre de empresas, la inflación y el aumento del paro, no se va a poder convivir ni dentro de las familias. Hay que acometer en serio el problema de la energía; el equilibrio del sector público, hoy en pleno despilfarro, llegando, entre 1978 y 1979, el déficit acumulado a un billón de pesetas, y a un 25 por ciento del presupuesto. Hay que hacer bien las cuentas del sector exterior, donde la reserva de divisas sirve de pretexto para mayores endeudamientos y para causar inflación importada. Hay que flexibilizar la política monetaria, no ahogando a las empresas que sí podrían funcionar, y reestructurando de una vez los sectores inviables. Hay, sobre todo, que restablecer la confianza y la seguridad del empresario; y las ideas de esfuerzo, de ahorro, de servicios, de solidaridad.

Frente a la crisis en las relaciones sociales, hay que promover una renovada legitimidad social, fundada en la defensa del patrimonio común, de la riqueza comunitaria de todos los españoles. Una economía basada en la lucha de clases consiste no en crear riqueza, sino en arrebatársela unos a otros. Una economía próspera se basa en el trabajo y en la colaboración de todos, como lo hacen los alemanes y los japoneses, que gracias a eso no sólo han remontado sus totales derrotas en la segunda guerra mundial, sino que se han puesto en cabeza en la lucha económica actual.

Ello ha de basarse en unas empresas eficaces, defendibles, transparentes; en unas organizaciones sindicales profesionales y pluralistas; en un sentido general de superar la crisis, arrimando todos el hombro. Tesis elemental y salvadora que debería recordar cada día la telesión, a la vez que se deberían fomentar las instituciones compensatorias y de defensa de la familia, como unidad básica de consumo.

Y frente a la crisis cultural, lo que hay que hacer es un reconocimiento franco de que existe, y bien declarada, una guerra cultural, y hacerle frente con energía y eficacia.

Hay que defender el patrimonio insigne de la *cultura hispánica,* en sus valores nacionales y universales, sin olvidar que es la cultura de más de 300 millones de seres humanos. Bien está el cultivo de las culturas regionales, pero hay que recordar que todos juntos, castellanos como Cervantes, andaluces como Góngora, vascos como Unamuno, catalanes como Eugenio d'Ors, valencianos como Luis Vives, canarios como Pérez Galdós, hemos hecho esa gran cultura universal. Hay que orientar en esa dirección capital a todos los órganos de expresión, sobre todo a los audiovisuales, que son órganos públicos. Hay que contrarrestar el monopolio que pretende el marxismo sobre la creación de vigencias literarias y artísticas.

Y por lo que toca a la unidad de España, no hace falta decir que éste es el problema capital, en el que confluyen todos. Como los demás, no tiene solución fuera del lanzamiento histórico de un gran proyecto nacional, en el que todos, vascos o catalanes, extremeños o murcianos, se puedan sentir ilusionados y representados. Ésa es nuestra más grave obligación y hemos de plasmarla en ideas positivas y no negativas; en empresas de futuro y no en vetos del pasado; en superar divisiones, dando a cada uno lo que es suyo, pero a España lo que es de España.

La fragilidad de nuestra política exterior debe ser resuelta, sacándonos de esta extraña soledad en que nos encontramos, justamente queriendo sonreír a todo el mundo. Hoy estamos más solos que en el 98, porque queremos estar a la vez en la NATO y en La Habana, en Europa y en el Tercer Mundo, y el resultado es que no estamos de verdad en ningún sitio. Hay que estar de verdad, en lo que es defensa, en la NATO; en lo que es economía, en Europa; en lo que es cultura, en Iberoamérica; en todo lo demás, en nuestro sitio, sin dudas ni vacilaciones.

Pues bien: ésos son los problemas; ésos los desafíos. Los de España. Veamos ahora lo que nosotros podemos proponer para salir de la crisis, por caminos que no sean de mera negación o enfado, sino de una acción política realista y razonable.

II. ALGUNAS IDEAS PARA LA RECONSTRUCCIÓN DE UNA ESPAÑA CON FUTURO

Digo que vamos a hablar de *ideas*. No basta, en política, con sentimientos, por nobles que sean. Si el corazón tiene sus razones, que la cabeza no comprende, también el cerebro tiene su manera de amar, como acaso no sabe el corazón. Cuanto más movidas se ponen las cosas, y más calientes los hechos, más hace falta utilizar el frío bisturí de la razón.

Ideas, digo, por otra parte, y no *ideología*; no pretendemos ponerle al mundo y a la vida un corsé ideológico; no creemos, como los marxistas, que se pueda reducir la sociedad de los hombres, seres libres, a una sola clave, ni a un dogma estancado. Lo que pretendemos es basar nuestra acción en un *conjunto de principios*, de verdades sólidas, de juicios realistas, con los que se pueda fijar un criterio ante cada nueva situación. Ya el viejo Metternich le dijo al entonces joven Donoso Cortés, en 1848, que un sistema de principios será siempre superior a un programa ideológico, como un cañón giratorio lo es a uno fijo.

Todos sabemos lo que quiere decir, a su vez, *tener* o *no tener principios*, como verdades que rigen una vida, una acción, una moral. También sabemos que no se puede *tener moral*, en el sentido de valor decidido, si no se defiende *de verdad* lo que uno reconoce como *la verdad*. Frente a esto está la actitud oportunista. El *oportunismo*, en todas sus formas y manifestaciones, consiste en hacer las cosas, no por *lo que valen*, sino por *lo que rentan*; no por el fondo de las cuestiones, sino por la imagen que proyecta la acción. A propósito de la famosa *imagen*, que hoy parece ser el criterio único de ciertos políticos, opino como el senador Fulbright, que nada tiene de malo para un gobernante el dar buena imagen en televisión; pero que es anómalo no tener en cuenta que son condiciones mucho más importantes la inteligencia, el carácter y la decisión; y, por encima de todo, el tener principios.

Reconstrucción: que no es, en este momento, desgraciadamente, una palabra excesiva. Porque España está hoy siendo *destruida*, y el trabajo de la piqueta demoledora continúa.

La Política (con mayúscula) es justamente arquitectura, como dijo Aristóteles; es construcción de organizaciones válidas en el disperso mundo de lo social. En política es válida también la frase de Valéry, refiriéndose al mundo de las artes: sólo la arquitectura crea espacios sólidos, en los cuales puedan asentarse las demás creaciones del espíritu.

La reconstrucción de una sociedad en crisis plantea

problemas muy complejos. En primer lugar, de *lenguaje*: es por la corrupción del lenguaje por donde se manifiesta antes una crisis de Estado. Las palabras se cargan de intencionalidad política: es «progresivo» lo que uno quiere, «regresivo» o «nostálgico» lo que pretende el otro; el que hace violencia a la ley y a los demás es «revolucionario» si es de uno, y «terrorista» si es del otro, y así sucesivamente.

En segundo lugar, requiere un serio *análisis de situación*, una comprensión del mundo en que vivimos. Los que están destruyendo a España no sólo vuelven a reproducir los mismos errores de 1812, en 1869, de 1931, sino que quieren ignorar el mundo en que vivimos, un mundo ya de vuelta de muchas utopías que entre nosotros renacen.

En tercer lugar, hay que establecer buenos *cimientos*: toda construcción política hecha a la ligera, sin que fragüen sus fundamentos y que no se presuponga la seguridad interior y exterior, cae al primer soplo del viento.

En cuarto lugar, hace falta la capacidad y buena distribución del edificio, que permita la posibilidad para el mayor número. Pero nunca se puede lograr un consenso al cien por cien, y buscarlo es echarse en manos de los más violentos; toda sociedad tiene delincuentes y terroristas que poner a raya.

Y, en fin, hay un problema de *forma* o de estilo. Una sociedad en forma no es lo mismo que una sociedad acicalada; no es lo mismo construir un Escorial para la eternidad que una falla para que arda después de unas fiestas.

Futuro: porque justamente la política es una visión del futuro, y cada vez más, porque las *decisiones* sociales se toman cada vez a más *largo plazo*, y porque cada decisión compromete, cada vez, sectores más importantes de la evolución futura de las sociedades, y del destino personal de sus miembros. Pensemos en la trascendencia futura de lo que en estas mismas semanas se está decidiendo sobre autonomías regionales, o en lo que supondrá, dentro de veinte años, el tomar o no a tiempo el tren de las nuevas formas de energía. En este sentido, toda política miope, pensando sólo en el corto plazo, es por definición *antipolítica*; es la negación de una verdadera política, en el sentido noble y profundo de esta palabra.

Ahora bien, en este momento la cuestión del *futuro de España* es aún de mayor enjundia y trascendencia. Porque está en discusión la misma unidad e identidad de la Nación, y, por lo mismo, la propia subsistencia de España como Estado nacional.

En cada fin de siglo, se viene planteando para España esta grave cuestión: en 1700, al final de la dinastía de los Austrias, y la apertura de la guerra de Sucesión, en la que perdimos nuestros territorios italianos y en los Países Bajos, e incluso Mahón y Gibraltar; en el primer cuarto del siglo pasado, con el fin de la monarquía absoluta, el inicio de los tiempos nuevos en las Cortes de Cádiz, la guerra de la Independencia, y la pérdida del Imperio americano; en el 98, cuando un Ganivet pudo hablar del «*finis Hispaniae*»; en los años 30, en los que nos enfrentamos a muerte en una nueva guerra civil.

El fin de las naciones no es una mera cuestión académica; la Hispania es un gigantesco cementerio de organizaciones políticas periclitadas. Y no vale decir que siempre subsiste algo: ni Egipto, ni Grecia, ni Italia son los mismos de antes. España se fue haciendo, sobre las tribus primitivas, primero por la romanización y la cristianización, que le dieron una cultura común; después por la unificación política y jurídica del reino visigodo; más tarde, por la empresa común de la Reconquista; proceso que culmina en la reunificación política bajo los Reyes Católicos, y las nuevas empresas de creación de una cultura hispánica, a nivel mundial; y un proceso de centralización y cooperación, impulsado por el despotismo ilustrado del siglo XVIII y el liberalismo en el siglo XIX.

Este proceso está en desgraciada involución desde hace un siglo. La primera República hizo un primer intento de federalizar a España, que terminó en la tragicomedia del cantonalismo. La segunda guerra carlista, a diferencia de la primera, que se había hecho sobre una idea de España y su tradición, exacerbó los temas foralistas, y fue de ciertos grupos carlistas de donde surgió el mayor impulso para los nuevos nacionalismos catalán y vasco, que envenenarán la vida política de primeros de este siglo. La segunda República, al lado de la crisis económica y el maximalismo revolucionario de anarquistas, socialistas y comunistas, tuvo como una de las causas más graves de su fracaso la insolidaridad de los nacionalismos catalán y vasco, como se vio en octubre de 1931 y de 1936 a 1939, siendo a este respecto irrefutable el testimonio reiterado de Manuel Azaña. Hoy España, su bandera, su lengua, su Derecho, están en clara contestación, y la guerra revolucionaria y separatista está a la orden del día, mientras que la absurda idea de «nacionalidades» y la descomposición del sistema educativo español preparan las más graves cuestiones para un futuro muy próximo. Y en fin, *España.* España es para Alianza Popular *lo único importante.* Como movimiento político, existimos por España y para España. Queremos una España moderna, con libertades, con autonomías, con democracia, con tolerancia, con apertura al exterior, con todo lo bueno y lo deseable, pero *que sea España,* y no un guiñapo de nación, desunida, destrozada, empobrecida, y, en definitiva, *disuelta,* como tantas otras sociedades que hoy se encuentran tristemente en quiebra.

No supone esto querer imponer una idea rígida de lo que deba ser España, ni menos contraponer España a los españoles. Se nos ha acusado de preocuparnos menos de la suerte de éstos, como personas en busca de su propia felicidad, y más de una España institucional, concebida de modo abstracto e idealista; y, a través de ello, favorecer a los más favorecidos por el sistema social y a sus dirigentes de siempre. Todo lo contrario: lo que pensamos es que los españoles no pueden salvarse como versos sueltos, ni por regiones, o por clases sociales, o por sexos, o por grupos de edad; lo tienen que hacer juntos, como tales españoles. El mejor dividendo del patriotismo de franceses y alemanes, de ingleses o japoneses, es para ellos mismos, por tener todas las ventajas de una sociedad fuerte, rica y respetada.

Lo increíble es que nadie pueda pensar que, en esto, España pueda ser diferente. Por eso, repito, nosotros queremos España con todo lo bueno y todo lo moderno; con todo lo que se lleve por ahí, y sea progresivo y atractivo; pero *España sin dudas ni vacilaciones.*

Tampoco estamos —repito igualmente— por una España *como ya fue*, incluso en sus mejores días; las naciones, como los ríos, no vuelven hacia atrás. España nunca fue perfecta, ni en el siglo XVI, manchada por la miseria y la intolerancia; ni en el XVIII, demasiado afrancesada, ni nunca. Concebimos una España en perpetua y vital renovación; en la que la tradición sea un compromiso y un estímulo, no una lápida o un sudario. Pero queremos *que sea España*; y si nos dan a escoger entre España, con unidad, con identidad y con honra, y cualquier otra cosa, diremos que lo nuestro es España y que lo otro no nos sirve, porque será bueno para otros, pero a costa de España.

Esto supuesto, me propongo examinar, en el tiempo necesariamente limitado de un discurso, los siguientes cuatro puntos:

1. La Constitución y su posible reforma.

2. Las fuerzas políticas y su eventual remodelación.

3. La cultura cívica y el problema de los medios de información.

4. Una visión de la economía y de las relaciones sociales.

1. La Constitución española de 1978 y su posible reforma

No me voy a extender sobre los complejos problemas de lo que es y debe ser una Constitución, y de cómo se ha llegado a la solución que hoy tenemos. Hay dos ideas de la Constitución: una, la británica, que la concibe como un conjunto dinámico de instituciones y de usos, que se va haciendo históricamente, como «un camino que anda»; otra, la francesa, como un texto escrito, que de vez en cuando se redacta en su totalidad por una asamblea constituyente. España, que ha tenido, de Jovellanos y Martínez Marina a Cánovas del Castillo y Gil y Robles (Enrique), grandes teóricos del primer punto de vista, ha aplicado generalmenee el segundo, con poca fortuna, como todos sabemos. Nuestra larga historia constitucional es la de los fracasos de 1812, 1820, 1834, 1836, 1846, 1851, 1869, 1873 y 1931. Sólo han logrado alguna duración y estabilidad dos períodos: la Restauración, cuya Constitución de 1876 fue redactada por Cánovas, con un grupo de notables, y la era de las Leyes Fundamentales de Franco.

La Constitución vigente de 1978 ha vuelto a la vieja utopía de querer resolverlo y reformarlo todo a la vez; adolece a falta de realismo en varias de sus partes; los mismos que la hicieron la están forzando a menudo, en temas capitales como la redacción apresurada y ambigua de los Estatutos y el abuso de los decretos-leyes; está creando una desilusión creciente, por el retraso inevitable en el desarrollo legislativo y administrativo de sus numerosos y ambiciosos proyectos, y, sobre todo, porque entretanto se van deteriorando la seguridad interior y exterior, la estabilidad económica y el empleo, la ley, el orden y el principio de autoridad.

Pues bien, nuestra clara posición en cuanto a la Constitución no ha variado. Primero, intentamos que la reforma política se hiciera por la otra vía, la de las reformas graduales y progresivas (como lo había intentado ya el primer Gobierno de la Monarquía). Rechazada esta idea intentamos que el texto constitucional fuera más breve y más preciso (como, por ejemplo, la vigente Constitución francesa, o la norteamericana), y no un largo código de todo lo divino y lo humano (como las Constituciones de Portugal y de Grecia).

Rechazadas ambas propuestas (que yo reiteré en la primera reunión de la Ponencia Constitucional, en agosto de 1977), contribuimos de buena fe en los trabajos constitucionales (en la Ponencia, la Comisión y el Pleno del Congreso constituyente) a que el texto definitivo fuera lo mejor posible, y la verdad es que el segundo que salió de la Ponencia (tras el estudio de todas las enmiendas) era menos malo que lo que al fin prevaleció, tras los famosos «consensos». Aun así, estimamos (mayoritariamente) que era mejor hacer lo que hicimos: votar favorablemente el conjunto de la Constitución (gran parte de cuyos artículos eran aceptables), y mantener *reservas, con propósito de la enmienda,* en unas cuantas materias, respecto de las cuales anunciamos, en la explicación de voto, que en su día plantearíamos las correspondientes *propuestas de reforma constitucional.*

Estos puntos de desacuerdo no eran muchos, pero sí importantes. Se referían al Artículo 2.º (la funesta mención de las «*nacionalidades*») y diversas disposiciones del ambiguo Título VIII, que desarrolla las autonomías; al *sistema electoral*, equivocadamente ridificado por la Constitución, que hace obligatorio el sistema proporcional, en vez de dejar esta cuestión a la Ley Electoral; a algunos artículos que afectan a instituciones fundamentales y a la moral cristiana (familia y educación, principalmente); y, en fin, a la antidemocrática restricción que los partidos han impuesto (reduciendo a muy poco la *democracia semidirecta*, a través del referéndum y a la iniciativa popular) al control popular del proceso político.

Hoy, nuestra posición sigue siendo la misma, y será inútil todo intento de tergiversarla. No estamos, en primer lugar, por la destrucción de la Constitución; no creemos en actitudes puramente negativas, ni de enfrentamiento entre los españoles; creemos que la Constitución es mejorable y perfectible, y le señalamos dos defectos graves, a los que se reducen los antes apuntados: los riesgos que tiene para la unidad política de España, para su identidad moral y cultural, y para un Estado fuerte y eficiente; y, por otra parte, un sistema representativo, excesivamente partitocrático.

Nuestra actitud no es, pues, ni de ruptura constitucional, ni de aceptación resignada de las partes que rechazamos; es de *reforma*. Recordemos al respecto el ejemplo francés de 1958; en una grave crisis del país vecino, con Argelia perdida, con el Ejército sublevado, en plena crisis económica y social, De Gaulle ni cambió el régimen ni quiso imitar a Napoleón, a Boulanger, ni a Pétain: reformó la Constitución (por vías legales), cambió el sistema electoral (pasando del proporcional al actual, mayoritario por distritos y a dos vueltas) y logró una nueva mayoría. Su sistema, plenamente democrático, ha funcionado con él, con Pompidou y con Giscard; ha superado crisis como la OAS y Mayo de 1968; y ha vuelto a hacer de Francia un país grande, rico y fuerte. Italia, que continúa con instituciones parecidas a las que los franceses se dieron en 1946, sigue dividida y débil, aunque ahora empieza a pensar en la reforma constitucional.

Somos, pues, *reformistas* de la Constitución, para hacerla viable; para que ella sola no se rompa, como las anteriores. Y esto lo mantendremos, una vez más, frente a los rupturistas, de uno u otro signo, o los conformistas que esperan con fatalismo a que las cosas acaben de estropearse.

Sería innecesario, pero ciertos comentarios de mala fe me obligan a aclarar que pongo la Constitución francesa de 1958 —ciertamente, la mejor que ha tenido la Francia contemporánea, y una de las mejores de la Europa actual— como un ejemplo y no como un modelo. Ni las Constituciones se pueden copiar, ni nadie sensato puede desear replantear la cuestión de la forma del Estado. El fracaso de las dos Repúblicas confirma que la Monarquía forma parte de la constitución histórica de España, y también sabemos que la secular institución puede ser dinámicamente puesta al día, al servicio de España, precisamente en sus problemas de hoy y de mañana.

2. LAS FUERZAS POLÍTICAS: SU CONSOLIDACIÓN Y REMODELACIÓN

Una Constitución es como un campo de juego; si el campo es malo, si está siempre embarrado, si tiene cuestas o grietas, o sopla en él demasiado el viento, no se puede jugar un buen partido de fútbol. Pero, dado que el campo sea bueno, la calidad del fútbol la hacen, más que la bella arquitectura de las fachadas o el acertado sistema de aparcamientos o jardines, los equipos buenos o malos.

Ya vimos que la Constitución no es ya el mejor de los campos posibles; pero los equipos que están jugando, los partidos políticos españoles actuales, son todavía más flojos e improvisados.

Un *sistema de partidos* políticos se define por los siguientes elementos:

a) El *margen de influencia* que los partidos tienen sobre el proceso político.

b) El *número y tipo* de los partidos que efectivamente participan en la lucha política.

c) Las relaciones que tienen unos con otros, y la imagen que de las mismas llega al público.

En cuanto al primer punto, estimamos que hoy los partidos tienen una *influencia excesiva* en todas las fases del proceso político, y que, por lo mismo, nuestro sistema de partidos incide gravemente en el defecto de la *partitocracia*. Los partidos deben promover ideas, defender programas, proponer planes y candidatos, alertar y movilizar a la opinión. Pero hoy en España hacen muy poco de todo esto, y en cambio se dedican al control total de las listas electorales, al disfrute de amplias subvenciones estatales y de toda clase de prebendas, y todo ello con notoria falta de control constitucional y social.

Por lo que toca al segundo punto, la dolencia es la *partiditis*: hay demasiados partidos, poco claros en sus ideas y posiciones, y con tendencia a aumentar, como vemos en las noticias de cada día; tema que desgraciadamente puede agravarse en las elecciones a los parlamentos regionales; recordemos, al respecto, que hay Constituciones (como la portuguesa) que prohíben los partidos de base regional, y que, incluso en países federales, como Estados Unidos o Alemania, los partidos tienen todos ámbito nacional.

En tercer lugar, el modo racional y normal de relacionarse los partidos, que es la *dialéctica gobierno-oposición*, en España ha sido totalmente falseada y reemplazada por la ambigua del llamado «consenso». En Inglaterra, en

Estados Unidos, en Alemania, un partido gobierna y otro critica; en Francia, hay más de dos partidos, pero unos están en la mayoría que gobierna, y otros en la minoría que hace oposición; en España, no: un Gobierno UCD pacta hoy con uno, mañana con otro, y a veces cambia tan rápidamente de pareja, que (como ocurrió en una reciente sesión del Congreso de los Diputados) cuando un orador está terminando un discurso diciendo que no a una proposición de Ley, llegan por teléfono instrucciones cambiadas, y UCD vota que sí.

Por otra parte, los señores Carrillo y González han dejado claro que *apoyan* al señor Suárez, cosa que sería inconcebible en cualquier país de sistema parlamentario normal. El resultado es que no hay Gobierno ni oposición; que la gente no sabe a qué atenerse sobre lo que representa cada uno; que a nadie le interesan ya los debates parlamentarios y las votaciones; y que ha llegado a inventarse la increíble expresión de «mayoría mecánica» para designar una mayoría sistemática que vota de modo coherente. En tan extraño sistema, pasa como con el tero, el pájaro pampero de quien decía Martín Fierro que ponía los huevos en un sitio, y daba las voces en otro. Se dice una cosa en el Congreso, otra en el mitin electoral, otra en el club de moda, y la confusión es completa.

El pueblo entonces, comprensiblemente, se abstiene, y piensa que no se trata de gobernar ni de criticar, sino de conservar la tajada.

Todos los planes para mejorar el futuro de nuestra España pasan, en lo político, por una *remodelación* del sistema de partidos. Esto quiere decir, a mi juicio:

a) *Creación de fuerzas nacionales, sólidas y responsables*, con proyección y responsabilidad regional, pero evitando la proliferación de los grupos localistas y acabando con el falso mito del «sucursalismo», que no ha perjudicado a la izquierda, pero sí ha confundido y dividido a los grupos antimarxistas, como se ha visto en Cataluña.

b) Eliminación, en cumplimiento de la Constitución y de la ley, de las fuerzas *revolucionarias y separatistas*, que usan la violencia para sus objetivos.

Hay que recordar que en todo hay un listón básico, una frontera clave, y que así ocurre también en los espacios políticos, nos guste o no. En la derecha, hay una línea insalvable, que es la *aceptación de la democracia* y la renuncia a la violencia para imponer nuestras propias convicciones. En la izquierda, análogamente, hay otra línea divisoria, que es el *rechazo de la idea de revolución*, entendida como transformación global del orden de cosas existente; que es la línea que separa en Europa a la socialdemocracia de los partidos comunistas. En el terreno del regionalismo, la línea divisoria pasa por el *separatismo*, frente a las actitudes foralistas o descentralizadoras.

Veamos ahora lo que tenemos en España. Subsisten grupos marxistas leninistas, como el Partido Comunista (reconstituido), que utiliza métodos terroristas, a través de instrumentos como el GRAPO. El Partido Comunista Español ha adoptado el ropaje eurocomunista, y ha quitado de su definición la palabra «leninista», pero sigue siendo un partido revolucionario, marxista y clasista, que utiliza a Comisiones Obreras y a múltiples otras asociaciones paralelas para una agitación permanente contra el sistema económico y social, y que aspira a un cambio total del sistema político, por la infiltración, la guerra cultural y otros procedimientos.

El PSOE ha hecho un interesante avance en la buena dirección, la socialdemocracia; pero, a diferencia de los demás partidos socialistas europeos, sigue anclado en la idea de partido de clases y con una política exterior que no difiere en nada de la del Partido Comunista, incluso en la oposición a la NATO.

UCD no necesita mayores comentarios; a la vista están sus dos etapas de gobierno; su falta de principios, con espectáculos increíbles como esas intervenciones parlamentarias, en las que se defiende el no y luego se vota el sí, por un pacto telefónico de última hora. Nadie puede esperar del partido oficialista otra cosa que un continuado *gobierno por concesión*, hasta que se acaben el capital y las rentas de las que hoy irresponsablemente se está tirando, sin tasa.

Pues bien, ahora *hablemos de nosotros*. Es claro que nosotros, siendo como somos, partidarios del progreso y de la justicia social, *no somos la izquierda*; rechazamos el materialismo marxista, la indefinición en política exterior y de defensa, el confundir el progresismo con la permisividad, la falta de respeto a la tradición religiosa y moral de nuestro pueblo.

Es igualmente claro que siendo *profunda y auténticamente regionalista*, entusiastas de nuestras patrias chicas y de una España en su espléndida variedad, nosotros rechazamos los planteamientos *nacionalistas* por falsos y contrarios a la verdadera Historia de España; las tesis *racistas*, por ridículas y anticristianas; los *federalismos*, por divisores y debilitadores del Estado que ha de defendernos a todos, y encarecedores de la administración y los servicios; y no hace falta decir que los *separatismos*, por traidores y suicidas. Respetamos el foralismo, de buena solera hispánica; y aceptamos los Estatutos en la medida en que sirvan para una mejor integración de España.

Nosotros no somos tampoco un centro-izquierda, débil en los principios, oportunista en las actitudes, cambiante según la moda.

¿Qué somos, pues, nosotros? ¿Qué es, y qué quiere ser, Alianza Popular? Yo creo que somos la fuerza política que intenta (y lo logrará, si luchamos con tenacidad y organización) unir a los muchos españoles que queremos la unidad de España, sin discusión; que rechazamos el marxismo, con plena convicción de que el materialismo es lo más contrario a la esencia de nuestra Patria; que queremos una moral pública bien defendida; que defendemos las grandes instituciones sociales, como la familia, la Iglesia, las Fuerzas Armadas y de Orden Público, las escuelas públicas y privadas, etc.; que queremos progreso en todos los frentes de la vida nacional, pero dentro del orden y el respeto a la ley; y que, en fin, queremos todo esto por vías pacíficas, ciudadanas y democráticas. Esto no es nada utópico, puesto que existe en Inglaterra, como Partido Conservador; en Francia, como mayoría presidencial; en Estados Unidos, como Partido Republicano, y así sucesivamente.

Pues bien: sé que toco uno de los temas más polémicos de nuestra terminología política. Yo quisiera que no nos enzarzáramos en cuestiones nominalistas; y que estando, como estamos, de acuerdo en los principios, en los objetivos y en las actitudes, no nos dividamos (para gusto y ventaja de nuestros enemigos) en posicionamientos siempre relativos. Nosotros asumimos por supuesto los planteamientos espirituales, que son los válidos, de una derecha popular y para todos; rechazamos cualquier aspecto de represión o de privilegio o de oligarquía. Por eso somos lo que somos, y seremos lo que debemos ser; y podemos dirigirnos a la mayoría natural del país, a la parte mayor y más sana de la sociedad, como decían los antiguos. Hoy desunida, desorientada, desencantada; que estuvo ahí, como casi un 80 por ciento del cuerpo electoral, en el primer referéndum de la transición, en 1976, cuando la izquierda y los nacionalistas pidieron la abstención; tremenda responsabilidad por cierto la de aquellos que dejaron que se perdiera aquella ocasión magnífica, y que aquella mayoría natural se confundiera y se desuniera.

Ésa es precisamente la explicación más importante de la creciente y preocupante abstención ciudadana, que es la de los que se sienten engañados, defraudados e incluso traicionados.

Nosotros tenemos que aspirar a recoger, de nuevo, a esa gran fuerza, que está ahí; en un verdadero *populismo*, como el que sugiere nuestro mismo nombre, el de Alianza Popular. Ni podemos renunciar a él, ni actuar de modo incongruente con esa idea; en la que quepa todo el pueblo, toda la sociedad real; que no se estrecha de modo que un aldeano, o un trabajador, o un estudiante, no se pueden encontrar representados. Sólo si hacemos esto, de buena fe, y lo hacemos bien, podremos llegar a ser un gran partido mayoritario, como España necesita.

Deseo como el que más una *unión política*, lo más amplia posible y basada en una organización eficaz, de ese amplísimo sector, pero no puedo aceptarlo más que dentro de esquemas constitucionales (reformistas) y democráticos (de democracia fuerte). Así es como se han ganado las elecciones en Inglaterra y en Francia, y es como las podremos ganar nosotros si mantenemos la jugada, porque el tiempo nos está dando en todo la razón. Lo que no podemos es aceptar dudas sobre el principio claro de que no buscamos soluciones de otro tipo. Cuantos coincidan con este planteamiento, serán bien venidos; nosotros estamos dispuestos a cualquier sacrificio para lograrlo, y ya hemos demostrado nuestra auténtica disposición para hacerlo, sin más límites que los indicados. Lo que sí pedimos, antes de cualquier unión o acuerdo, es la aceptación expresa, por parte de todos, hacia dentro y hacia fuera, del principio democrático, del pluralismo político y de las libertades universales, tan necesitadas de apoyos inequívocos.

Tampoco debe olvidarse (y bien lo sabemos por nuestra propia experiencia) que toda unión eficaz supone un sistema razonable y justo de pesas y medidas, de lo que realmente aporta cada uno, y algo nos ha enseñado la experiencia.

Conste, pues, nuestro respeto y simpatía a cuantos defienden a España; nuestra mejor disposición al diálogo, sin reservas ni condiciones; nuestra decisión de ir a cuantas uniones, colaboraciones y acuerdos nos permitan acercarnos a esa integración de la gran mayoría de nuestra sociedad. Lo que no podemos es entrefiar lo que es nuestro a otros, que pretenden administrarlo mejor; ni aceptar infiltraciones o submarinos que intenten paralizarnos o neutralizarnos. *Nosotros somos nosotros*, y lo seguiremos siendo, al servicio de España.

Y hoy tenemos una *oportunidad real*, como lo revela el *movimiento de las ideas y las tendencias electorales* en otros países de Europa. No hay oportunidad, a mi juicio, para los planteamientos integristas, que se empeñen, desde una extrema derecha, en hacer una España para ellos solos, y para los métodos que intenten imponer una solución drástica; son métodos no democráticos. No la hay, tampoco, a mi juicio, para una *vieja derecha*, que está muerta en toda Europa, que se limite a planteamientos capitalistas puros en lo económico y a soluciones fuera del contexto del mundo actual, en el que los estados medios ya no pueden resolver solos ni su defensa ni su política económica, ni tienen colonias, ni pueden moverse fuera del mundo que realmente existe. Hace falta una solución nueva: que está ahí, como lo demuestran, repito, las nuevas corrientes de pensamiento y los últimos resultados electorales.

En las ideas, puede decirse que desde 1968 (el Mayo francés y el golpe de Praga) el marxismo se bate en retirada en Europa; nadie puede ya creer que la revolución vaya a resolver los problemas de nuestros países. Los «nuevos filósofos» primero, la «nueva derecha» después, son los primeros pasos prometedores de que están apareciendo nuevas corrientes de pensamiento, en las cuales se podrá apoyar sin complejos una nueva vía de enfocar los problemas humanos, educativos, económicos, sociales y políticos. No me gusta mezclar los temas religiosos con los políticos; no somos un partido confesional, aunque tengamos una clara mayoría de católicos practicantes; no jugaremos nunca a servirnos de la Iglesia, sino a servirla, desde nuestra libre opción ciudadana. Pero a la vista está ese acontecimiento trascendental que está ocurriendo también en la Iglesia católica, con nuestro Papa Juan Pablo II, que ha logrado una síntesis perfecta del tesoro de la tradición y de la asunción del mundo moderno y de la libertad, sin dudas ni vacilaciones. La mayoría está con él, a pesar de que dice cosas que suponen esfuerzo, sacrificio, entrega; y no está ni con los sofisticados intérpretes que predicaban el fin de los dogmas y de la moral tradicional, ni tampoco con los reaccionarios que se empeñan en volver al *Syllabus*, o en desconocer que la Iglesia ha de ser la primera en promover los derechos humanos y la justicia social.

Y el veredicto de las urnas está igualmente cambiando de signo: ni en Francia, en 1978, ni en Inglaterra, en 1979, ni más recientemente en Suecia y Noruega, y esperamos que tampoco en Alemania el año próximo, se han producido desplazamientos a la izquierda, sino todo lo contrario. La democracia puede dar el triunfo a fuerzas a la vez nacionales y democráticas, conservadoras y reformistas. Lo que hace falta es trabajar para merecerlo.

3. La cultura cívica y los medios de información

En todas las sociedades, y tanto más cuanto más desarrolladas, un factor decisivo de la vida política es la *opinión pública*. Ésta se forma de dos elementos básicos:

uno, permanente (aunque también sujeto a evolución) que es la *cultura cívica*, las ideas fundamentales aceptadas por la mayoría de la sociedad; otro, coyuntural, que es la reacción de la sociedad ante los hechos y problemas de cada momento, y las personalidades, grupos y medios de expresión que le proponen una u otra solución.

La *cultura cívica* es uno de los elementos constitutivos más importantes de una sociedad. En Europa se forma de cuatro factores básicos: una tradición cristiana; una secularización creciente, a partir de las guerras de religión; la cultura liberal, basada en la libertad de expresión; y la cultura de la socialización (en el sentido en que usó esta expresión la encíclica *Mater et Magistra*, de Juan XXIII), basada en una idea de la justicia social y de la solidaridad. Las corrientes políticas actuales insisten, unas más y otras menos, en estos diferentes factores; pero es lo cierto que en ninguna sociedad europea occidental hay corrientes importantes que no acepten a lo menos tres de los factores citados.

Por otra parte, dentro de esa cultura cívica, juegan hoy unos *medios de comunicación social* más poderosos y complejos que en cualquier otra época de la Historia. Desde la conversación directa del ágora griego o del foro romano, pasando por las gacetas del siglo XVIII, a la gran época de la prensa (de 1814 a 1930), se llega al mundo actual, de la radio y la televisión, en el que somos expuestos constantemente a machaqueo de millares de mensajes informativos, culturales, políticos y publicitarios.

Hemos de definirnos, en cuanto a *nuestros principios* y en cuanto a *nuestra estrategia* en relación con esta trascendental cuestión. En medio de una gran confusión (porque entre nosotros están jugando a la vez la modernización eclesiástica, la guerra cultural y la infiltración marxista), la opinión se debate ante propuestas imprecisas, que en general se acogen a nombres vagos como el de «progresismo» y «europeísmo».

Nuestras posiciones de principio han de ser claras, y a mi juicio las siguientes. En primer lugar, nosotros aceptamos el *humanismo* cristiano como base de nuestros juicios morales y de legitimidad social. Esto quiere decir que, sin ser un partido confesional, nuestros valores son los cristianos, sin ninguna suerte de integrismo o de clericalismo; pero también sin dudas ni vacilaciones.

En segundo lugar, respecto del cambio social, somos a la vez *conservadores* y *reformistas. Conservadores,* en el sentido de que los pueblos tienen una *tradición,* no dogmática ni cerrada, que debe enriquecerse en cada generación, a la cual no pueden renunciar sin perder su identidad. *Reformistas,* porque pensamos que esa tradición y sus realizaciones institucionales han de estar en permanente y flexible adaptación a los tiempos nuevos, lejos de toda reacción y de toda idea revolucionaria.

En tercer lugar, aceptamos claramente y sin reservas la *legitimidad liberal y democrática.* Liberal, en el sentido de reconocer el derecho de pensar, investigar, crear y difundir doctrinas nuevas. Democrática, en el sentido de respetar la regla de decisión por mayoría, dondequiera que sea aplicable. Todos sabemos que no lo es en bastantes tipos de relaciones sociales: no es buena fórmula en un regimiento, en una clase, en una familia o en un centro penitenciario. Es el menos malo, sin embargo, de los hoy conocidos, en el conjunto de las actuales sociedades urbanas e industriales.

Finalmente, estamos decididamente por la *justicia social.* A todos los niveles y con todas las consecuencias. La entendemos como la obligación de las sociedades de dar a todos un mínimo justo y una real igualdad de oportunidades. No las aceptamos, en cambio, como pretexto para un falso y corruptor igualitarismo, que trate igual al que trabaja y al que no trabaja, al que estudia y al que no estudia, al ciudadano pacífico y al delincuente, y así sucesivamente.

Ésa es nuestra doctrina. Pero debemos ser conscientes de la necesidad de ser en todo momento coherentes con ella; de profundizarla y enriquecerla; y, sobre todo, de difundirla y defenderla con energía y con eficacia. Ello supone que tomemos igualmente una posición clara y activa.

Ante los medios de información sólo caben tres actitudes: la *censura*, la *resignación* y la *acción positiva*. Nosotros no podemos aceptar la primera, es decir, la supresión o control oficial de la información y el comentario. Es claro que la libertad de expresión permite que se publiquen cosas desagradables y sectarias, y que determinados órganos supriman o manipulen los datos objetivos. Sin embargo, en un sistema político moderno, la libertad de información no puede discutirse, y cualquier otro sistema es peor; lo prohibido goza siempre de un atractivo especial. La censura, además, sólo puede defenderse desde un complejo de inferioridad cultural, que en modo alguno podemos aceptar.

Una actitud de resignación pasiva tampoco es admisible. Si dejamos que otros usen esa máquina poderosísima de conformación de la opinión, nos convertimos en víctimas; pero sin poder quejarnos, por nuestra desidia y pasividad.

Lo único aceptable es la acción positiva; lo que, a su vez, tiene dos aspectos. En primer lugar, debemos promover, por todos los medios, una regulación más justa; hoy el Gobierno y la UCD juegan con enorme ventaja, a través del monopolio en televisión, de una fuerte influencia en radio y de la política de subvenciones discrecionales a los periódicos. Esto debe ser combatido de modo vigoroso y permanente.

El segundo aspecto es el de nuestra *participación eficaz*. Y aquí también debemos subdividir la importante cuestión en dos puntos: en primer lugar, debemos hacer el máximo uso de los que ya existen. Cuanto más escribamos, cuantas más declaraciones formulemos, cuantas más ruedas de prensa organicemos, cuantas más cartas a los directores promovamos, cuanto más, en fin, actuemos y rellenemos espacio informativo, mejor. Nuestra gente suele ser tímida en eso; es obvio que a veces veremos desfigurados nuestros textos, y que siempre recogeremos menos espacio del previsto; precisamente por eso hay que inundar e insistir.

El segundo punto es el más difícil, pero también debemos acometerlo: la *creación de nuestros propios órganos de expresión*. Desde el modesto boletín al gran rotativo, pasando por la revista de pensamiento y el semanario, el tema está abierto. Necesitamos ayuda y consejo, en empresa a la vez costosa y de difícil realización; pero en ello estamos, a nivel nacional, y no lo olvidéis a los demás.

4. Una visión de la economía y de las relaciones sociales

Deliberadamente, he dejado este tema para el final, porque nosotros no somos marxistas, y no aceptamos, por lo tanto, que la organización social y política sean un mero epifenómeno de la economía. Pensamos, al contrario, que la economía es *economía política*; es decir, que la vida económica sólo funciona dentro de ideas morales (que es un precio justo, o un beneficio legítimo, o un gasto suntuario, etc.); en un contexto cultural, que explica unos objetivos económico-sociales (construir o no Versalles, destruir o no el entorno ecológico, etc.); dentro de un marco jurídico, que ha pasado de la prisión por deuda a la permisividad actual, en materia de letras de cambio, suspensiones de pago, o cheques sin fondos. Y, sobre todo, dentro de un orden político y unas coyunturas de opinión.

Dicho esto, entiendo que ningún sistema económico político puede funcionar sin *objetivos* claramente definidos; sin *instituciones* que regulen el funcionamiento de la actividad económica; y sin un proceso de *decisiones* que garantice la constante y flexible operatividad del conjunto.

Los *objetivos* (cañones o mantequilla, inversión o consumo, etc.) son un tema político por excelencia. El mercado no dice si hay que hacer más carreteras, más hospitales o más viviendas. Los objetivos básicos constituyen un problema básico de la planificación y la decisión política. Un debate nacional debe, periódicamente, decidir unos planes indicativos y los medios que el Estado se reserva para orientar hacia su cumplimiento: presupuesto, impuestos, aranceles, política monetaria, etc. Éste debería ser uno de los temas básicos de las campañas electorales y de los debates parlamentarios, siendo urgente la constitución del Consejo Económico y Social como lugar de ajuste previo de las opciones e intereses de los diferentes grupos sociales.

Las *instituciones económicas* (Banca, Bolsas, mercados, etc.) son igualmente un tema clave de la legislación. Gran parte de las nuestras se han quedado pequeñas o anticuadas; el Código de Comercio no está a la altura de las actuales circunstancias. La legislación social está hecha también para otros tiempos y diferentes relaciones. Todo ha de ser puesto al día, para que pueda funcionar una auténtica economía de mercado.

Porque, sentados los objetivos nacionales y bien reguladas las instituciones, no se conoce ningún sistema que funcione mejor, para orientar las *decisiones económicas*, que una economía de libre mercado; es decir, la que en Alemania, como en Japón, en Estados Unidos como en Australia, confía a la iniciativa privada, a la competencia empresarial, al poder compensatorio de los sindicatos, las cooperativas o las asociaciones de consumidores, la mayor parte de esas decisiones.

La crisis mundial no puede servirnos de disculpa para nuestros propios errores; pero sí de estímulo para investigar nuestras deficiencias. Hay que decirle la verdad al país; movilizar su adhesión para trabajar de firme; establecer un plan de urgencia; reformar instituciones que, como la Bolsa, son hoy ya meros fantasmas; y relanzar, también aquí, un gran *objetivo nacional*.

III. CONSIDERACIONES FINALES SOBRE LA ESTRATEGIA DE ALIANZA POPULAR

Hemos de volver, después del análisis de *donde estamos* y la exposición de *lo que somos*, al planteamiento de *lo que debemos hacer*.

La respuesta es fácil: si las ideas expuestas son las *válidas*, y son *las nuestras*, lo que tenemos que hacer es luchar y trabajar para convertirlas en realidad, mediante la adhesión de muchos. En la vida social las ideas no logran vigencia más que convirtiéndolas en *ideas fuerza*, en núcleos de opinión, en base de acciones de grupo, en semilla de las futuras instituciones.

Y para lograrlo tenemos un camino claro: la potenciación de nuestra fuerza política, de Alianza Popular. Eso hemos estado haciendo, a lo largo y a lo ancho de toda España, en nuestros Congresos Provinciales y Regionales; esto debemos completarlo y coronarlo en nuestro tercer Congreso Nacional. Cada una de las ponencias que estudiemos y de los acuerdos que adoptemos, es un sillar para la construcción del edificio, de una fuerza claramente española, decididamente moderna y enteramente eficaz.

Las cosas no se arreglan solas; ni bastan los impulsos generosos; son los principios claros y aceptados, la organización eficiente y la labor entregada de cada día lo único que puede encauzarlas.

No esperemos milagros; dediquémonos a convencer, a sumar, a agrupar, a organizar. Es indudable que los acontecimientos nos están dando la razón; pero hay que explicarla y defenderla cada día.

Hagámoslo con acciones positivas, más que negativas; luchemos por una España en paz, en prosperidad, y, sobre todo, con honra.

Alianza Popular, consolidada y definida en estas ideas, unificada en intenciones y propósitos, luchará sola cuando así se requiera, y en unión de cuantos busquen en lo esencial lo mismo, y no perderá un minuto en la acción ciudadana a todos sus niveles. La Historia vuelve a empezar cada día; que hoy empiece también, en todos nosotros, una renovada decisión de trabajar sin descanso por la reconstrucción de una España con futuro.

3. Hacia una remodelación de las fuerzas políticas en España[1]

Agradezco muy de veras la generosa presentación que acaba de hacer de mi persona Antonio Hernández Gil; sólo me cabe decir que tales introducciones son un desafío, para llegar a merecerlas; haré por mi parte lo posible, de aquí en adelante, y por seguir en todo el ejemplo del presentador, a quien por cierto el Club le debe, además de su constante dedicación para que estos ciclos de conferencias sean lo que son (la tribuna no institucional más importante de España), sino que por acompañarnos hoy haya debido de alterar el ritmo normal de sus importantes tareas académicas. No voy a hablar, naturalmente, en esta ocasión de lo mucho que España le debe a Antonio Hernández Gil y de lo mucho que aún de él espera.

Los ingleses, en una sociedad especialmente propicia a los clubs, suelen decir que la Cámara de los Comunes es el mejor club de Londres. Yo, al ampliar mis palabras de gratitud al presidente y demás directivos del Club Siglo XXI, por honrarme de nuevo con la responsabilidad de participar en su rostro de oradores, quiero expresar-

1. Conferencia en el Club Siglo XXI, el 14 de enero de 1980.

la diciendo, simplemente, que éste es el mejor club de Madrid.

Y paso a la cuestión. Pero las conferencias son también el discurso y sus circunstancias. Yo había pensado pasar este fin de semana en Huelva, en mis habituales correrías por las provincias españolas; dedicar unas horas a estar con la Junta Directiva y otros correligionarios de Alianza Popular, de aquellas tierras donde se bate el cobre desde la más remota antigüedad y de donde salieron las naves de Tharsis y también las carabelas de Colón; y también pasar unos ratos de descanso y serena meditación por los andévalos que ejemplarmente uno de nuestros consocios, Fernando de Elzaburu, quiere reconvertir de la esterilidad a una racional explotación agrícola.

Pero no pudo ser. Fue asesinado, el pasado jueves, el jefe de los miñones forales de Álava, un comandante de Caballería que desde hace varios años los mandaba ejemplarmente, y se tocaba con la roja chapela de la Diputación. Su esposa, Ana, es la vicepresidente de Alianza Popular en Álava, y allá me fui el sábado, para asistir al funeral.

Llegando a Burgos, empezó el cierzo a mover la cellisca, dibujando extraños arabescos sobre la carretera; los páramos blanqueaban, ilustrando el frío de los corazones. Al salir de Burgos, tuvimos la corneja siniestra; tres coches chocaron aparatosamente sobre la nieve helada. Pasamos con dificultad por la Brújula, pero llegamos a Vitoria. La última vez que la había visitado era después de otra tragedia, de otras muertes; se diría que la última de las catedrales erigidas en nuestra España cristiana sólo ha podido presenciar, hasta ahora, reuniones funerarias, de dolor y de sangre. Visité una casa ejemplar; abracé a una de esas mujeres que el luto embellece y condecora, y que enterró el día anterior a su esposo gritando, con sencillez, un ¡Viva España! Le dije que una vida de cargos públicos, representaciones diplomáticas y campañas políticas me habían llevado a decir, con energía y emoción, miles de veces, esa voz sagrada; pero que su ¡Viva España! valía por todos los míos, y por muchos más, que tal vez se dicen de modo rutinario y sin medir lo que es un *viva* que supera la más dolorosa de las muertes.

Asistí al funeral; cuando se oyó la plegaria de la hija del finado, una niña de doce años, algunas lágrimas profundas saltaron a mis ojos, que ya han visto tanto. No eran de dolor, con sufrir también mucho; no eran de rabia, porque ya he podido superarla, y todos debemos hacerlo, para que nuestra acción pueda ser la más prudente; eran de confusión.

Porque algo está fallando. Allí estaban, con su ejemplar dignidad y disciplina, unas representaciones de las Fuerzas Armadas, que obviamente disponen de los medios adecuados para que, por la violencia, no se descomponga esa cosa tan importante que es España. Allí estaban muchísimas personas que, de buena fe y con diferentes ideas, desean que vuelva la paz y que los problemas de este momento de crisis, de España y de todo el mundo, encuentren una solución pacífica y justa, por medios civilizados. Allí estaba la obra de grupos dispuestos a imponer por la violencia su solución, revolucionaria y separatista, obligando a los vascos a dejar de ser españoles y truncando el desarrollo pacífico de nuestra organización política. Allí estaban españoles vascos indignados de que se les quiera obligar a marcharse de su país o a someterse a los desalmados terroristas, y sin que se les defienda en su derecho de ser a la vez vascos y españoles. Allí faltaban las masas que un día fueron sacadas de las barriadas industriales bajo el engaño de que la anarquía les daría mayor riqueza y más felicidad, y que vuelven a pensar que todo el juego político es el engaño de pocos, que manejan en su provecho la autoridad y el embeleco, y que se abstienen o pasan, más allá de una demanda inmediata, sin que se les analicen suficientemente las consecuencias para el futuro económico y social de la comunidad, a la que inevitablemente pertenecen. Allí flotaba, en fin, dramáticamente, el fantasma de esas situaciones límites, en las que el discurso deja paso al enfrentamiento irracional entre ciudadanos.

Al salir, entre la nieve y el frío, reafirmé mi propósito decidido de no ceder a la desesperación, y de contribuir en la medida de mis pobres fuerzas a que las cosas se aclaren y se resuelvan con la cabeza, mientras sufre el corazón. Ésta es mi circunstancia y, os guste o no, la nuestra; la de nuestra España. Creedme, no vengo de la torre de marfil; una vez más, me estrujo la cabeza mientras sangra todo lo demás. Pero no importa; los problemas están ahí; hay que resolverlos; para ello, lo primero es plantearlos con claridad. Eso voy a intentar.

El problema, como yo lo veo, es éste. España, en medio de una crisis mundial de las mayores de la Historia contemporánea, vive su propia crisis. La economía se descompone; el paro aumenta; la familia se desintegra; la seguridad ciudadana está por los suelos; los barcos no salen a pescar; los taxis no circulan; los grapos se escapan de la cárcel, y nadie está muy seguro de lo que va a ser de él, y no digamos de sus hijos, dentro de unos años. Ya sé que se dirá, y no sin alguna razón, de que la reacción de los que tenemos, mejor o peor consolidada, una *situación social* (una propiedad, una cátedra, un puesto empresarial o lo que sea) no es la misma que la de los muchos desheredados o descolocados, que pueden pensar (aunque sea de modo utópico y poco realista) que algo les tocará en medio del desorden.

Pues justamente de eso se trata. En la actual seria situación de la nación española, en la que unos quieren partirla, mejor que arreglarla; en la que otros quieren, una vez más, la revolución más que la reforma; en la que el Estado y las administraciones públicas se están desmoronando; en la que algunos siguen creyendo que basta con palabrería, frivolidad y demagogia para conjurar los verdaderos problemas; en la que avanzamos hacia atrás, hacia el subdesarrollo y la pobreza; en la que otros dicen que, a la vista de todo ello, hay que renunciar (una vez más) a unas formas políticas homogéneas con las de otros países europeos, este conferenciante va a intentar persuadirles de dos cosas, y solamente dos, pero importantes.

La primera es que no podemos dar marcha atrás y perder otra oportunidad histórica; tenemos que seguir, con decisión y con prudencia, un camino de desarrollo político que nos permita llegar a lo que los norteamericanos tienen hace dos siglos, los ingleses hace siglo y medio, los alemanes y los japoneses desde la segunda guerra mundial, los franceses desde 1958 y, al parecer, nuestros vecinos portugueses están a punto de conseguir. Quiero decir, un sistema político estable, abierto, flexible, homologable, que permita las reformas sociales necesarias, dentro de una básica unidad y continuidad del cuerpo social.

Lo segundo es que, supuestos los ajustes y reformas constitucionales necesarios, el problema capital a resolver es el de las fuerzas políticas. Son importantes las Cámaras y sus reglamentos, el Tribunal Constitucional y su jurisprudencia, y todo lo demás; pero el más bello escenario del mundo (incluso el famoso de Vicenza) no permite hacer un buen teatro sin buenos actores, capaces de utilizarlo con dignidad, soltura y elegancia. Es cada vez más decisivo el sistema de partidos políticos y la integración de las demás fuerzas sociales; lo cual supone a la vez que esas fuerzas sean auténticas, representativas, responsables y estabilizadoras, y también que tengan un modo racional de relacionarse entre sí.

Voy a dar lo primero por más obvio, porque creo que ninguna persona sensata puede dudar de que es mejor arreglar las cosas por las buenas que por las malas; y voy sobre todo a insistir que, para lograr lo primero, lo segundo es esencial; y que por ello debemos dar prioridad a la remodelación de nuestras fuerzas políticas actuales.

Sé la parte dura de mi conclusión. Si lo que digo es cierto (y para mí no tiene duda alguna), hay que ponerse a trabajar, y eso es lo malo. Es más cómodo que nos den los problemas resueltos; es más divertido que estándolo, podamos además, en nuestras comidas y en nuestras copas, criticar a los que nos permiten seguir comiendo y bebiendo en paz. Cuesta trabajo reconocer que la política actual ha dejado los salones y los cenáculos de antaño para hacerse con las masas y donde ellas están. Allí han podido ganar el Partido Conservador británico y las mayorías francesa y portuguesa. Allí hay sitio, en nuestra España, para soluciones que sigan las actuales corrientes del pensamiento y de los resultados electorales en Europa. Pero allí hay que pelear muy duro y con todas las consecuencias; y para llegar a plantearlo, hacen falta no pocas rectificaciones, sacrificios y esfuerzos. Por supuesto, antes de hablarles de ello, personalmente anuncio que estoy preparando a todos los que hagan falta.

I. DIFERENTES TIPOS DE FUERZAS POLÍTICAS Y SU FUNCIÓN EN LA REPRESENTACIÓN POLÍTICA ACTUAL

Forma parte de la *dialéctica política*, es decir, del juego natural de la sociedad humana (formada por seres libres, con ideas, sentimientos, intereses y ambiciones contrapuestas), en cuanto se rebasan los niveles sociales más elementales, el que coexistan a la vez una superior *unidad* del conjunto y unas *partes* dentro de él que compiten y se enfrentan, por unos u otros métodos, que van desde el civilizado debate en la Cámara de los Lores (donde se empieza por llamar «mi noble amigo» al antagonista, a no ser que sea un letrado, en cuyo caso es «mi sabio amigo» o «mi valiente amigo» si es un militar) a los términos terribles de la acción terrorista o de la guerra civil. Las tribus en la vieja Atenas o en el Congo actual; las castas en la vieja India y los clanes en la Escocia medieval; los barrios, poblados por distintos reconquistadores en Salamanca o por distintas religiones en Toledo; los barrios o las clases sociales en las ciudades posteriores a la revolución industrial; güelfos y gibelinos, apoyando al Papa o al emperador; los banderizos vascos del siglo XV, o carlistas e isabelinos en el XIX; conservadores y laboristas en la Inglaterra de hoy; todo son versiones de un fenómeno permanente, que es el del pluralismo político inevitable.

Inevitable y encauzable, como todas las formas de conflicto social. Si dos ciudadanos discuten un predio o una servidumbre, es mejor que lo hagan ante un juez que a golpes de azada; si unos empresarios discrepan de unos trabajadores, es mejor que puedan tener un árbitro que cerrar la fábrica seis meses; si el señor Carter y el señor X (aún no sabemos quién será su oponente) quieren ser los dos presidentes, es mejor que lo arreglen por votos y no a cañonazos.

Pero ese encauzamiento, siempre difícil, lo es tanto más cuanto es más importante y profundo lo que se discute. En las guerras de religión se discutía el alma, y por eso se quemaba vivo o se descuartizaba el cuerpo del contrario. Cuando no se discuten porcentajes, sino el ser mismo de una sociedad, el acuerdo o la transacción son más difíciles; siempre hay alguien que tiene temas que considera o define como «no negociables». Pero, además, las cosas no se están quietas; toda sociedad está produciendo continuamente nuevas generaciones; entre ellas surgen, afortunadamente, muchos jóvenes idealistas, que desean mejorar el sistema, haciéndolo más moderno, más justo, más adaptado a sus propios problemas e incluso (¿por qué no?) más bello o más elegante. O bien grupos sociales nuevos (como el proletariado urbano, tras la revolución industrial, o los grupos feministas, tras la revolución educativa de la mujer) están siempre ahí, para pedir cambios y presionar sobre el sistema.

Así surgen las *fuerzas políticas*, cuando estos diversos grupos sociales actúan para lograr sus fines propios, presionando sobre el poder, dándole ideas, o bien simplemente ocupándolo. Pocas veces se puede lograr esto de modo individual, y en todo caso, como dice Adlai Stevenson en *El arte de la política*, un independiente «es un fulano que quiere sacar la política fuera de la política». La política se hace normalmente en grupo y a través de fuerzas políticas complejas. Burdeau distingue entre las fuerzas políticas *difusas* (ideologías, sentimientos patrióticos, conciencia de clase, sectores de opinión) y las fuerzas políticas *organizadas* (partidos políticos, sindicatos, grupos de presión, clubs, asociaciones diversas). Siempre juegan las unas y las otras; pero es obvio que la política, como los demás fenómenos sociales (la economía, la educación, el entretenimiento), tiende a estar cada vez más *organizada*. Y así, el paso de la edad moderna (que había organizado el Estado nacional y muchas de sus instituciones básicas) a la era contemporánea se caracteriza (lo mismo que del taller artesano se pasó a la fábrica, y de la música de cámara a los discos y a las casetes) por la transición de los «cuerpos intermedios» del Antiguo Régimen a la creación y progresivo refuerzo de las organizaciones políticas institucionalizadas. No se puede entender la política actual sin esos gigantescos organismos que son el Partido Comunista soviético, el Partido Socialdemócrata alemán, o el Partido Conservador británico; como no se puede olvidar que juegan colosales centrales sindicales, grandes centros de fabricación de opinión, y así sucesivamente. Pensar que basta con escribir una Constitución y cambiar de política, sin crear y estabilizar todos esos poderosos instrumentos, sería lo mismo que confundir un ejército de soldaditos de plomo con una verdadera fuerza armada; error, por desgracia, más frecuente de lo que se cree.

La aparición del sistema de partidos supone dos cosas: la primera, la aceptación del principio mismo, la legitimación de los partidos; la segunda, las condiciones sociológicas que les dieron una función cada vez más importante.

Comencemos por lo primero; y es muy importante, porque todavía hay muchos entre nosotros que tienen dudas al respecto. Comprendo perfectamente que para personas de convicciones profundas sea difícil aceptarlo; quiero recordarles, sin embargo, que la misma Iglesia católica aceptó primero la *tolerancia*, como hipótesis de mal menor, y más tarde el principio mismo de *libertad religiosa*; a mi generación le tocó vivir este último dramático suceso, que algunos cristianos españoles (y monseñor Lefebvre) no han asimilado. Pero es lo cierto que en las sociedades occidentales, abiertas y libres (que precisamente se diferencian en eso de las sociedades cerradas, totalitarias y dogmáticas del Este) se ha pasado progresivamente de la idea de Hobbes y Rousseau de que la unidad del Estado sólo es compatible con una sola «voluntad general», a la idea de que el pluralismo es inevitable en sociedades grandes, complejas y especializadas; y que en ellas se puede y se debe dejar que los grupos promuevan ideas, intereses y visiones globables de la acción política. De ahí surgen los tres pilares del proceso democrático moderno: los *clubs* o *sociedades de pensamiento*; los *grupos de intereses especiales* (agrarios, industriales, regionales, profesionales, etc.) y los *partidos políticos* propiamente dichos.

El punto clave, como ha subrayado Giovanni Sartori, es tránsito de la idea de *facción* a la de *partido*;[2] tránsito tan reciente que todavía George Washington, en su famoso discurso de despedida, ponía a sus conciudadanos americanos en guardia contra el «espíritu de facción», cuando ya los Estados Unidos tenían consolidado el primero de los sistemas de partidos, que llega hasta hoy. Hubo siempre «facciones», grupos de conspiración, grupos de lucha, cábalas para la conquista de la privanza; pero se veían mal, como negativos para el interés común.

Lo decisivo fue el aceptar que la *parte* no sea necesariamente contraria al todo. *Facción, faccioso,* indica un *facere,* un *hacer* negativo, egoísta, destructivo. Todavía hay quien ve así a todos los políticos; para ellos, la idea de *partido* sigue evocando la de *partida* (de facinerosos, o de personas que juegan con lo que no debería jugarse); en definitiva, situando a los partidos en una zona de negación, de destrucción, de resentimiento. Es claro que de todo esto puede haber. Sin embargo, mayoritariamente se tiende a admitir que hoy los *partidos* políticos designan (unidos a otras fuerzas sociales) un fenómeno natural y necesario en sociedades pluralistas y en regímenes democráticos, que pueden tener mil defectos, pero son menos malos que los demás y en los cuales es menester y muy funcional el organizar la representación política.

La concepción liberal llevó a la promoción de las ideas; así empezaron los clubs aristocráticos del si-

2. *Partiti e sistemi di partito*, Florencia, s/f.

glo XVIII británico, los clubs revolucionarios de Francia, y después las sociedades (secretas o no) que empujaron los cambios políticos en América, en España y en otros sitios. El club (antes «*clubbe*», del escandinavo «*klubba*») aparece ya en la terminología española a comienzos del siglo XIX, y Moreno Guerra habla en las Cortes, el 14 de abril de 1820, de las «asociaciones políticas conocidas con el nombre de *clubs*». El *Diccionario* de la Academia, en su décima edición (1869), define el club como «junta de individuos de alguna sociedad política, *por lo común* clandestina», y sólo en la dieciséis edición se moderará el criterio, como «junta de individuos de una sociedad política, *a veces* clandestina».[3] Las ideas tardan en morir, y es posible que nuestra más bien numerosa y, por supuesto, bien intencionada reunión a algunos les parezca todavía facciosa y clandestina.

Muy pronto se vio que no bastaba con los clubs de opinión ni con los comités de notables de las Monarquías censitarias. El segundo aspecto de la legitimación de los partidos procede de la aceptación de la idea de *Gobierno responsable.* Si se consulta al pueblo sobre los gobernantes y la acción de gobierno, son inevitables *opiniones* y *partes.* Por eso nacieron primero los partidos *internos*, como grupos parlamentarios, dentro de las Cámaras elegidas. Éstas (aristocráticas o burguesas) no exigían una gran participación, pero tendían a formar en su seno grupos de gobierno y de oposición.

La influencia decisiva de los partidos vino de la extensión del sufragio, es decir, de la democratización. Ésta desbordó los salones y los clubs. El partido dejó de ser, cada vez más, un grupo personalista o aristocrático; quedó cada vez más claro que era parcial, en nombre de la tota-

3. Cfr. MANUEL B. GARCÍA ÁLVAREZ, *Los clubs políticos en Europa*, Madrid, 1973.

lidad; reflejo de opiniones básicas sobre el orden comunitario.

Así surgen los partidos actuales, hechos para solicitar el voto de grandes masas de población, y para representarlas en los Parlamentos y en el Gobierno. Son la consecuencia del sufragio universal en sociedades cada vez más urbanizadas; todavía hoy se observa una clara diferencia entre elecciones generales o municipales en un pueblo pequeño. Son también el resultado de la expansión de las funciones del Estado; a un cochero no se le ocurría responsabilizar al Gobierno por el precio del pienso para el caballo, pero hoy un taxista o un tractorista sí le tienen que preguntar qué ha hecho con el precio de los carburantes. Hubo que organizar los grupos parlamentarios, hoy dotados de férrea disciplina, para legislar abundante y coherentemente; y que montar poderosas máquinas para la captación y canalización del voto.

Sólo a comienzos de este siglo empezaron los científicos de la política a darse cuenta de lo ocurrido, en los análisis clásicos de Ostrogorski y de R. Michels, y sólo en tiempos posteriores a la segunda guerra mundial comenzaron las Constituciones a recoger estas instituciones, ahora fundamentales. Hizo falta, en fin, que la descolonización y la creación de numerosos y a menudo improvisados Estados independientes pusieran de manifiesto la complejidad de los problemas del desarrollo político; dando nuevos contenidos a la función de los partidos, en la modernización general de la sociedad, y en el arbitraje de crisis políticas mucho más profundas que las conocidas hasta ahora.

No pretendo, naturalmente, agotar en los breves términos de una conferencia la inmensa problemática de las fuerzas políticas en las sociedades actuales; es obvio que son enormes las diferencias entre el Neo-Destour tunecino o el Partido Demócrata americano; entre el Istiqlal marroquí y los socialdemócratas suecos, y así sucesivamente. Sólo quiero recalcar aquí, independientemente de la función cumplida aquí y allá, o ayer y hoy, por unos y por otros, que no hay modernización política sin partidos. En la vida actual, como dice Sartori, si el partido no es una *parte*, es un seudopartido; si la totalidad viene identificada con un solo partido, es una *seudototalidad*, que sólo puede lograrse por la dictadura total; y si un partido no está conectado con la totalidad, se convierte en una facción de terroristas o de conspiradores.

Es lo cierto que de aquí se deducen otros corolarios: sociedad libre y democrática supone partidos; los partidos, a su vez, pueden ser buenos o malos, lo que produce sistemas políticos igualmente buenos o malos, mas no por ser democráticos y pluralistas, sino porque su sistema de partido sea correcto y eficiente, o bien falso y chapucero. Finalmente, lo último pero no lo menos importante, si establece el sistema democrático, y unos juegan con partidos adecuados y bien organizados, y otros sin partidos o con simulaciones de ellos, es fácil saber quién gana primero, y cómo el sistema se hunde para todos después. Es claro también quién no tiene derecho a quejarse, si participa en una carrera de buenos caballos con un viejo jamelgo, como *Rocinante.*

También importa saber, siguiendo el símil de la carrera, que no basta que un coche fuera bueno en su tiempo, si compite con otros más modernos y potentes. Los viejos partidos de cuadros, que bastaban hace cien años, no sirven en el momento actual, en el que hay que tener secciones y sedes a todos los niveles locales. Los partidos orientados sólo ideológicamente, deben enfrentarse con otros dotados de apoyos paralelos de base (sindicatos, etcétera), salvo que sus propias fuerzas sociales también les den apoyo plenamente. Los partidos abiertos y con democracia interna deben saber que no son iguales los partidos de «centralismo democrático», ni las mismas las ayudas de un partido nacional que la sucursal de una gran multinacional política.

¿Qué funciones prestan a la sociedad los partidos políticos? Promueven la *participación* de los ciudadanos, y por lo mismo su integración en el proceso político; un electorado practicante es un síntoma de sistema aceptado y que funciona. De ahí la *función integradora*, que favorece la cohesión social, mediante la educación para el acuerdo y el compromiso. Por eso los buenos partidos han de ser mínimamente objetivos, pues si no tienen que tragarse al final sus propias mentiras, y moderados, pues, como ya dijo Aristóteles, «los que piensan que toda la virtud reside en los principios de su partido, llevan las cosas hasta los extremos», y «no tienen en cuenta que la desproporción destruye el Estado».

También prestan los partidos una *función mediadora*, justamente en la medida en que no pretenden ser los partidos de una sola región o de una sola clase; porque al ser verdaderamente populares y agregadores de grupos diversos, pueden mediar y moderar los inevitables conflictos. En éstos pueden, repito, *integrar* a nivel social, y *arbitrar*, a nivel político. Reclutan y promueven las *vocaciones políticas*, absolutamente necesarias, así como la *formación* de los candidatos; *expresan*, retransmitiendo y representando las múltiples demandas sociales. Movilizan las opiniones y las elecciones. Actúan, en fin, como *fuerzas directivas* de la comunidad, ya en el gobierno, ya en la oposición.

Mientras un partido aspira a todo esto, un *grupo de intereses especiales* («grupo de presión», «*lobby*», etc.) aspira a promover y representar los intereses y causas de un sector determinado. Aquí se sitúan los sindicatos, los grupos empresariales, los sectoriales (agricultura, consumidores), los defensores de sentimientos patrióticos (antiguos combatientes) o de otras causas (desde la supervivencia de la ballena al aborto subvencionado). La *complejidad* creciente de las sociedades actuales y el deseo cada vez más intenso de *participación* directa (más allá de la *representación* tradicional)[4] tienden a hacer aumentar su número e importancia; partidos y candidatos han de tenerlos cada vez más en cuenta; una estimación reciente dice que en Estados Unidos lo más importante en una campaña es lograr el apoyo de una docena o dos de estos «intereses especiales» organizados.

Si el partido aspira a *ejercer* el Gobierno, y el *grupo de interés* a influir o presionar sobre él, el *club* de pensamiento tiende a plantear *cómo debe ser* el gobierno, y el sistema político; tal ha sido su fin, sobre todo desde que quedó clara su diferencia con los partidos, sin perjuicio de que conserven alguna relación con uno o con varios partidos, en la Sociedad Fabiana o en el Club del Reloj. Y sobre un mismo tema pueden cruzarse los tres tipos de acción: para un partido, el problema son las relaciones globales con Marruecos; para un grupo agrícola o exportador, el tema es si le conviene o no que pasen las naranjas de aquel país por nuestro territorio; para un club de ideas, la importancia para España de la cultura árabe y las consecuencias de todo tipo de planteamiento político o económico.

II. LOS SISTEMAS DE PARTIDOS EN RELACIÓN CON EL SISTEMA CONSTITUCIONAL Y ELECTORAL, Y EL DESARROLLO DEL PROCESO POLÍTICO

Es indudable que, a pesar del aumento del número e influencia de los grupos de influencia (a los que interesa

4. Ver P. L. Zampetti (y otros), *La participación en el mundo político*, Madrid, 1970.

dar un cauce público de participación y mutuo arreglo, a través de un consejo económico y social) y de la resurrección de los clubs de pensamiento y las asociaciones y fundaciones ideológicas, todo ello correlativo de una cierta pérdida de arraigo de los partidos políticos, es en éstos donde sigue centrada la mayor responsabilidad del proceso político; y su relación con los sistemas constitucionales y electorales constituye uno de los factores claves del modo de funcionar, y del éxito o fracaso de los regímenes democráticos.

Por eso es una cuestión fundamental, al lado de opciones como la forma del Estado (Monarquía o República), la distribución territorial del poder (Estado unitario, regionalizado o federal), el modo de relacionarse los poderes públicos (sistema presidencialista, parlamentario o directorial), el *sistema de partidos*. Porque los partidos, por definición, no actúan en solitario, sino en relación con otros, como partes de un pluriverso político.

El sistema de partidos en una comunidad política está determinado por el *número de partidos* y por el *modo de relacionarse* entre sí, y también por los *grados de influencia* que ejercen en el proceso político. Todo ello constituye uno de los temas claves de la sociología política actual.

Obviamente, el sistema más sencillo de analizar es la *ausencia de partidos*, sistema que hemos conocido y que fue comentado por una conocida personalidad con la frase «a fuerza de criticar los partidos, hemos destruido hasta el nuestro». Ya hemos comprobado también que en sociedades modernas se trata más bien de la suspensión de la actividad pública de los partidos, actuando los unos en la clandestinidad, y los otros por métodos desviados.

El segundo tipo sería el *partido único;* no tanto una contradicción en el adjetivo, como la supresión forzosa de los partidos en favor de una fuerza monopolista y totalitaria, quedando los demás fuera de la ley y sometidos también a la acción clandestina o desde el exilio. No debe confundirse este sistema con el de *partido hegemónico* (como el PRI mexicano), salvo cuando la hegemonía se logre por medios ilícitos, y menos con el de *partido dominante* (como en el largo predominio de los «colorados» en el Uruguay).

El sistema más clásico es el *bipartidismo*, es decir, el de dos partidos que compiten por los puestos de gobierno y oposición. El bipartidismo puede ser *perfecto*, como en la mayoría de los países anglosajones, *imperfecto*, o sistema de «dos partidos y medio», cuando un partido menor mantiene el fiel de la balanza, como en la Alemania federal. En los últimos tiempos, en países como Francia y Portugal (cuyos modelos nos interesan especialísimamente, por vecinos y por similitud de circunstancias) ha aparecido un esquema *bicoalicionista*, en el cual dos coaliciones, o por lo menos una en relación con fuerzas políticas menos coordinadas, mantienen con eficacia y estabilidad la dialéctica Gobierno-oposición.

Debo decir que cada vez me convenzo más que (ampliado a esta variante de las dos grandes agrupaciones de fuerzas políticas) el sistema bipolar de las fuerzas políticas me parece el mejor y el más deseable. Es el más natural, porque la política es opción entre alternativas, y cuanto más sencilla, mejor, más clara y más fecunda es también. Se corresponde con las dos tendencias básicas de toda sociedad, a la conservación y al cambio; al orden y al progreso. La función de una fuerza política es justamente el ofrecer esas alternativas, el dar a escoger entre soluciones globales de las cuestiones de las sociedades de cada momento. No es incompatible con la existencia, dentro de los partidos, de tendencias, corrientes o matices, que pueden estar respaldados por clubs u otras fórmulas institucionales, o por la autonomía de la secciones regionales del partido, o por sistemas de democracia interna (como las «elecciones primarias»), o por otros mecanismos electorales (como el sistema uruguayo de «listas» separadas, dentro de un «lema» común).

El bipartidismo (articulable a través de alianzas, coaliciones o federaciones de partidos) se corresponde con un sistema muy racional de turno de las fuerzas, en el Gobierno y en la oposición, y con un sistema electoral igualmente natural y sencillo, en el cual cada distrito elige a un representante, a una o dos vueltas.

Los *sistemas pluripartidistas* son aquellos otros de tres o más partidos. Huelga decir que la capacidad de fragmentación es ilimitada, sobre líneas de fractura apoyadas en temas religiosos, raciales, económicos, sociales, lingüísticos, culturales, de política internacional, etc. Lo que es luego muy difícil es que el *mosaico* resultante sea de posible *representación* en esquemas de acción política viable. Para eso es lo que deben estar el otro tipo de organizaciones que aludíamos: la liga contra el alcoholismo, los amigos de Israel, los defensores del bable o la agrupación de olivareros, que pueden y deben coexistir con los partidos y pisar su raya; pero con eso no se puede gobernar ni funcionar. La *partiditis* o exceso de partidos es, justamente, una de las enfermedades más frecuentes y más graves del sistema de partidos. Basta comparar la diferencia de funcionamiento del sistema político en Inglaterra, Alemania, Francia o Norteamérica, con el italiano o el nuestro, para advertir la diferencia.

Pero no es esto lo peor. Como el mal nunca viene solo, al pluripartidismo le acompaña inevitablemente otra enfermedad, la *partitocracia*. En estos sistemas, la elección por representación más o menos proporcional, no solamente tiende a mantener la «partiditis», sino que produce «partitocracia». Los partidos rinden menos y son menos responsables, pero en cambio sus estados mayores y sus burocracias mangonean más. El pueblo puede escoger bien entre dos programas y entre dos candidatos; pero casi nunca sabe quién es el número veinte o treinta de una larga lista. Entonces nadie responde de nada ante nadie.

Hay sistemas tripartidistas (como en Australia: conservadores, laboristas, agrarios); tetrapartidistas (un modelo clásico es la combinación de un partido conservador, uno liberal, uno socialista y otro confesional). Como dice Duverger, «a partir de cuatro partidos, ninguna clasificación es posible». Sin embargo, otros autores lo han intentado, siendo importante la distinción de Sartori entre los sistemas de *pluralismo moderado* (con alguna tendencia bipolar y centrípeta) y los de *pluralismo extremo* (multipolarizado y centrífugo). No hace falta subrayar el peligro de que vayamos, por más de un camino, hacia esta última y más peligrosa situación.

Pero aún hay más. No se trata sólo de saber si hay muchos o pocos partidos; y de si los que hay monopolizan más o menos el proceso político. Aún queda por ver la *distancia* que tienen entre sí. Aquí entramos en el tema de las *crisis* que tiene que absorber el sistema político. En una sociedad como la norteamericana son mucho menores que en la sociedad italiana. En todo sistema social hay, potencialmente, una *crisis religioso-moral*; piénsese en la diferencia de importancia que tienen, en la sociedad escandinava, en la del Irán y en la nuestra, cuestiones tales como la confesionalidad, la educación, el divorcio o el aborto. Hay una crisis de *legitimidad*: no es la misma aceptación de las reglas del juego democrático, en relación con las autoritarias, en Estados Unidos que en Etiopía. Hay una *crisis de participación*, que plantea en todo momento el acceso de nuevos grupos de edad o de clase. Hay una *crisis social*, por la presencia de grupos desarraigados o desheredados y las transferencias de sector. Hay *crisis ecológicas*, como las que hoy derivan, en todas partes, de una rápida urbanización. Hay *crisis de distribución,* entre empresarios y trabajadores, agrarios e industriales, etc.

Puede afirmarse que cuantas más de estas crisis se acumulen a la vez, mayores serán las dificultades del sistema político para absorberlas y tramitarlas. Inglaterra tuvo la suerte de pasar su crisis religiosa en el siglo XVII; la política, en el XVIII; la de industrialización y urbanización, en el XIX, y las demás en el XX. Alemania y Francia han podido repartirlas a lo largo de dos siglos. Italia y España, en cambio, se encuentran recargadas en exceso, por habérsele acumulado todo a la vez y en muy poco tiempo.

Eso facilita la aparición, al lado de las fuerzas políticas que actúan *dentro del sistema,* de otros partidos, que están al margen, o a caballo de las fronteras constitucionales; e incluso de partidos *en contra* totalmente del sistema. En estas tres actitudes de *aceptación, semiaceptación* y *rechazo* del sistema político, aún habría que distinguir entre los grados de buena fe, o de coincidencia entre lo que se dice y lo que realmente se hace.

Como se ve, el análisis de las fuerzas políticas es más complicado y difícil de lo que parece a primera vista. Sólo da un resultado satisfactorio cuando se dan un mínimo de estas condiciones; fuerzas políticas en número razonable; realmente representativas de los problemas profundos de una sociedad; claro predominio de los que actúan dentro del sistema; juego abierto y flexible con las demás fuerzas sociales. Estos puntos son dificilísimos en las etapas de transición. Basta comparar los períodos básicamente estabilizados, como en la Inglaterra, Francia, Alemania o Japón de hoy; o lo que fue la situación en la República alemana de Weimar, en la cuarta República francesa o en la Italia de hoy.

III. EL SISTEMA DE FUERZAS POLÍTICAS EN LA ESPAÑA DE 1980

Espero no ser tachado, una vez más, de catastrofista (bien es la verdad que quienes lo hacen, suelen decir lo mismo, unos meses más tarde, y se quedan tan tranquilos) si comienzo por afirmar que el caso español es, en este punto, el más preocupante de toda Europa. En todo somos los más capaces de llegar al extremo; nuestros son Picasso, Buñuel y el Palmar de Troya. Nuestra es también una fenomenología política que incluye la ETA y el GRAPO; que incluye las distancias abismales que separan al PCE de Fuerza Nueva; que está produciendo innumerables partidos a nivel regional, y así sucesivamente.

Tenemos, en primer lugar, un problema de *discontinuidad.* Donde ha habido continuidad se ha pasado naturalmente del partido de *notables* al *electoral* y de éste a la organización permanente de masas. Entre nosotros, la discontinuidad tremenda del sistema político, de 1808 a nuestros días, con fases de prohibición, seguidas de otras de improvisación, ha producido una tremenda inestabilidad de las fuerzas políticas, una tendencia a la pulverización de las fuerzas, una propensión al partido oficialista (el más fácil de improvisar), y a la radicalización de los demás, y a una fuerte desconfianza del ciudadano a integrarse en fuerzas que conoce mal y de cuyo futuro desconfía.

Tenemos, en segundo lugar, *muchas fuerzas políticas no integradas en el sistema,* y también con *interpretaciones divergentes* del mismo. En la Europa occidental y del Norte apenas hay partidos revolucionarios, y menos aún violentos; nosotros tenemos lo uno y lo otro; aún entre los que aceptan la Constitución, los hay que echan la gente a la calle, a la manifestación ilegal, al piquete violento o a la huelga salvaje. Tenemos partidos de extrema izquierda y de extrema derecha; que quieren cambiar la forma del Estado; que quieren subvertir las bases del sistema político. Tenemos partidos separatistas o independentistas, o radicalmente nacionalistas. Tenemos partidos que no aceptan los cambios religiosos o morales que la misma Iglesia Católica ha asimilado.

En tercer lugar, aun sin eso, tenemos *demasiados partidos*. En cualquier asunto, las explicaciones de voto de los grupos parlamentarios son interminables; el proceso legislativo, demasiado lento; en unas elecciones todo son carteles, mensajes y confusión. No puede extrañarnos la confusión de las gentes y la tendencia a la abstención.

En conpensación (mas no para bien) de esta *partiditis* tenemos una fuerte *partitocracia*. Nuestros partidos «mangonean» demasiado; controlan en exceso el proceso electoral; deponen a alcaldes ya elegidos; dejan muy poco sitio a las listas independientes; están muy subvencionados y protegidos por la legislación. Eso no aumenta, por desgracia, el crédito social que logran y el respeto que inspiran.

En quinto lugar (y esto es lo más grave) el modo normal de relacionarse entre sí los partidos, que es la *dialéctica Gobierno-oposición*, no funciona entre nosotros, reemplazada por la del llamado «consenso». No hay mayoría clara de gobierno ni actitud coherente de oposición. El consenso es necesario en los temas constitucionales; en el proceso político ordinario, hay que escoger y decidir, dentro de los límites de la Constitución y de la ley. Lejos de hacerlo así, estamos haciendo las leyes como las cartas gastronómicas, para que cada uno encuentre el plato y la salsa que le gusten. Se llama «mayoría mecánica» a cualquier mayoría coherente, y el resultado es que, no habiendo, repito, ni gobierno claro ni oposición responsable, la crónica política ha pasado a hacerse como antes se hacía la crónica social. No se trata de saber qué planes hay de gobierno o de legislación, sino quién se entrevista con quién, quiénes almuerzan o cenan juntos, y así sucesivamente.

Ésta es una situación muy poco satisfactoria, cuya consecuencia principal es la más obsesiva, y es que nadie resuelve los problemas.

Por supuesto, lo que ocurre tiene explicación, y más de una; pero no podemos resignarnos a que las cosas sigan así. Buena parte de la explicación estriba en los orígenes de la situación actual. Arranca del fracaso de la segunda República y de la guerra civil subsiguiente. Durante muchos años no hubo sistema de partidos; el Movimiento Nacional no fue nunca un partido único, sino un sistema híbrido para evitar los partidos. Éstos, que nunca habían sido fuertes ni estables en España, fueron reemplazados, en la izquierda, por grupos de lucha, a los que se fueron incorporando *grupos de conspiración* del centro-izquierda, cuya importancia tiende a aumentar, con importantes conexiones internacionales a partir de la reunión de Munich, en 1962.

Las fuerzas sociales (muy numerosas e importantes) que actuaban dentro del sistema, pasados los primeros momentos, comenzaron a generar también diversos grupos o familias políticas, para la ocupación de parcelas de la Administración e ir preparando desde las mismas el futuro. Su diversidad aumentó a partir del final de la segunda guerra mundial, con la entrada de los «propagandistas» católicos en el Gobierno. En cada crisis se pueden advertir sus maniobras políticas, combinadas con la acción de personalidades influyentes, grupos de presión y sectores tecnocráticos.

Unos y otros tienden a formalizarse discretamente en clubs, asociaciones, sociedades de estudios, fundaciones y (a partir de la Ley de Prensa) publicaciones periódicas y editoriales. Todo ello permitió ciertos progresos pluralistas, pero facilitó la excesiva proliferación, y reforzó una tendencia, ya anteriormente localizable en nuestro país, a las agrupaciones intermedias entre el grupo intelectual y el partido, o entre éste y el grupo de presión. Así había ocurrido ya con Al Servicio de la República y Acción Española, frenando la creación de verdaderos partidos y subrayando los personalismos y las diferencias intelectuales, en perjuicio de la acción común.

El intento de abrir la puerta a las *asociaciones políticas*, o, como se dijo en abominable vocablo, al «asociacionismo», intentado primero en la creación de la Delegación Nacional de Asociaciones (1957 y siguientes), a la que consagré numerosos e ímprobos esfuerzos; después, en el malogrado Estatuto de 1969, y, por fin, en el intento, insuficiente y tardío, que siguió al «espíritu de febrero», a finales de 1974, no pudo cuajar hasta el cauce legal de la Ley regulando el derecho de asociación, del primer Gobierno de la Monarquía, de 1976. En cada una de estas fases me fui dejando muchas plumas; como delegado de asociaciones, impulsé las asociaciones familiares y otras, y se logró luego la aceptación de los procuradores familiares; pero desde la Organización Sindical se persuadió a un Solís (bien intencionado) del riesgo de aquel experimento. El Decreto nonato de 1969 fue una de las causas principales de la crisis de octubre, en la que salí del Gobierno. En enero de 1975 tuve que tomar la difícil decisión de que el cauce abierto ya no llegaba a tiempo, como ocurrió. En fin, en el esfuerzo para sacar la Ley de asociación política, de la que básicamente aún vivimos, otros supieron aprovecharse para cobrar una herencia que no habían contribuido a acumular.

Pero obviamente no es ésta la cuestión. Sólo aduzco estos datos para explicar el porqué hoy nos seguimos moviendo con un límite poco claro entre el partido legal; el grupo que no usa más que las libertades sin respetarlas, como Herri Batasuna; o la fuerza revolucionaria y separatista; la falta de fuerzas sólidas, responsables y claramente nacionales de gobierno y oposición; la subsistencia de grupos que quieren volver, sin más, a la situación anterior a 1975, y otras muchas anomalías que es necesario superar cuanto antes si no queremos presenciar un nuevo fracaso de los muchos de nuestra desesperante historia constitucional.

No es el momento de decirles a los demás lo que tienen que hacer, aunque obviamente estos temas afectan a todos. Todos tienen que moderar sus aspiraciones y contribuir a la construcción del edificio indispensable de un sistema viable de partidos. Pero es mi obligación especial el intentar explicar cómo puede lograrse lo que nos toca, desde el ángulo contrario al de la izquierda más o menos rupturista o revolucionaria; desde la actitud que rechaza la fragmentación de la unidad nacional, y desde una postura que no está tampoco dispuesta a aceptar la destrucción de la modernización política y una democracia capaz de resolver desde la libertad nuestros problemas, en el marco del mundo europeo y occidental.

IV. EL ESPACIO IDEOLÓGICO Y SOCIAL DE LA DERECHA CONSTITUCIONAL, Y LA NECESIDAD DE ORGANIZAR EL CENTRO-DERECHA EN LA DEMOCRACIA ESPAÑOLA

Un hecho salta a la vista: la derecha, en España como en todas partes (salvo en Inglaterra), ha tardado más en comprender el fenómeno de los partidos políticos y en proceder a organizarse para la lucha política moderna. No quiere acabar de enterarse de que los partidos son un hecho ineludible e irreversible dentro del régimen constitucional y democrático; y de que los demás instrumentos (desde los salones a los mismos sistemas oficialistas, aunque adopten la forma externa de partidos) corresponden a un estadio anterior de la acción política. La consecuencia es doble: o bien la derecha se ve obligada a la pasividad y la derrota, como los bizarros jinetes polacos que cargaron con sus lanzas contra los tanques alemanes, recordando la frase del general francés que presenció asombrado la célebre carga de la Brigada ligera en Balaklava, inmortalizada por Tennyson, y dijo: «*C'est magnifique, mais ce n'est pas la guerre*»; o bien (y es todavía peor) se ve tentada constantemente a rechazar el sistema, por no decidirse a actuar deliberadamente dentro de él. Entonces se pone a buscar salvadores y a conspirar.

Y esto no puede ser. Hay que hacer lo otro, jugar y ganar. Una fuerza política se puede y se debe organizar de modo adecuado y eficaz. Para ello hacen falta tres cosas: una *doctrina* o *programa*, si no queremos hablar de ideología; una situación social, un *espacio*, unos intereses concretos; y, finalmente, una *organización*. Veámoslos por separado.

Primero: unas *ideas*. Benjamin Constant ya dijo en 1816 que «un partido es una reunión de hombres que profesan la misma doctrina política». Estas ideas han de ser, en primer lugar, democráticas. Una cosa debe quedar clara y es que el problema de la *unión de la derecha* es inseparable del problema de la *aceptación de la Constitución y de la democracia*; del mismo modo que el problema de la *unión de la izquierda* es inseparable del problema de la aceptación o no de la *revolución* como objetivo político-social (en cuanto se contrapone al cambio gradual); y del mismo modo también que las uniones políticas a nivel regional pasan por el punto de aceptar la unidad de España, con amplísimos márgenes de autonomía, o exigir como objetivo (a largo, medio o corto plazo) la *independencia* pura y simple.

Conviene no engañarse sobre estas cuestiones capitales, en todas las cuales hay quien juega deliberadamente a la *ambigüedad*; así ocurre, en el último caso, con el PNV; en el segundo, con el PCE; y, en el tercero, con los que votan no a la Constitución, desean alianzas con fuerzas no democráticas, y luego se autodenominan *derecha democrática* y unitiva de los demás.

En segundo lugar, las ideas de una derecha viable han de ser verdaderas ideas, es decir, conceptos relacionados con la realidad social y los problemas de hoy. Digámoslo claramente: hay una *vieja derecha* que está muerta sin remedio. Más que de unirla habría que resucitarla, y esos milagros no ocurren en política. Hay que tener el valor de crear una *nueva derecha.* Es claro que no hago míos muchos de los planteamientos de la *nouvelle droite* francesa, pero sí creo que su planteamiento inicial y metodológico es correcto. Como dice Alain de Benoist, «la vieja derecha ha fallecido, y lo ha merecido». Ha muerto «tras vivir de su herencia, de sus privilegios y de sus nostalgias. Ha muerto de no haber tenido ni *voluntad* ni *proyecto*».[5]

No puede haber una derecha actual basada en la intransigencia religiosa, cuando ésta no es mantenida por la propia Iglesia; ni en ideas coloniales, cuando ya en el mundo no hay espacio para ellas; ni en un paternalismo incompatible con la educación generalizada. No hay sitio para los que no comprenden lo inevitable del cambio social y político, y que éstos se limitan a concretar en términos constitucionales lo que ya se había impuesto como vigencia en la opinión. No hay sitio para visiones reaccionarias, que intentan conservar algo que ya no

5. Alain de Benoist, *Les idées à l'endroit*, París, 1979, p. 57.

existe, intentando en vano volver a lo de antes de 1812, de 1931 o de 1975.

Pero es perfectamente lícita y posible, frente a estas actitudes reaccionarias, una actitud a la vez *conservadora y reformista*, capaz de apoyarse en el *pasado* para organizar el *presente* y mirar con los ojos bien abiertos al *futuro*. Frente a la actitud *reaccionaria*, que busca inútilmente «restablecer una época o una situación anterior», está la actitud *conservadora*, que tiende a «apoyarse en la suma de todo lo acontecido, sobre lo mejor de lo que haya precedido a la situación presente, para llegar a una situación nueva».[6]

La actitud conservadora no rechaza lo nuevo; lo que quiere, desde Burke, es examinarlo, porque hay cosas nuevas buenas y malas, igual que ocurre con las viejas. No rechaza la creciente especialización social, puesto que prefiere una sociedad orgánica de miembros diferenciados a una sociedad mecánica de partes falsamente homogéneas. Cree que el orden social ha de ser a la vez sostenido y dinámico; no cree que pueda haber justicia sin orden, y no acepta la *contestación* general e indiscriminada de lo establecido, pretendiendo que por el mero hecho de existir es malo e insalvable. No acepta que toda ley se considere causa de alienación, marginación o represión; no cree en la falsa moda progresista, que confunde la anarquía con la liberación y el orden con la reacción.

Rechaza un igualitarismo que trate igual al trabajador que al vago, al honesto que al delincuente. Grita en todo momento «¡Viva la diferencia!», porque la *diferencia* es justamente lo contrario de lo *totalitario*.

Cree en la tradición como obra colectiva de la que ningún individuo, por genial que sea, puede prescindir.

6. BENOIST, ob. cit., p. 75.

Como dice K. Lorenz, «ningún ser humano, aunque fuese el mayor de los genios, podría inventar por sí solo un sistema de normas y de ritos sociales capaces de reemplazar la tradición cultural». Pero el conservantismo no es integrista ni inmovilista; piensa que la tradición no es sólo el pasado, sino que tiene tanto, o más, que ver con el presente y el porvenir. Como dice Benoist, no se refiere a lo *antiguo* (lo que está *antes* que nosotros) sino a lo *permanente*, a lo que sobrevive, a lo que logra hacerse clásico, a lo que está dentro de nosotros.

Pero no sigo. Paso al segundo elemento. Es obvio que existe un espacio social de esta derecha, así entendida, conservadora y reformista. Un espacio hecho de realidades económicas (ya estamos cansados de inflación y de un gasto público desordenado); de convicciones morales; de deseo de orden, ley y seguridad; de realismo social. Hay, indudablemente, una *derecha sociológica*. Si fuera de Inglaterra no es frecuente ver coincidir el nombre con la bandera, es por una razón muy clara: nadie sensato desea que la *nueva derecha* sea triturada con los argumentos válidos contra la derecha vieja, reaccionaria, anacrónica o neofascista; y todos sabemos muy bien adónde pueden llegar la mala fe y la hipocresía en la actual *democracia de imágenes*. Ya sabemos lo fácil que es confundirlas, para destruirlas juntas; lo fácil que ha sido llamar «derecha nostálgica» a la que advirtió a tiempo que los cambios eran más difíciles de lo que algunos frívolamente pretendían; o ignorar quiénes eran, entre nosotros, los únicos reformistas.

Por eso hay que hablar, con circunloquios, de nueva derecha, de partido liberal-conservador, de centro-derecha, de derecha civilizada, pero todos nos entendemos.

No puede ser, en todo caso, más que una *derecha integradora y reformista*, claramente popular sin exclusiones. Todo sistema social en el que los patricios quieran excluir a los plebeyos, en vez de integrarlos y abrirles todas las puertas de la movilidad social vertical; o donde los ya situados no abran la participación a los recién llegados, mediante fórmulas flexibles y justas de participación, está condenado al fracaso. Así lo entendieron, en sus mejores momentos, los romanos y los ingleses. Por eso han sido integradoras, y no rupturistas, las ampliaciones progresivas del sufragio y de la coparticipación económica, la seguridad social y tantas otras reformas, y más que quedan por hacer, con sentido común, prudencia y espíritu de justicia.

El tercer elemento es la *organización*. Y aquí sí que hay que hablar en serio. Sin ella, las mejores ideas, las más profundas convicciones, sirven para muy poco. Y este sector es el más difícil de organizar; por su misma riqueza en grandes y brillantes personalidades; porque toda vocación política supone renunciar a otras ocupaciones más cómodas y rentables; porque las visiones a corto plazo son siempre más confortables y producen una miopía que impide ver los problemas que vienen después. Esto explica la paradoja de que sea más difícil movilizar los recursos económicos y humanos de la derecha, para fines políticos, que en otros sectores que los tienen menos abundantes.

Cuando se habla, pues, de la *unión de la derecha*, y se esgrime su no existencia como pretexto para ni hacer ni ayudar, hay que poner las cosas muy en su sitio y muy claras.

No hay duda de que existe una derecha moral y sociológica; que hay que organizarla políticamente; que hay que unir y no excluir. Pero no es menos evidente que ha de ser derecha moderna y democrática; capaz de integrar a jóvenes y a trabajadores, y homologable en el plano internacional. Es evidente que estas ideas son formal y políticamente incompatibles con un cajón de sastre que una todas las derechas, democráticas y no democráticas, operativas y retóricas, homologables o no.

Cuando se hacen referencias internacionales, precisamente hay que hacerlas exactas. Los conservadores británicos no se identifican con el Frente Nacional, y la Alianza Democrática, vencedora en Portugal, llega hasta los socialdemócratas, teniendo límites muy claros por su derecha. Tampoco estoy convencido de que el simple análisis de la *abstención* nos dé la clave del problema; la abstención indica también otras cosas, como falta de fe en el sistema, desconfianza en todos los grupos políticos, y deseo de no comprometerse.

Subsiste, en todo caso, el hecho esencial de que o se logra un planteamiento eficaz de una *nueva derecha*, o será inevitable uno de estos dos fenómenos: o la victoria inexorable de la izquierda, o la destrucción del sistema constitucional. Lo que une el problema de la integración del centro-derecha español a la entera racionalización del sistema de nuestras fuerzas políticas.

CONSIDERACIONES FINALES

Ha llegado la hora de concluir, para eludir en lo posible la advertencia de Montesquieu, cuando observa que «lo que les falta a los oradores en profundidad, os lo devuelven en longitud».

Sé muy bien que quedan muchas e importantes cuestiones por tratar. No he pretendido ignorar que el sistema de partidos tiene sus flaquezas, y que está en crisis en muchas partes, y que ha de ser completado y perfeccionado dando bases complementarias al proceso político. No he olvidado tampoco que hay otras muchas cosas que arreglar en nuestra casa.

Pero sí quiero insistir en que ésta es una cuestión

fundamental. O dejamos que España se siga descomponiendo; o permitimos que, buscando una salida desesperada, caiga, por un lado u otro, en la noche totalitaria; o nos resignamos a un nuevo aplazamiento de las soluciones, a través de un sistema autoritario, siempre pendiente de la personalidad y sus avatares temporales. O, por el contrario, nos ponemos a trabajar en serio, para sobrevivir como nación; para crear una fuerza política adecuada; para reformar el sistema, en lo que tenga de malo, desde dentro. Y a contribuir, con la ayuda de todos, a la remodelación de las fuerzas políticas en España.

4. La Constitución española en 1978: su elaboración, la actitud de los partidos políticos y la experiencia tras un año largo de vigencia[1]

La Constitución española de 1978 debe ser entendida desde los siguientes supuestos:

Primero. Se suma a una larga lista de experimentos constitucionales anteriores, cuyos textos en general no se consolidan por largo tiempo. Tuvimos (sin mencionar los proyectos nonatos y las reformas) constituciones en 1812, 1834, 1837, 1845, 1869, 1876 y 1931, además de las leyes fundamentales del régimen franquista.

Segundo. Por primera vez, en cambio, han participado en el debate constitucional la mayor parte de las fuerzas políticas del país: conservadores, liberales, católicos, socialistas, comunistas, nacionalistas vascos y catalanes. Logrado o no, ha habido un intento de llegar a un «consenso» constitucional.

Tercero. El proceso estuvo condicionado por acuerdos previos, compromisos ideológicos y una situación general llena de prisas y tensiones.

Cuarto. El resultado del compromiso se logró a base de hacer el texto demasiado extenso, y de aceptar am-

1. Comunicación presentada al Congreso: «Spain 1975-1980: The Conflicts and Achievements of Democracy», celebrado en la Vanderbilt University; Nashville, Tennessee, marzo de 1980.

bigüedades importantes en la redacción de ciertos artículos, y sobre todo en el Título VIII, relativo a las autonomías regionales (justamente el más difícil y problemático).

Quinto. Han predominado el tono doctrinario y el tecnicismo jurídico en los debates; por ello ha resultado un texto con escasas posibilidades de apelar al entusiasmo y a la imaginación popular.

Esto supuesto, veamos algunos de los puntos más importantes para el enjuiciamiento de la Constitución.

A. LA ELABORACIÓN DEL TEXTO

La Constitución de 1978, vista por uno de los que fueron los siete ponentes redactores del texto presentado al Congreso, y con dos años de perspectiva desde el final de nuestros trabajos, presenta más o menos los siguientes aspectos.

En primer lugar (refiriéndome solamente a los trabajos del Congreso de los Diputados, y dejando a otros la historia del proyecto en el Senado y en la Comisión Mixta, que varió muy poco el texto del Congreso), hay cuatro fases perfectamente definidas en la elaboración del texto: primera, la preparación del primer borrador por la ponencia (22 de agosto a 22 de diciembre de 1977), dando lugar a un primer texto (*BOC* núm. 44, de 5 de enero de 1978); segunda, la revisión del primer texto, tras el análisis de las enmiendas (3 200 en 769 escritos) por la ponencia, lo que produce el anteproyecto publicado en el *BOC* núm. 82, de 17 de abril de 1978, período que se descompone en dos: presentación y publicación de las enmiendas (enero de 1978) y trabajo propiamente dicho de la ponencia (de 1 de febrero a 10 de abril de 1978).

La tercera fase fue el debate en Comisión, desde el 5 de mayo hasta el 20 de junio de 1978, período que, en realidad, se divide en dos muy diferentes: el anterior al llamado «consenso», durante el cual no se modificó mucho el texto segundo de la ponencia, y estuvo a cargo de los trabajos parlamentarios el ministro de Justicia, señor Lavilla. Como consecuencia de que, a partir de cierto momento, los debates casi desaparecieron, tomándose los acuerdos fuera de la Sala de Sesiones, los diputados del Grupo AP se retiraron de la Comisión entre el 23 y el 29 de mayo, comenzando así el momento posterior a dicho «consenso», negociado en vía extraparlamentaria por el vicepresidente del Gobierno, señor Abril Martorell. El dictamen se publicó en el *BOC* núm. 121, de 1 de julio de 1978. (Las 21 sesiones de la Comisión figuran en los *Diarios de Sesiones* núms. 59, 60, 61, 64, 66, 67, 68, 69, 70, 71, 72, 75, 76, 78, 80, 81, 84, 85, 87, 88, 90, 91, 92 y 93, correspondientes a los días 5, 8, 9, 11, 12, 16, 17, 18, 19, 22, 23, 29 y 30 de mayo; y 1, 2, 6, 8, 9, 13, 14, 15, 16, 19 y 20 de junio de 1978.)

La cuarta y última fase (del 4 al 21 de julio) fue el debate en el Pleno, que termina en la votación final del día 21 de julio, y en texto publicado en el *BOC* núm. 136, de 25 de julio de 1978. (Los debates en el Pleno se celebraron en 12 sesiones, correspondientes a los días 4, 5, 6, 7, 11, 12, 13, 14, 15, 20 y 21 de julio de 1978; recogidos en los *Diarios de Sesiones* núms. 103, 104, 105, 106, 107, 108, 109, 110, 112, 113, 115 y 116.)

En la primera fase deben señalarse dos hechos: primero, el debate metodológico inicial; segundo, el método efectivo de trabajo. En los primeros días se estableció una regla de confidencialidad, básicamente respetada, por entenderse que ello facilitaría los compromisos entre los diferentes grupos; regla que se aplicó a los textos presentados por los ponentes, y a sus debates, dándose al final de cada sesión un resumen de los temas tratados por el presidente de turno (un ponente cada día, por orden alfabético de apellidos).

Otra cuestión previa fue la naturaleza del trabajo que íbamos a realizar. Yo propuse tres fórmulas alternativas: 1) preparar un conjunto de leyes constitucionales, que permitieran ir resolviendo los temas más importantes (a la manera de la Tercera República francesa); 2) una Constitución breve, a desarrollar por leyes orgánicas, y 3) un Código constitucional extenso. La primera tesis fue rechazada; la segunda fue aceptada mayoritariamente; pero, de hecho, la que salió en la práctica fue la tercera.

El trabajo se desarrolló, más o menos, del modo siguiente. Tres ponentes (los señores Peces-Barba, del Grupo Socialista del Congreso; Solé Tura, del Grupo Comunista, y Fraga Iribarne, de Alianza Popular), los tres por cierto profesores universitarios, presentaron textos completos (si bien todos lo hicimos por títulos, y no de una vez). Un cuarto ponente, el señor Roca (Minoría Catalana), presentó bastantes textos también, a menudo buscando síntesis y compromisos entre los ajenos. Los tres ponentes de UCD (señores Pérez-Llorca, Herrero y Cisneros) presentaron menos textos, y su labor se vio muy interferida por otras obligaciones derivadas en parte de su pertenencia al grupo en el poder, y también por intervenciones (no siempre coordinadas) de diversos miembros del Gobierno. Dieron la impresión, en esta primera fase, de que ni el Gobierno ni la UCD concedían una especial prioridad al tema constitucional.

Las sesiones transcurrieron en una inevitable tensión ideológica, bien compensada por unas actitudes personales de creciente comprensión. Cerca del final de los trabajos de esta primera fase, la filtración del texto elaborado a la prensa (al parecer, a partir del sector socialista) dio lugar a algunos incidentes, que fueron superados sin mayor dificultad.

Las enmiendas presentadas por los grupos y por diversos diputados a título personal fueron numerosas (3 100) y de importante significación. Lo más relevante fue el hecho de que las enmiendas de UCD tomaron un camino bastante constructivo, reflejando lo que sin duda era el sentir de la mayoría del grupo parlamentario, que a su vez recogía el sentir de muchos de sus electores; al parecer, tuvo influencia en esta actitud la publicación de algunos artículos muy críticos al primer texto, por el senador de nombramiento real Julián Marías.

Esto acercó bastante las posiciones de AP y UCD, y el texto elaborado en la segunda fase fue, en mi opinión, el más coherente y el menos malo de los que se han propuesto. Contribuyó mucho al examen sistemático del mismo un encierro de varios días en el Parador Nacional de Gredos. A su vez, el ponente socialista señor Peces-Barba no ocultó su insatisfacción por la marcha de los acontecimientos y terminó retirándose (el 6 de marzo de 1978), de modo sensacionalista, cuando estaban a punto de terminar los trabajos de la ponencia.

Aquí hizo su aparición, por primera vez, la famosa expresión del «consenso». El argumento del señor Peces-Barba fue que el primer borrador reflejaba un «consenso» básico entre las fuerzas políticas, al cual las enmiendas sólo podían afectar en cuestiones de detalle, pero nunca en temas de fondo, tales como las autonomías, la educación, los derechos económico-sociales, etc. Por otra parte, el arma sicológica empleada era el voto particular socialista sobre la forma de Estado, dando a entender que la enmienda republicana no sería mantenida si se cedía en otros puntos.

Así se pasó a la Comisión, presidida con buen sentido y sentido del humor por Emilio Attard. Las cosas comenzaron, más o menos, como en la segunda fase de la ponencia, y llegando a hablarse de la «mayoría mecánica» 19 *versus* 17 (los votos de AP y UCD, frente a los demás).

Coincidiendo con un viaje mío a los Estados Unidos, las cosas variaron; y los socialistas lograron hacer prevalecer su tesis del «consenso», rectificándose la posición anterior. A partir de aquel momento dejó prácticamente de reunirse lo mismo la ponencia que la Junta de Portavoces de la Comisión (salvo para cuestiones de trámite), disminuyó mucho el interés y la participación de los debates, reducidos a menudo a las decididas intervenciones de AP, de los nacionalistas vascos y catalanes y de algunos tenaces enmendantes solitarios.

El Pleno actuó sobre bases parecidas, si bien ello no impidió que el *Diario de Sesiones* y las tribunas recogieran algunos discursos importantes. Sin embargo, el consenso partitocrático redujo el debate constitucional a un nivel de los más bajos de nuestra Historia desde las Cortes de Cádiz.

Pasando del ambiente general a las cuestiones más importantes, vamos a intentar reunirlas del modo siguiente.

I. Unidad de España y desarrollo de las autonomías

Ésta es, a mi juicio (reiterado en numerosas intervenciones en la ponencia, en la Comisión y en el Pleno), la cuestión capital de esta Constitución: la que determinará su éxito o su fracaso, y el juicio de la Historia. Mantuve siempre que Alianza Popular formuló, en el borrador presentado a la ponencia, la siguiente propuesta de lo que hubiera sido un Artículo 5, equivalente al actual Artículo 2: «El Estado español, uno e indivisible, reconoce y fomenta las autonomías regionales, provinciales y locales; practica en sus propios servicios la más amplia desconcentración y tendrá en cuenta en toda su legislación los principios de autonomía y descentralización»; con un siguiente párrafo que añadía: «El Estado tutela con normas adecuadas a las minorías culturales y lingüísticas.» Este texto, a nuestro juicio, era el adecuado: unidad del Estado, y a la vez claro regionalismo y principio de autonomía, a todos los niveles, con expreso reconocimiento de las particularidades culturales.

Desde el primer momento este planteamiento razonable y prudente fue rechazado por los demás grupos comprometidos con la introducción del concepto de «nacionalidades», que, en el anteproyecto de la ponencia, quedó redactado del modo siguiente: «La Constitución se fundamenta en la unidad de España y la solidaridad entre sus pueblos y reconoce el derecho a la autonomía de las nacionalidades y regiones que la integran.» Se iniciaba así un camino peligroso: primero, de confusión terminológica, pues en el Artículo 1.º se habla del «pueblo español» como fuente de todos los poderes del Estado, y aquí surge una pluralidad de pueblos; segundo, de introducción de un término de riesgos («principio de las nacionalidades», autodeterminación, etc.), y tercero, de discriminación («nacionalidades» de primera y «regiones» de segunda).

Como era de esperar, aparte de nuestro voto particular, fueron numerosas las enmiendas al respecto. Como consecuencia de ello, se revisó en el texto del dictamen, pero, a nuestro juicio, de modo insuficiente. El segundo texto (no modificado en ninguna de las fases ulteriores) quedó así: «La Constitución se fundamenta en la indisoluble unidad de la Nación española, patria común e indivisible de todos los españoles, y reconoce y garantiza el derecho a la autonomía de las nacionalidades y regiones que la integran y la solidaridad entre todas ellas.» Este texto es, indudablemente, menos malo que el anterior, pero mantiene, en definitiva, la peligrosa expresión «nacionalidades».

Este tema se agrava, no sólo con la redacción de varios artículos del Título VIII (a los que luego aludiremos), sino con las disposiciones adicionales y transitorias; dando, en conjunto, una visión muy poco satisfactoria de la unidad del Estado.

II. Cuestiones relacionadas con las grandes cuestiones del espíritu (religión, familia, educación, moral)

El Artículo 15 (derecho a la vida) ha quedado en un texto más satisfactorio, por la enmienda de Alianza Popular, aceptada en el pleno («todos tienen derecho a la vida»), que ha impedido (como se había pretendido ya por algún diputado socialista) una interpretación favorable a la constitucionalización del aborto.

El Artículo 16 (bastante discutido en las dos fases de ponencia) ha sido menos polémico que en las anteriores constituyentes, sobre todo entre 1837 y 1931. Resultado equilibrado, en los términos actuales: libertad religiosa, dentro del orden público; ausencia de estatalidad de las confesiones religiosas; reconocimiento del hecho histórico y sociológico de una mayoría católica en España.

La familia resulta protegida en diversos artículos (Artículo 18, números 1 y 4, el derecho al honor y a la intimidad familiar; el Artículo 39, protección económica, jurídica y social de la familia). El Artículo 32 reconoce el derecho al matrimonio, pero, al remitir a la regulación de la ley en su número 2, las «causas de separación y disolución y sus efectos», abre claramente la vía a la polémica cuestión del divorcio vincular.

El Artículo 27 ha sido uno de los más discutidos dentro y fuera de las Cortes; en realidad, el único que ha dado lugar a una campaña de cartas y telegramas de alguna identidad. Era natural, por tratarse de un tema tan importante como la educación. El grupo socialista hizo cuestión cerrada para el «consenso» de concesiones importantes en este artículo; las más importantes, en la redacción antigua de los números 6 y 9. En el primero se suprimió el derecho fundamental de dirigir los centros docentes creados por el sector privado, con lo cual la «libertad de creación» es inútil. En el segundo no ha quedado suficientemente clara la obligación de ayudar públicamente a los centros privados.

La moral pública aparece aludida, de modo poco sistemático. Ya mencionamos el «orden público» como límite a la libertad religiosa y de cultos (Artículo 16, número 1); el Artículo 20, relativo a la libertad de expresión y comunicación de pensamientos, ideas y opiniones, habla del límite del «derecho al honor, a la intimidad, a la propia imagen y a la protección de la juventud y la infancia».

El resto de los preceptos sobre libertades públicas es correcto, en conjunto; merece destacarse positivamente la constitucionalización del derecho de fundación (Artículo 34).

III. Modelo económico social

Básicamente, la Constitución acepta, y desarrolla, en el Capítulo Tercero (Principios rectores de la política económica y social) del Título I, y en el Título VII (Economía y Hacienda) el modelo conocido como Economía social de mercado, y expresamente alude al «marco de la economía de mercado», en su Artículo 38.

Sin embargo, algunas reiteradas concesiones al punto de vista socialista, comprometen seriamente la coherencia del modelo.

Así, el Artículo 33, relativo a la propiedad, fue modificado; en la expropiación forzosa (aceptada para causas de «utilidad pública o interés social»), no se habla, como en el dictamen de la ponencia y en toda la legislación anterior, de «previa la correspondiente indemnización», sino de «mediante», etc. Es decir, que una indemnización en títulos de la Deuda pública, puede equivaler a una práctica confiscación.

El Artículo 38, relativo a la libertad de empresa, es de los que han empeorado notablemente. La ponencia, en su dictamen, había dado una versión muy completa, redactada así: «1) Se reconoce la libertad de empresa en el marco de la economía de mercado. Los poderes públicos garantizan y protegen su ejercicio y la defensa de la productividad, de acuerdo con las exigencias de la economía general, y, en su caso, de la planificación. 2) Los empresarios tienen derecho a adoptar medidas de conflicto colectivo, sin perjuicio de las limitaciones expresas que el ejercicio de este derecho pueda establecer la ley. Este derecho no podrá atender, en su ejercicio, al mantenimiento de los servicios esenciales de la comunidad.» Sufrió ya un retroceso respecto del texto del anteproyecto, que decía así: «1) Se reconoce el derecho a la libre iniciativa económica privada. La ley regulará su ejercicio, de acuerdo con los intereses económicos generales. 2) El empresario tiene derecho a establecer las condiciones de empleo con criterios de productividad y a adoptar medidas de conflicto colectivo, sin perjuicio de las limitaciones expresas que al ejercicio de estos derechos pueda establecer la ley.» El texto definitivo del pleno suprimió el segundo párrafo del dictamen, con una referencia general a las medidas de conflicto colectivo en el número 2 del Artículo 37.

Otra cuestión importante es la relativa a la planificación, establecida como potestad del Estado en el Artículo 131. Una enmienda de Alianza Popular solicitó que ésta fuera obligatoria para el sector público, o indicativa para el sector privado, y fue rechazada. Es indudable que el juego de estos artículos, unidos a una interpretación extensiva de declaraciones generales, como el Artículo 9, número 2 (promoción de la igualdad real y efectiva) y el Artículo 128 (iniciativa pública, sector público) pueden dar lugar a planteamientos de tipo socializante muy radicales.

IV. Cuestiones orgánicas

Las críticas más importantes se refieren a la estructuración de la representación, que, a mi juicio, va a dar lugar a una democracia a la vez débil y partitocrática.

Comencemos por los criterios electorales. El anteproyecto y el informe de la ponencia reservaron esta cuestión a la ley electoral, lo que hubiera sido lo más prudente. En la Comisión, por el contrario, se introdujo (Artículo 68, números 2 y 3) la constitucionalización de la representación proporcional para el Congreso de los Diputados, y lo mismo hace el Artículo 152.1 para las Asambleas de las Comunidades autónomas. La experiencia anglosajona y la francesa parecen confirmar el grave error de esta decisión que lleva claramente a la «partiditis», a la «partitocracia» y, en definitiva, a lo que pudiéramos llamar el «modelo italiano».

Estos criterios se agravan en la regulación de la democracia semidirecta. Sólo ha quedado (en el Artículo 92, número 1) un «referéndum consultivo», para las «decisiones políticas de especial trascendencia». Aparte de lo discutible de este carácter consultivo, el Artículo 85 del dictamen de la ponencia preveía el referéndum legislativo ordinario, por decisión de la Corona, a propuesta del Gobierno, o de una de las Cámaras; y el referéndum derogatorio de leyes en vigor, en el cual podrían tomar la iniciativa tres Comunidades autónomas o 750 000 ciudadanos; todo ello suprimido en el texto definitivo.

Otro punto muy discutido es el de las limitaciones a la independencia del poder judicial, que se introduce en el Título IX, al regular el Tribunal Constitucional, sobre todo en el Artículo 161, 1 a), y que permite, en cierta medida, la revisión de la jurisprudencia del Tribunal Supremo.

En cuanto a la forma de Estado, el texto de 1978 vuelve a la tradición de nuestro siglo XIX: la Monarquía parlamentaria. La forma del Estado es monárquica; el Título II, relativo a la Corona, ha procurado seguir, en lo posible, el precedente más inmediato, la Constitución canovista de 1876. El Parlamento vuelve a ser bicameral: un Congreso de los Diputados y un Senado.

Novedades importantes, respecto de dicha tradición constitucional: en primer lugar, la aparición del Consejo General del Poder Judicial (Artículo 122), frente a la tradición de un fuerte Ministerio de Justicia; en segundo lugar, la institución del Defensor del Pueblo (Artículo 54), en el estilo de los *ombudsmen* nórdicos; en tercer lugar, un desdibujado Consejo Económico-Social (Artículo 131, 2) y un reforzado Tribunal de Cuentas (Artículo 136).

RESUMEN FINAL

La historia del texto constitucional en el Congreso marca una indudable originalidad respecto de los anteriores procesos constituyentes: excesiva longitud del período de ponencia, e increíbles ausencias en el debate plenario (uno de los más flojos de nuestra historia constitucional); quizá el período más normal fue, a lo menos externamente, el debate en Comisión.

B. DEL TEXTO CONSTITUCIONAL A LA PRÁCTICA

Tras estas consideraciones sobre el texto de 1978, debemos reconocer que todavía nos falta la perspectiva para conocer sus efectos reales en la vida española, política y social. Un tema capital, como el de las autonomías, acaba de empezar a rodar, con las elecciones a los Parlamentos vasco y catalán, los pasados días 9 y 20 de marzo, respectivamente, y el referéndum andaluz, del 28 de febrero último. Continúa gobernando el señor Suárez, nombrado por el Rey en julio de 1976, y desde la Constitución no se ha producido aún ningún voto de censura ni una cuestión de confianza, ni un relevo en el partido establecido desde el poder (UCD), cuyo futuro exacto no conoceremos hasta que lo deje.

No conocemos, pues, el verdadero espíritu de la Constitución; seguimos en un momento de transición, y de desarrollo del texto, por medio de largas, complejas y numerosas *leyes orgánicas.* Aún no han empezado a funcionar el Tribunal Constitucional ni el Consejo del Poder Judicial. Lo único que podemos saber, por ahora, es lo siguiente:

1. Qué *ideas* predominantes tuvieron los padres de la Constitución.
2. Qué *objetivos políticos* persiguieron las fuerzas políticas representadas en las Cámaras Constituyentes.
3. De qué modo se ha realizado el *proceso político* antes y después de la aprobación de la Constitución.

En cuanto al primer punto, entiendo que las *ideas dominantes* fueron las siguientes:

a) La idea de *cambio*; entendido como *progreso.* Un análisis terminológico y semántico revelará la extraordinaria reiteración e importancia de la palabra *progre-*

sivo en los debates constituyentes (*progresivo* en la España de hoy equivale a *liberal* en los Estados Unidos de los años 30). El Artículo 9 de la Constitución (de influencia italiana, y de raíz socialista) es significativo a este respecto.

b) La aspiración de romper un aislamiento y de incorporarse a un Derecho común internacional, y más específicamente europeo. El Artículo 10.2 dice que los derechos y libertades públicas se interpretarán de conformidad con la Declaración Universal de Derechos Humanos y demás acuerdos internacionales.

c) Un modelo de *orden político* y social basado, por lo tanto, en los ideales de libertad, igualdad, justicia, pluralismo, democracia, Estado de derecho, etc. (Artículo 1, número 1).

d) Un cierto equilibrio (semejante al compromiso de Weimar) entre las *libertades personales* (Artículo 10) y unos poderes públicos activos en la promoción de *valores sociales e igualitarios* (Título I, Capítulo 3.º, y Título VII, «Economía y Hacienda»).

e) Un difícil y confuso planteamiento de un Estado autonomista (Artículo 2 y Título VIII), intermedio entre el Estado centralizado y el federal.

En este terreno (y añadiendo el deseo de clara separación del sistema autoritario anterior), la Constitución es, en sus ideas básicas, bastante típica de la época en que se hizo, tras las de Grecia y Portugal. Debe subrayarse la notoria influencia universitaria; la Constitución no se entiende sin el espíritu predominante en nuestras Universidades, por los años 60 y 70, y sin el predominio de numerosos profesores y graduados universitarios en las Cámaras Constituyentes.

En cuanto a los *objetivos políticos* de las fuerzas organizadas, el PSOE defendió las ideas tradicionales del socialismo español; mantuvo una gran insistencia en el precedente constitucional de 1931 (muy dominado por socialistas, como Jiménez de Asúa, presidente de la Comisión Constitucional); tras largos años de exilio y oposición, reforzó la desconfianza hacia los poderes discrecionales del Gobierno; hizo gala de una actitud (ésta, muy nueva) federalizante; defendió a ultranza el sistema de representación proporcional; fue relativamente moderado en los temas económicos, y más tenaz en los relativos a familia y educación.

El PCE, claramente enrolado en la línea «eurocomunista», mantuvo sus tesis tradicionales, semejantes a las defendidas en Francia e Italia, a partir de 1945; estuvo realista en el tema de la forma de Estado (los socialistas mantuvieron más tiempo su enmienda republicana); fue claramente favorable a las tesis más avanzadas en materia autonómica; defendió a ultranza la proporcional y el predominio electoral de las grandes ciudades; fue más agresivo en materia económico-social. Debe subrayarse, de otra parte, que el ponente comunista, Prof. Solé Tura, como el ponente socialista, Prof. Peces-Barba, eran ambos unos inteligentes representantes de las alas moderadas de sus respectivos partidos.

Los grupos nacionalistas catalán y vasco eran, sin duda, los que mejor sabían lo que querían del debate constitucional. El grupo catalán (Roca Junyent) estuvo particularmente activo en la fase de ponencia; el grupo vasco (no representado en la primera) lo hizo, sobre todo, en la de Comisión (Arzallus). Los catalanes lograron, básicamente, que el Título VIII de la Constitución se hiciera a la medida del Estatuto que tenían «in mente» para Cataluña, y que efectivamente lograron al año siguiente. Los nacionalistas vascos plantearon problemas aún más radicales, que en parte lograron incrustar en la disposición adicional primera (reserva de «derechos históricos», de los «territorios forales»). Aun así, promovieron la abstención en el referéndum constitucional, pero no así en el de su Estatuto, también en 1979.

El Gobierno y su Grupo Parlamentario UCD buscó un «consenso» básico, sacrificando todo a la aceptación de la forma del Estado, de lo que supieron aprovecharse bien los socialistas y comunistas, de un lado, y los nacionalistas, de otro; procuraron al mismo tiempo no irritar a las grandes instituciones sociales sobre todo a la Iglesia (Artículos 16 y 17) y a las Fuerzas Armadas (Artículo 8); en los asuntos más complejos se optó por la ambigüedad (Artículo 2, sobre todo).

Nuestro grupo político (Alianza Popular) creo que fue el más consecuente con sus ideas (conservadoras y reformistas) y en reclamar un texto menos farragoso y ambiguo. El repaso de los *Diarios de Sesiones* revela que el tiempo ha confirmado la mayoría de nuestras dudas y preocupaciones.

En cuanto al *funcionamiento efectivo*, es poco aún lo que podemos decir. Sin embargo, algunas cosas parecen ya bastante claras.

a) La Corona se ha adaptado rápida y correctamente al papel que le coresponde en una Monarquía parlamentaria.

b) Las Cámaras trabajan, con gran dificultad, en encontrar su papel. El Senado no lo ha logrado, por ahora; tal vez lo consiga, cuando se constituyan las Comunidades autónomas y sus correspondientes representaciones, y llegue el momento de ejercer funciones tan importantes y delicadas como la de intervención en una de dichas comunidades (Artículo 155).

Ha sido un error no reconocerle una mayor intervención en el proceso legislativo (Artículo 90). Al deber comenzar todos los proyectos en el Congreso, se ha logrado que todos sean enmendados por el Senado, y se pierde mucho tiempo; hubiera sido mejor que el Senado pudiera ver, en primer lugar, todos los proyectos sin gran polémica política.

El Congreso, con un Reglamento provisional anacrónico (calcado del republicano de 1934, cuando se legislaba mucho menos), está desbordado de trabajo; se reúne sólo tres días por semana, porque los diputados que viven en provincias no quieren trasladarse a Madrid; no ha organizado bien el reparto de tiempo entre los proyectos del Gobierno y un número excesivo de proposiciones de ley de los partidos; está indefenso contra el obstruccionismo. Las interpelaciones no impresionan al Gobierno; aún no se ha presentado ninguna moción de censura. El Gobierno va poco al Parlamento; el Presidente del Gobierno, casi nada; la presentación de los debates en los medios de comunicación social es pobre.

c) El Gobierno ha acusado una mayor continuidad institucional; se hace cada vez más presidencialista o tipo canciller; propende a aplazar las cuestiones en aras del «consenso»; prácticamente sólo ha acometido con sistema y firmeza la reforma fiscal.

d) Las experiencias preautonómicas no han sido felices; todo hace suponer que los Estatutos van a arrancar con dificultades; en el País Vasco, por la persistencia de la violencia terrorista; en Cataluña, por razones económicas; en las demás regiones, por una sensación generalizada de frustración (sobre todo, en Andalucía y Galicia), de que han recibido menos. La llamada «racionalización» de las autonomías, que en el fondo es su ralentización, se estima que debió ser para todos.

Todo lo demás está por estrenar. Pero queda una cuestión importante: el sistema de partidos. La Constitución hace de ellos (Artículo 6) instituciones básicas del mero orden político. Pero hay demasiados; el sistema electoral y las autonomías favorecen su multiplicación. El sistema sufre de *partiditis* (exceso de partidos), *partitocra-*

cia (dominan las listas electorales de modo absoluto), *distanciamiento* de los representados (que se traduce en una fuerte abstención) y unas *relaciones poco claras* entre *Gobierno* y *oposición.*

CONSIDERACIONES FINALES

España ha iniciado una nueva experiencia constitucional. El punto de partida es mejor que en las anteriores: mejor nivel económico y social, mayor difusión educativa, una base administrativa más completa. La coyuntura internacional y económica son negativas; el problema más agudo, los brotes nacionalistas y separatistas (sobre todo, en el País Vasco). La mayoría de las fuerzas políticas opta claramente por mantener la Constitución, incluso con reformas parciales. Sería, en fin, importante e incluso urgente la inclusión de España en organizaciones como la CEE y la OTAN, que ensancharían las bases de su estabilidad.

5. Democratización y regionalización en España[1]

1. INTRODUCCIÓN

Agradezco cordialmente al Det Danske Selskab, Instituto Danés de Información y Cooperación Cultural, esta invitación para ocupar su prestigiosa tribuna, y a su eminente director, mister Folmer Wisti, esta oportunidad de exponerles algunos aspectos de la situación política de mi país, España, en la compleja transición en que se halla envuelto en estos años decisivos.

Debo añadir que celebro mucho, personalmente, el encontrarme, por segunda vez, en Dinamarca. Lo hice, por primera vez, hace 18 años, asistiendo a una interesante reunión, en Copenhague, de la Fundación Europea para la Cultura, que me dio ocasión de conocer esta maravillosa ciudad, que a mi juicio es una de las que mejor han sabido combinar la historia con la modernidad; y también la naturaleza y la arquitectura, y de la que guardo el imborrable recuerdo de sus jardines, tal vez los mejores de Europa.

Tuve entonces conciencia, una vez más, de la profunda unidad de Europa; la del Norte y la del Sur; la

1. Comunicación presentada en el Instituto Danés de Información y Cooperación Cultural, «Europe of Regions» (a Conference on Regional Autonomy), septiembre de 1979.

católica y la protestante; la de cabellos rubios o morenos; y de la necesidad absoluta, en las actuales crisis del mundo, de un mayor entendimiento y colaboración entre todos sus pueblos.

En mi opinión, igualmente, la fuerza histórica de Europa deriva de su variedad y riqueza cultural y de formas sociales; nunca de una total uniformidad; por eso pienso que la unidad de Europa ha de hacerse sobre la mutua aceptación, lo que supone la mutua comprensión; lo que supone un más profundo conocimiento de lo que es cada uno, y de los problemas que tiene, evitando cualquier planteamiento a base de clichés o estereotipos, de simplificación excesiva, de dogmatismo doctrinal o de olvido, en definitiva, de que el mito de Procusto es un recuerdo permanente de los límites de toda política, que debe reconocer la realidad tal cual es.

Por eso considero un acierto estas iniciativas de intercambio permanente de informaciones e ideas, y paso a explicarles algunas cuestiones relacionadas con la evolución actual de España, con la esperanza de que mis palabras puedan servir para estimular una discusión o conversación que me permita clarificar cualesquiera dudas, o completar cualquier punto que requiera mayores desarrollos.

2. ESPAÑA EN UN PERÍODO DE CAMBIOS SOCIALES, PROFUNDOS Y RÁPIDOS

Para entender lo que ha ocurrido ya en España en los tres últimos años (1976-1979), y lo que probablemente ocurrirá en los tres próximos (que, normalmente, deberán completar la iniciada transición política, económica y social de España), es necesario hacer una breve referencia a los antecedentes de la misma.

Estos tres, principalmente:

a) Un período de modernización económica y social.

b) Un pasado político de enfrentamientos y convulsiones.

c) La salida de un período de gobierno autoritario.

a) La sociedad actual española es una sociedad muy dinámica; podría decirse que está cubriendo, en una generación (1950-1980), una evolución que afecta a todos los órdenes de la vida social, que otros países europeos (como v. gr. Inglaterra) recorrieron, no en treinta años, sino a lo largo de más de trescientos; pues, en efecto, en el breve espacio de una generación, estamos realizando a la vez la reforma religioso-moral, económica, institucional.

Habíamos llegado a los años 30 con una sociedad que sólo de modo muy parcial había integrado los cambios que otros países tuvieron, en la reforma religiosa, la Ilustración y la revolución industrial; y éstos han llegado ahora todos juntos y de golpe.

En poco tiempo, España ha renovado su sistema social, es decir:

— sus recursos técnicos y económicos;

— el modo de empleo y la estructura de la población activa;

— la distribución del capital y de la renta;

— las formas de asentamiento de la población;

— las relaciones entre los sexos y los grupos de edad, y entre las clases sociales;

— el sistema educativo, etc.

En el curso de mi vida (tengo 56 años) he visto aumentar la población de España en más de un tercio (de poco más de 20 millones a 36); he visto cambiar la vida media de los españoles de 40 a 72 años; he contemplado que de una población mayoritariamente rural, hemos pasado a enormes concentraciones urbanas (5 millones en el área metropolitana de Madrid, 4 en la de Barcelona y unos 7 entre las demás megápolis), viviendo un 40 % de la población en las 50 capitales de provincia, y menos de 4 millones en lugares de menos de 2 000 habitantes. He conocido una España en la que prácticamente la mitad vivía de una agricultura primitiva, a otra con un razonable equilibrio de los sectores (25 % primario, 37,5 % industrial, 36,5 % servicios); y he visto multiplicar por 10 la renta nacional por cabeza, y de modo espectacular las plazas escolares, las obras públicas y los servicios sanitarios, hasta el punto de que hoy somos básicamente un país de clases medias.

b) Al lado de este impresionante desarrollo (no exento, por supuesto, de improvisaciones y desequilibrios), es lo cierto que las experiencias anteriores de nuestra vida política contemporánea presentan un cimiento defectuoso para la institucionalización política de nuestra sociedad.

Por una parte, es indudable que nuestra historia política de 1808 (invasión napoleónica, que puso fin al Antiguo Régimen en España) a 1936 (comienzo de nuestra guerra civil) ha sido la historia de una permanente inestabilidad, de un fracaso sistemático en una interminable experimentación constitucional (Constituciones de 1812, 1834, 1837, 1845, 1869, 1876 y 1931, nunca consolidadas ni cumplidas), de guerras civiles, de destronamientos, y, en particular, de incapacidad para establecer partidos políticos sólidos y responsables. Gobiernos inestables, ineficacia administrativa, dogmatismo excesivo en los planteamientos, oportunismo en las conductas, todo ello ha dado lugar a tres graves guerras civiles, y a una gran tendencia del ciudadano a la abstención política y a la irresponsabilidad de los partidos; hoy no tenemos ninguna época anterior a la cual referirnos como de normalidad constitucional, y menos que ninguna a nuestra dramática Segunda República de 1931 a 1936; en la cual la victoria electoral de las derechas de 1933, dio lugar al alzamiento revolucionario de 1934, y la de las izquierdas en 1936, a la trágica guerra civil, de 1936 a 1939.

c) Ello explica perfectamente la larga duración, y el éxito administrativo y modernizador del largo período, de casi 40 años, del Gobierno autoritario (pero no totalitario) del general Franco. La Historia carece aún de perspectiva para enjuiciarlo, y naturalmente verá en él luces y sombras; pero fue el resultado natural del período anterior. Los españoles estaban hartos del retraso económico y educativo, de los enfrentamientos verbales de unos líderes políticos ineficaces, de la inseguridad personal, etc.

Franco tuvo el acierto de dejar a España al margen de la segunda guerra mundial; de impulsar enérgicamente el desarrollo económico y los servicios sociales; de permitir una amplia libertad personal y económica, restringiendo únicamente las de expresión y organización política. Los españoles podían entrar y salir libremente del territorio, dedicarse a cualquier actividad; y, en los últimos diez años, fue muy grande la libertad de discusión pública y de negociación industrial.

Se crearon las bases, con ello, para un desarrollo político que introdujera progresivamente las reformas de liberalización y democratización necesarias para poner de acuerdo al Estado español con su propio desarrollo económico, técnico, educativo y social. Desgraciadamente, los intentos seriamente iniciados entre 1962 y 1969, y de los cuales fue punto culminante la Ley de Prensa de 1966, que suprimió la censura de libros y periódicos, no fueron continuados en el período 1969-1975, y Franco murió dejando al país un razonable legado económico-social, pero la reforma política sin resolver; y ahora en medio de la crisis económica de los años 70, y la radicalización de numerosas posturas e impaciencias.

3. LA ELABORACIÓN DE LA NUEVA CONSTITUCIÓN DE 1978

Muerto Franco, a finales de 1975, a primeros de 1976, España se encontró con una aceptación general del principio de que había que realizar, sin nuevos aplazamientos, una reforma política importante. Básicamente, hubo acuerdo entre la mayoría de las personalidades y grupos implicados en que la reforma era necesaria y urgente, y en que los planteamientos violentos, de carácter revolucionario o reaccionario, deberían quedar excluidos. No hubo acuerdo, en cambio (y el desacuerdo subsiste) en la amplitud de los temas a incluir en las primeras fases de la reforma, y en la velocidad de su ejecución; y ese desacuerdo subsiste aún.

Los planteamientos inmovilistas fueron rechazados por el primer Gobierno de la Monarquía, si bien subsisten grupos que defienden la inconveniencia de la reforma política, atribuyéndole todos los males de la inseguridad ciudadana, de la crisis económica, de la crisis regional, y de los excesos del partidismo. Los planteamientos revolucionarios, si bien mantenidos en los programas comunista y socialista, no han dado lugar a acciones efectivas en estos primeros años (si bien cabe mantener serias dudas, y yo las tengo, sobre los últimos objetivos del Partido Comunista). Grupos marginales de extrema izquierda han reivindicado el principio leninista (significativamente abandonado por el comunismo oficial) y mantienen una serie de atentados terroristas (GRAPO). Pero, en principio, la pugna se mantuvo en el terreno de la mayor o menor extensión de las reformas, insistiendo unos (entre los que me encuentro) más en la reforma y la gradualidad, y otros en los aspectos (sobre todo formales) de la ruptura con el régimen anterior.

Papel decisivo correspondió en estas decisiones al Rey. La Corona, oportunamente restaurada (tras el fracaso de las dos efímeras Repúblicas, 1873-1874 y 1931-1936), comprendió bien su papel de actuar para todos los españoles, y en el sentido de un cambio razonable que la mayoría deseaba. Las demás responsabilidades de este período habrán de corresponder a los encargados de aplicar su sabia y oportuna decisión.

Planteada la necesidad de la reforma, se optó por realizar unas elecciones generales y abrir un período constituyente. El resultado fue la Constitución de 1978, que tenía que resolver dos problemas: uno, la democratización, y en general la amplitud de la misma, a terrenos distintos del específicamente político, fundamentalmente en el terreno económico-social; pudiéramos decir que en este primer término, a las opciones del eje izquierda-derecha. El segundo gran problema se movía en torno a la distribución territorial del poder; aquí estamos ante los problemas de la regionalización en el eje centralización y descentralización. Son, justamente, los dos temas que se me han propuesto para esta conferencia, democratización y regionalización.

En cuanto al primero, entiendo que la Constitución ha resuelto básicamente los problemas, de modo que hace esperar que las grandes cuestiones se puedan resolver dentro de su marco. Ha establecido una completa lista de derechos individuales y de grupo; ha creado un sistema institucional prácticamente basado en la Monarquía parlamentaria; dos Cámaras elegidas por sufragio universal, con mayores poderes para el Congreso de los Diputados y una representación regional en el Senado; un Gobierno con tendencia a la estabilidad, con investidura del jefe del Gobierno por mayoría del Congreso, y una regulación moderna de los votos de confianza y de censura; y un poder judicial independiente, administrado por un Consejo del Poder Judicial. La garantía de la Constitución se encomienda a un Tribunal Constitucional.

El sistema económico-social se basa en la propiedad y en la libertad de empresa, pero el Estado recibe amplios poderes de promoción y planificación económica, y para el establecimiento progresivo de la justicia social.

Los puntos más dudosos, a mi juicio, son el excesivo predominio de los partidos en el proceso político; la rigidez en el sistema electoral, que en vez de dejarlo a la ley, se constitucionaliza, en el sistema de representación proporcional; y la desconfianza con que se ha producido al regular las instituciones de democracia semidirecta, sobre todo el referéndum legislativo y la iniciativa popular. La excesiva partitocracia puede ser una de las explicaciones de la preocupante tendencia a la abstención, que en las últimas consultas electorales (diciembre de 1978, marzo y abril de 1979), ha rebasado el 40 %. En todo caso, la Constitución ha entrado ya plenamente en vigor; se han elegido con arreglo a ella las Cámaras, los Ayuntamientos y las Diputaciones provinciales; y el Parlamento trabaja activamente en el desarrollo legislativo de sus más importantes capítulos.

Otro es, desgraciadamente, el panorama de la sociedad española en su conjunto. La crisis económica, débilmente apuntalada por el Gobierno; la actitud excesivamente reivindicativa de los sindicatos, en particular las Comisiones Obreras comunistas; el aumento de paro, que está en límites realmente preocupantes; el estancamiento de la inversión y un gran déficit del sector público, son temas de seria preocupación. También lo son el aumento de la delincuencia, y en particular del terrorismo; la crisis de las instituciones jurisdiccionales y penitenciarias, y una gran confusión en torno a la idea de que la democracia suponga una degradación de la ley y del orden. Esperemos que las cosas se vayan ajustando y que la mayoría de los españoles eluda las tentaciones de los extremismos políticos, y asuma decididamente las cargas y obligaciones de la ciudadanía.

4. EL PROBLEMA REGIONAL EN ESPAÑA, Y LA ELABORACIÓN DE LOS ESTATUTOS

Pero donde, sin duda alguna, están los problemas más serios es en el otro eje, el de las relaciones del Gobierno central y la periferia. Debe recordarse que ésta fue ya una cuestión clave en etapas anteriores, y una de las causas más graves de la crisis de las dos Repúblicas; y que en ella juegan más que en ninguna otra los factores pasionales e irracionales.

Hoy es la causa mayor de inquietud sobre el futuro de la reforma política, y la fuente más importante de violencia y terrorismo en la vida política española.

España es un país al cual la geografía y la historia han hecho naturalmente una y varia. Bien definida su identidad, en la mayor parte de la península Ibérica, y más allá de los Pirineos; con una tradición jurídica y cultural, unificada por la civilización romana, el Cristianismo, la lucha contra el Islam y las grandes empresas exteriores, no es menos cierto que existen factores de compartimentación por las cadenas montañosas interiores, que durante siglos ha hecho difíciles las comunicaciones; por las variedades climatológicas, en un país que tiene climas como el de Escocia y el de Marruecos; por el distinto grado de romanización, que ha permitido subsistir en el País Vasco a una lengua prehistórica, el euskera; y por la existencia en la Edad Media de cinco reinos separados, que acabaron por fundirse en dos grandes bloques, la Corona de Castilla y la Corona de Aragón.

Unidas ambas, por el matrimonio de los Reyes Católicos, Isabel y Fernando, fundadores del Estado moderno español, la historia ulterior ha sido una creciente integración, económica, social, cultural y administrativa. La dinastía de los Borbón le dio un gran impulso, sobre modelos franceses, en el siglo XVIII; y la revolución liberal la continuó en el siglo XIX. Pero ya en el siglo pasado comenzaron los problemas de cómo lograr un equilibrio entre un Estado que iba asumiendo funciones cada vez más extensas y unas regiones decididas a defender sus peculiaridades e intereses.

Las dos guerras carlistas, aparte del problema sucesorio y de la visión tradicional o liberal de la sociedad, plantearon el problema de los «fueros» o privilegios de las provincias vascas y de Navarra. La Primera República intentó un experimento federal, rápidamente fracasado (un año). La Segunda República optó por un modelo de Estado con regiones autónomas, que luego fue seguido por Italia en su Constitución de 1947, y que entre nosotros fue interrumpido por la guerra civil; modelo al que ha vuelto, con nuevos desarrollos, la Constitución de 1978.

Soy un convencido de la realidad regional, y de darle un adecuado desarrollo institucional. En un país como España (el más extenso de Europa, después de Francia) es indudable que existen unas entidades geográficas, climatológicas, históricas y de costumbres, que son Galicia, Asturias, el País Vasco, Navarra, Aragón, Andalucía, Cataluña, las dos Castillas, Extremadura y los dos archipiélagos (Canarias y Baleares), con una entidad real. Más dudoso y difícil es el problema de sus límites exactos, de sus capitalidades, y del encaje más adecuado de algunas provincias (sobre todo, León, La Montaña, La Rioja y Murcia). Pero habría gran ventaja en reconocer su existencia; en darles un grado importante de autogobierno; y en tomarlas como base para una política estatal de descentralización, de equilibrios regionales y de solidaridad entre todas.

Eso es lo que ha intentado el Título VIII de la Constitución, uno de los más largos, difíciles, ambiguos y discutidos de la misma. Las regiones pueden constituirse en comunidades autónomas; asumir funciones muy amplias de gobierno y administración; crear parlamentos y gobiernos regionales y obtener un control muy real de sus propios asuntos.

Los problemas más graves derivan, sin embargo, de que en dos regiones, el País Vasco y Cataluña, no se trata sólo de regionalismo (que hoy acepta todo el mundo) sino de nacionalismo. En ambos casos, hay un substrato cultural (la lengua) e histórico, pero además profundos resentimientos respecto de la política de integración y centralización. Los dos primeros Estatutos han sido precisamente el vasco y el catalán; todo hace suponer que la generosa (a veces, incluso forzada) interpretación de la Constitución, para llegar al máximo en las respectivas reivindicaciones, va a dar lugar a soluciones aceptables en Cataluña, pero el tema es más dudoso en el País Vasco, donde minorías violentas siguen insistiendo en la independencia y en los métodos terroristas. La actitud del Gobierno no es suficientemente decidida, pues una vez aprobados la Constitución y el Estatuto, sólo cabe una cosa, que es hacer cumplir la Ley.

Debe añadirse que lo mismo el País Vasco que Cataluña son zonas industrializadas y de inmigración; que debe quedar bien garantizada la plena igualdad de los demás españoles que trabajan en aquellas provincias; y que, además, en Cataluña existe la posibilidad de que la autonomía suponga (antes que en el resto de España) un gobierno de mayoría socialista, e incluso con intervención comunista.

En el caso del País Vasco, otro problema de gran dificultad consiste en el deseo de incorporar al nacionalismo vasco el antiguo reino de Navarra, donde hay una mayoría que desea ampliar su propia autonomía, pero no la de incorporarse a otra comunidad llena de problemas.

En Galicia, donde existe una interesante lengua vernácula, el gallego, el deseo de autonomía (que dará lugar en fecha próxima al tercero de los Estatutos), la autonomía no debe suscitar problemas de la importancia de los indicados. Galicia es territorio de emigración, y gran número de gallegos residen y trabajan en zonas diferentes del resto de España y de otros países.

Las demás regiones plantean también problemas diversos, pero tampoco de especial virulencia política. En la mayoría no hay diferencias lingüísticas ni culturales. En Valencia y Baleares se hablan lenguas (valenciano y mallorquín) de la misma familia que el catalán, pero no existe nacionalismo virulento, ni menos deseo de aceptar una hegemonía de Barcelona. En Canarias, la distancia y el hecho insular plantean modalidades interesantes, así como el intento de algunos países africanos de interferir en sus asuntos; pero se mantienen sólidamente españolas y moderadas.

Soy de los que creen que, a pesar de las dificultades indicadas, en el proceso de regionalización y autonomías hay una esperanza básica de un mejor entendimiento entre los españoles; pero también he de reconocer que si se desviara, y continuara siendo un entorpecimiento para la paz civil y la seguridad nacional, sería éste el obstáculo a la instauración definitiva y estable de las nuevas instituciones. La democracia gana con la descentralización y la autonomía; pero sería destruida, una vez más, por la anarquía, el desorden y el incumplimiento de la ley.

Por ello pienso que debemos ver todos con simpatía el complejo y a veces difícil camino que España está siguiendo hacia su democratización y regionalización.

5. FINAL

Quisiera, antes de terminar, regresar, de algún modo al punto de partida, y es la implicación de estos problemas españoles en el contexto de la unidad europea.

Y deseo afirmar, a este respecto:

Primero. España ocupa una situación geográfica muy importante, en uno de los nudos claves de la geopolítica actual; la línea que va de Baleares a Canarias, pasando por el estrecho de Gibraltar, es indudablemente uno de los sectores más importantes de la lucha por el poder mundial, ahora que África se ha convertido en un lugar de cambio político y de decisiones estratégicas; pero España es también un punto clave cultural, como parte fundadora de un conjunto de países (más de 20, con más de 300 millones de habitantes), que tienen un común patrimonio lingüístico, cultural y moral.

Segundo. España, sin renunciar a sus importantísimas conexiones americanas y africanas, es por geografía, por historia y por decisión vocacional, parte irrenunciable de Europa; nuestras relaciones comerciales, turísticas y migratorias nos sitúan como parte de una Europa, a la vez atlántica y mediterránea; de la que fuimos baluarte frente al avance islámico y la amenaza turca, y parte decisiva en las luchas de los siglos XVI y XVII, que nos hicieron estar presentes en Italia, Flandes, Alemania; y abiertos a todas las influencias, como lo atestiguan la arquitectura de Madrid o el contenido del Museo del Prado.

Tercero. Entre las varias ideas de cómo debe estructurarse Europa para una más perfecta unión, España (por su misma acusada personalidad y originalidad, y también por sus conexiones hispanoamericanas) cree más en una integración progresiva y que utilice a la vez todos los principios y procedimientos; cree, a la vez, en la Europa supranacional, basada en instituciones comunes que preparen una creciente integración federal del Parlamento Europeo; acepta la Europa de las regiones, porque defiende una política de equilibrio regional y de ayuda inteligente a cada una de ellas, y a la potenciación de su riqueza cultural; pero no renuncia tampoco a la Europa de las patrias, porque entendemos que sería un error empezar por destruir las unidades creadas por la Historia; so pretexto de nuevas integraciones; se trata de sumar por todos los medios y no de restar.

Cuarto. Dentro de un acatamiento básico de una filosofía política común, cada nación europea debe poder decidir con libertad las instituciones políticas y jurídicas concretas que mejor correspondan a su ser cultural y a su desarrollo económico.

Quinto. España espera de los demás países europeos comprensión y ayuda para resolver los problemas de su difícil transición histórica; y no es sometiéndola a nuevas pruebas previas, sino integrándola cuanto antes, como mejor se la podrá ayudar. Puede afirmar que, a lo menos en este punto, ningún partido político español ni personalidad pública dejaría de hacer la misma afirmación, como hace pocos meses lo hicimos, en una entrevista conjunta con el señor Natali, todos los portavoces de los Grupos Parlamentarios españoles.

Y ya sólo me queda agradecerles su atención, y someterme, con mucho gusto, a cualesquiera preguntas o sugestiones que ustedes deseen plantear.

6. Un testimonio relevante: Jovellanos y la crisis política en España

Los problemas españoles que Jovellanos planteó, en el terreno doctrinal, y las soluciones concretas que defendió, con el constante sacrificio de su vida ejemplar, siguen vivos y dándonos una lección permanente de los errores que hay que evitar y sobre cuál puede ser el verdadero camino para que España se encuentre por fin asentada en la convivencia pacífica, en una sociedad moderna y creadora.

En la España del siglo XVIII surgen «las dos Españas», o mejor las dos ideas de España, que nos van a enfrentar a lo largo de dos siglos. Una España tradicional, reaccionaria, aislacionista, resistente a los cambios culturales y económicos; otra España progresista, desarraigada, heterodoxa, europeísta, partidaria de cambiarlo todo. A lo largo de doscientos años dramáticos, las dos Españas se han zarandeado mutuamente, se han negado el pan, la sal y hasta el derecho a la vida; se han enfrentado a muerte en contiendas civiles interminables; ninguna ha logrado liquidar definitivamente a la otra, ni tampoco incorporarla, condenándonos a la mutilación, al exilio y a la esterilidad.

Jovellanos se alza, como un gigante, en medio; pero

fue un gigante desaprovechado y malherido; incomprendido y perseguido por las dos Españas. Los reaccionarios le encerraron siete años en el castillo de Bellver; los revolucionarios le calumniaron, lo mismo los afrancesados (como Cabarrús) que los anglófilos (como Blanco White) que los exaltados demócratas de Cádiz. Murió como había vivido, luchando, casi solo, por una España a la vez tradicional y moderna, católica y tolerante, en la cual las reformas bien pensadas y el aumento de la cultura rechazaran lo mismo a la reacción que a la revolución. El no hacerle caso nos hizo perder la gran ocasión de entrar por derecho en el mundo contemporáneo, como una gran nación, y nos mantiene en la inseguridad histórica; como una sinfonía incompleta de lo que pudo ser (y aún podría ser) un gran nudo hispánico, en el futuro de un mundo en crisis.

Hoy, que nos encontramos de nuevo, a caballo de dos ideas de España, y al filo de dos siglos (como Jovellanos y su tiempo), interesa mucho recordar aquella dramática experiencia de una vida asturiana, ejemplar por excelencia y para todas las estaciones.

1. A CABALLO DE LAS DOS ESPAÑAS Y AL FILO DE DOS SIGLOS

Es un tremendo privilegio el de una vida destinada a contemplar un cambio profundo de época y un desgarrón de la identidad de la propia sociedad. Jovellanos nace en un Antiguo Régimen en plena firmeza; muere después de la invasión napoleónica y de la apertura de las Cortes de Cádiz, en una España revolucionaria y romántica. Vive con intensidad la gran época renovadora de la Ilustración española; pero también el drama de sus disensiones. Porque el deseo legítimo de lanzar a España por el camino de las luces y del progreso económico tenía que producir, y produjo, tendencias diferentes: al lado de los que simplemente buscaban el reforzamiento del poder del Estado y la racionalización tecnocrática de la Administración (tendencia *regalista* de Macanaz y Campomanes), estaban los que comprendían que ello iba a afectar a la raíz misma del espíritu nacional, y mientras unos (como Aranda, Olavide y Cabarrús) se adhirieron a los planteamientos antirreligiosos y volterianos, otros quisieron el problema de la tradición modernizada por el camino del «cristianismo ilustrado» (Feijoo, Mayans y Siscar). Sólo Jovellanos, como bien explica quien a mi juicio le ha interpretado de modo más completo, Gaspar Gómez de la Serna (que aún espera el debido homenaje de los jovellanistas),[1] intenta asumirlos y superarlos a todos, en un *reformismo* auténtico y armonizador.

Jovellanos se mantiene equidistante entre el celo de cambiarlo todo, de un Cabarrús, y la apología incondicional de lo viejo, de un Forner. Ni revolucionario, ni apologista, se enfrentó con los sectarios del casticismo y del afrancesamiento, y fue más allá que los espíritus simplemente eclécticos y acomodaticios, vacilantes y contradictorios; como bien ha apuntado Valentín Andrés Álvarez (que podía entender a Jovellanos mejor que nadie, siendo como él un ingenioso hidalgo asturiano), sólo Jovellanos, «superando los extremismos y vacilaciones de su época, halló los puntos de equilibrio justo y trazó con ellos la trayectoria rectilínea de su vida y de su obra».

No comparto la idea de Sánchez Agesta de que haya *contradicciones* en Jovellanos. Personalmente, creo que no las hay; si bien se entiende su dialéctica vital, es decir, el momento de la Historia y de su vida en que dijo cada cosa, y los distintos medios de expresión que utilizó (el

1. Gaspar Gómez de la Serna, *Jovellanos, el español perdido*, dos vols., Madrid, 1975.

propio Jovellanos observó que las *poesías* no son *opiniones*), vemos una rara continuidad y coherencia en su obra y su pensamiento. Por otra parte (como señala el propio Andrés Álvarez), hay dos modos de situarse en un término medio: negar los dos extremos, o sentirse igualmente atraído por ellos. «El equilibrio de Jovellanos procedía de esta doble atracción; sólo le apartaba de lo nuevo su amor a lo viejo y viceversa.»

Otra clave de la coherencia de Jovellanos es su profundo y decidido patriotismo. Él nunca dudó ni renegó de España. El amor de Jovellanos a todo lo español es, por otra parte, un amor sin ceguera ni chauvinismo. Por eso recurre siempre a la Historia, para entender las instituciones, y para poner en su justo término las reformas. Su patriotismo total no es nacionalismo ciego; no es «amor propio», sino exigencia. Jovellanos se opone a la vanidad y al «celo indiscreto» de «enmendarlo todo» y de una vez.

Jovellanos está con todos y no se casa con nadie, salvo con España. No elude para ella las críticas más profundas ni los ideales más puros: pero a su servicio, para construir y no para destruir. En sus poesías, Jovellanos no elude la perfección utópica; sabe soñar como el que más: «vendrá aquel día, vendrá»; habrá «un solo pueblo», y «un solo común idioma», y «paz universal»; y una sociedad en la que «todo será común», y «será el trabajo pensión sagrada para todos»; en la que regirá para los hombres «una razón común» y sonará «un solo himno». No vacila en clamar contra los abusos de un sistema, en gran parte superado:

¿De qué sirve
la clase ilustre, una alba descendencia
sin la virtud?

Si los privilegiados no sirven a España:

Venga denodada, venga
la humilde plebe, en irrupción y usurpe
lustre, nobleza, título y honores.
Sea todo infame behetría: no haya
clases ni estados. Si la virtud sola
les puede ser antemural y escudo
todo sin ella acabe y se confunda.

Pero Jovellanos no propone ni amenaza: simplemente advierte; España no va bien, puede enfrentarse con la catástrofe de la derrota y la revolución:

Los talleres desiertos; del arado
arrumbado el oficio.
El saber sin estima, en trono el vicio,
la belleza a la puja, Marte airado,
sin caudillos las tropas...

Ésa era la España de Carlos IV y de Godoy. El que avisa no es traidor. Jovellanos no quería esa España, pero tampoco creía que para arreglarla hubiera que comenzar por destruirla; quería reformarla.

Jovellanos creía que debía hacerse, primero, por la educación; toda su vida promovió la enseñanza, la investigación y la cultura popular; el estudio de los grandes objetos en que está cifrada la humana sabiduría: Dios, el hombre y la naturaleza. Creía que debía hacerse por el recto uso del poder, y por eso aceptó cargos, incluso los más altos; le dolía que España no usara a sus hombres mejores, sino que los gastara, prefiriendo a los listillos mediocres. «Tuviera yo ocho días el mango para poner a cada hombre donde debe estar, y luego nos volveríamos los dos tan contentos a este rincón, para reírnos de todos.» Le movía una ilusión de España porque Jovellanos era hombre de ilusiones: y a quien se lo reprochara contestaba: «Alguno me dirá que todo es una ilusión, y es verdad; pero es una ilusión inocente, agradable, provechosa. Y ¿qué bien, qué gozo del mundo no es una ilusión sobre la tierra?»

Pero Jovellanos, capaz de concebir utopías y disfrutar ilusiones, era hombre de realidades y de realizaciones; lo supo demostrar, y propuso reformas viables y prudentes. Por desgracia, España y las circunstancias no supieron aprovecharla; fue un español perdido para su tiempo; lo que hace falta es que no se pierda también para el nuestro, que igualmente le necesita.

2. EL HOMBRE, SU MANERA DE SER Y SUS IDEAS

Jovellanos, como todo grande hombre, es una figura compleja y difícil; no se le abarca de una sola mirada. Como muchas almas superiores y solitarias, le encubre una capa de melancolía y de timidez, que no es de una facilidad simpática. Y, sin embargo, el balance es enormemente positivo: Jovellanos es un patriota, de la patria chica y de la patria grande; es un buen hermano y un buen amigo; es profundamente religioso y de una moral insobornable; es un gran trabajador y un espíritu verdaderamente abierto y cultivado; sus ideas eran realistas y sanas, y el tiempo le ha dado la razón.

Era un solitario, y muy sensible. Su primera vocación fue hacia la carrera eclesiástica, y le faltó poco para tomar órdenes y ser canónigo de Tuy. Ello marcó indudablemente su vida; a pesar de sus poesías, no parece claro que tuviera experiencias amorosas propiamente dichas; su vida, a pesar de su buena presencia, fue siempre la de un solterón honesto, y desde que dejó Sevilla (a los 34 años), sin rastros de ninguna tentación. En un siglo galante, ello le llevó (lo reconocen sus mejores amigos, como Ceán) a una cierta tendencia a la afectación, e incluso a una cierta rigidez formal en el trato, que le hizo ganar fama de pedante y antipático.

Y, sin embargo, sus *Diarios* y su correspondencia demuestran que era un alma sensible y cariñosa; la forma en que habla de sus padres y hermanos, o escribe a su hermana monja, y los amigos íntimos y leales que mantuvo toda su vida, así lo demuestran. Más aún, Jovellanos se moja, como suele decirse, por sus amigos en desgracia (como Cabarrús), incluso los que a él le han dejado en la estacada, como su paisano Campomanes, que nunca está dispuesto a «ser heroico». Cuando el atacado fue el propio conde, al que se quiso privar de la dirección de la Real Academia de la Historia, obra suya, Jovellanos dará la cara por él: «Campomanes no se hubo jamás con Jovellanos como debía; pero Jovellanos jamás desmentirá el respeto que profesa a sus virtudes, ni la compasión con que mira sus flaquezas.»

Jovellanos ya vimos que fue siempre, ante todo, español. Fue también, antes que nada, asturiano. Cuando se le destierra, uno de los cargos que se esgrimen contra él es que, siendo tan asturiano y amigo de sus paisanos, es peligroso en el Principado. El ministro Caballero habla de «su no disimulado espíritu y afición a sus paisanos»; y el venenoso Blanco White menciona también que «su ciega parcialidad por los naturales de Asturias le hizo el más impopular de los ministros».

Estas acusaciones eran injustas. Aparte de que es lógico amar y defender la tierra de cada uno, y encontrar en ella personas de especial confianza, la Asturias de aquel tiempo era una de las regiones más adelantadas en ideas de toda España. Oviedo, con 6 700 habitantes, Gijón, con 6 300, y muchas casas nobles y conventos con buenas bibliotecas, eran un faro de la Ilustración española. Fue decisiva la influencia de los asturianos, a lo largo de tres generaciones: la de Feijoo (gallego, pero que pasó en el monasterio benedictino de Oviedo los más creadores años de su larga vida, que se extiende de 1676 a 1764); la de Campomanes, gran promovedor de vocaciones reformistas (1723-1803); y la del propio Jovellanos (1744-1811). Por lo demás, en su patriotismo grande y chico, Jovellanos siempre contrapuso el «amor público» al «egoísmo».

Jovellanos fue, lo dijimos ya, auténticamente religioso; con razón han destacado Menéndez Pelayo y, más recientemente, Sánchez Agesta, la «hermosa armonía de su espíritu religioso y las nuevas ideas del siglo».[2] Fue motejado de jansenista y de regalista; pero en ningún momento se ha podido encontrar en su obra ni en su conducta rasgo alguno de heterodoxia. Todos igualmente reconocen su moral insobornable; su integridad; su rechazo de regalos y otras corrupciones; la rectitud y discreción de su vida.

Fue un trabajador infatigable; su obra, extensa, importante y bien escrita, es la de un verdadero polígrafo; impresiona leer lo mucho y bueno que escribió. Pero su vida no transcurrió entre libros; viajaba constantemente; se informaba de todo; realizó construcciones, obras públicas, reformas educativas; lo mismo escribía poemas que dictámenes, y lo mismo arreglaba archivos y bibliotecas que archivos y puertos.

Fue un espíritu abierto y decidido; magistrado, no se quedó en la mera lógica jurídica, sino que penetró en el sentido del Derecho patrio, en la historia de las instituciones; sabía todo lo que se publicaba, en francés y en inglés; y en las famosas tertulias de Olavide, Asistente

2. L. Sánchez Agesta, *El pensamiento político del despotismo ilustrado*, segunda edición, Sevilla, 1979.

de Sevilla (oasis de ilustración en una de las ciudades más conservadoras de España) y de Campomanes, la más completa de Madrid, trató a cuanto lucía en la feria de ingenios de su tiempo. Su correspondencia con lord Holland y con centenares de otras personalidades es una de las más ricas y válidas de aquella era grafómana.

Y, en fin, Jovellanos fue creando un sistema de ideas válido y realista. Jovellanos es plenamente consciente de que para mejorar a España hay que convencerla. Ese fenómeno nuevo de la «opinión pública», Jovellanos lo captó perfectamente, y el concepto reaparece a menudo en sus escritos. Hablando de su querido Instituto de Gijón, dice: «No es la protección, ni las riquezas, ni los pomposos títulos, ni los vanos aplausos lo que recomiendan los institutos públicos. Todo esto pasa: y la duración y extensión del bien que hacen, forman la única medida de su aprecio en la *opinión pública.*» En otra ocasión dice: «Sin la *opinión pública* ningún Instituto puede prosperar.» Hablando del mismo honor, dice que «la *opinión pública* le da y le quita».

Hay, pues, que cambiar la *ideología* dominante en España. Jovellanos usa esta moderna expresión, en el sentido neutral de sistema de ideas; así, en la *Memoria sobre la educación pública* (1802), dice, al tratar de la ética: «He aquí el último punto a que hemos procurado conducir el estudio de la *ideología.*» Él había conocido, en Alcalá, la Universidad anticuada y decadente, perdida en figuras de baja escolástica, en vez de estudiar las realidades de la naturaleza y de la sociedad. Todo ello debe cambiar por la ilustración; lo que presupone remover los obstáculos que se le oponen.

Jovellanos alaba a Carlos III por haber puesto el peso de la Monarquía del buen lado en este proceso. En su clásico *Elogio de Carlos III*, dice Jovellanos: «Determinado este piadoso soberano a dar entrada *a la luz* en sus dominios, empieza removiendo los estorbos que podían detener sus progresos.»

Pero Jovellanos no es un ingenuo; sabe que está en medio de una *revolución cultural*, y también se pone en guardia contra la manipulación de las nuevas ideas; advierte de los «funestos errores» que han difundido «sectas corruptoras» y «asociaciones tenebrosas», por medio de «escritos impíos». Aunque no defiende la inmediata *libertad de imprenta* (en todo es partidario del gradualismo), Jovellanos señala que frente a esta guerra cultural es inútil el prohibir sin más los libros que las exponen; las ideas llegan de todos modos, y, cuanto más prohibidas, más seducen a la juventud; en definitiva, el único dique es «la buena y sólida instrucción».

A planear un nuevo sistema educativo dedicó Jovellanos sus mejores esfuerzos, teóricos y prácticos. Pero la instrucción pública no es sólo para mejorar los espíritus, sino para cambiar la vida. La ciencia desemboca en la economía. Corresponde también a Carlos III «la gloria de convertir enteramente sus vasallos al estudio de la economía». Gracias a él, «la nación empieza a tener economistas».

Jovellanos contribuyó decisivamente a la difusión de las ideas económicas clásicas, en numerosos e importantes escritos. Mas para él, como para Adam Smith y sus grandes contemporáneos, la economía es economía política; es una visión general de la sociedad, de la ética social y de la reforma política.

El *Informe sobre la ley agraria*, la obra capital de Jovellanos, es por ello más que un informe económico. En cierto modo es una reforma constitucional, puesto que la tierra era entonces la fuente de todo poder social. Jovellanos entiende que el objeto de la sociedad es la *felicidad* general; es decir, «aquel estado de abundancia y comodidades que debe procurar todo gobierno a sus individuos»; reiteradamente define como fin principal del Estado «la abundancia y la prosperidad».

Maquiavelo habló de las «buenas armas y las buenas leyes», como fundamento del Estado. Jovellanos, significativamente, habla de «buenas leyes, buenas luces y buenos fondos»; lo que quiere decir «una nación justa, instruida y rica». Para él la guerra sólo debe ser defensiva: «un Gobierno ilustrado jamás emprenderá una guerra». Defiende por ello la nobleza, como necesaria política y socialmente; pero no una nobleza puramente militar, sino a la inglesa, promotora del desarrollo cultural y económico.

La idea básica de Jovellanos es típicamente librecambista: el hombre y la sociedad tienden naturalmente, en busca de su interés, al equilibrio y al progreso; pero para hacer posible el librecambio, el Estado debe actuar, removiendo los estorbos, a la libre circulación de ideas y de bienes. La política legislativa debe inspirarse en el principio de que la ley, más que *estimular*, debe actuar *quitando estorbos y removiendo obstáculos*, a la «natural tendencia» a la perfección natural, promovida por el interés personal. Las leyes (en una idea típicamente liberal), «reducirse a proteger el interés particular de sus agentes», removiendo los estorbos políticos (leyes equivocadas), morales (opiniones erróneas) y físicos o naturales, por medio de eficaces obras públicas.

Todo ello, en fin, debe hacerse de modo progresivo o cíclico, no revolucionario. La idea básica de Jovellanos es la de un *orden social dinámico*, que va mejorando de modo constante, continuo y flexible. Éste es un principio no sólo sociológico, sino filosófico y pedagógico: «en la indagación de la verdad es preciso guardar aquel orden que existe entre los conocimientos humanos; *orden esencial y necesario* que reúne entre sí las verdades metafísicas, sin el cual es imposible poseerlas». Por ello, el hombre «debe percibirlas por el *orden gradual* que hay entre ellas mismas». Lo mismo ocurre con el progreso social; no se pueden quemar las etapas, y los distintos intelectos como las diferentes sociedades pueden, en su respectivo desarrollo, seguir «variedad de rumbos».

3. LA RUEDA DE LA FORTUNA

Jovellanos iba por buen camino de poder realizar sus planes; muy joven ocupó puestos de influencia en la sociedad y en el Estado; cargos, comisiones, academias; era conocido y estimado por la mayoría de las personas influyentes. Y llegó a ministro en un momento decisivo. Cabe soñar con lo que pudo haber sido y no fue, si España, en vez de seguir la suerte revolucionaria de Francia, hubiera, con Jovellanos, acertado con el sendero reformista de Inglaterra. Nos ocurrió lo peor: ni conservamos nuestra sociedad, reformándola; ni hicimos nuestra propia revolución, sino que nos la hicieron.

Ésta fue la terrible tragedia de Jovellanos, y ver que, en el ocaso del Antiguo Régimen, fueron hombres como Godoy los que tuvieron el poder; y que cuando el nuevo reinado de Fernando VII parecía ofrecer nuevas posibilidades, la barbarie de la guerra y de la reacción populachera barrió toda posibilidad de reforma.

El estallido de la Revolución francesa dividió a la Ilustración española, hasta producir el terrible hecho del «afrancesamiento»; y empezó a producir impactos militares, diplomáticos y de toda índole, en un país acostumbrado a los Pactos de Familia. En 1792, la Revolución ha rebasado ya todos sus diques; Jovellanos sigue los acontecimientos, absorto y preocupado, desde Asturias; en Madrid, Godoy consolida definitivamente su poder, relevando a Aranda en la Primera Secretaría de Estado. Llega el trágico 93; la muerte de Luis XVI impresiona a Jovellanos, que se confirma definitivamente en contra de las ideas revolucionarias, y en una combinación de conservantismo y reformismo, como la que por entonces defiende Burke en Inglaterra, habla de «la feroz quimera», de «la bandera tricolor impía», de «sus dogmas y cuentos mitos», compadece a la «loca nación» vecina.

Sin saberlo Jovellanos, Cabarrús aconsejó en la Corte a Godoy que para conservar su poder, en medio de tantos enemigos y envidiosos, tenía que nombrar a un par de ministros de verdadera altura y respetados por todos. Así lo fueron Jovellanos y su amigo Saavedra, levantando de pronto grandes esperanzas en una nación agobiada por la crisis.

Godoy comenzó nombrando a Jovellanos embajador en Rusia; según dice en sus memorias, para distraer a sus enemigos, y, teniéndoles distraídos, poderle promover a ministro de Gracia y Justicia. Los dos nombramientos sorprendieron a Jovellanos; se dio cuenta de que se iba a meter en una situación dificilísima y con pocas posibilidades de éxito. Nada más llegar a la Corte lo comprobó, en la famosa comida en casa de Godoy, que le recibió en medio de sus dos mujeres, la legítima (y princesa), condesa de Chinchón cuya romántica fisonomía inmortalizó Goya, y la bellísima Pepita Tudó.

Todo hace pensar que Godoy se limitó a hacer una jugada de prestigio, del lado de los reformistas, a la vez que los ridiculizaba, en un momento en que él mismo se vio en peligro.

Por su parte, Jovellanos jugó honestamente; desde que había comenzado la carrera ascendente del Príncipe de la Paz, había intentado llevarle al buen camino, con cartas importantes e inteligentes; pero todo era inútil ante un hombre esencialmente vano, oportunista y corrompido.

La gestión de Jovellanos en sus breves nueve meses (el tiempo de un embarazo) es difícil de enjuiciar. Reorganizó la administración de su importantísimo departamento, y puso en marcha proyectos importantes, sobre todo en relación con su tema favorito, la educación. Pero es indudable que Jovellanos no era un buen cortesano; que su intento de cortar la corrupción en una Corte corrompida era muy difícil, y en definitiva no le dieron tiempo para nada. Nueve meses, en el estado de las comunicaciones entonces, equivalen hoy a una gestión ministerial de un mes. Contrario por principio a toda improvisación, no podía pedírsele que él la intentara, precisamente desde el Gobierno.

Por eso resultan incomprensibles los comentarios que se han hecho a la «esterilidad de su paso por el poder» (A. del Río). Blanco White fue el primero en decir que «como ministro encargado de distribuir con sus propias manos los bienes de la Corona... defraudó las esperanzas de la nación». Jovellanos nunca tuvo realmente la posibilidad de acometer la reforma agraria, ni otra alguna a fondo.

Jovellanos intentó decirle al Rey la verdad sobre el grave estado de la nación y de su propia casa; pero Carlos IV había nacido para engañado, y fue a contárselo a la Reina y a Godoy, con lo que la pérdida de Jovellanos era segura. Ése y no otro fue el motivo de su caída; ni María Luisa ni Godoy estaban dispuestos a que la verdad se aclarase. Lo demás fue fácil; incluso encontrar a cortesanos que encontrasen a Jovellanos frío, distante, afectado y poco práctico. Jovellanos dirá más tarde: «Algunos me tacharon de agrio en la Corte, porque es muy fácil equivocar *la tristeza con la seriedad y porque en aquella miserable turbulenta época* no pude dar un instante con mi ordinario buen humor, ni con la dulce serenidad de mis días antiguos.»

El 15 de agosto de 1798 cesaron Saavedra y Jovellanos; a éste se le nombra consejero de Estado, pero ordenándole que resida en Asturias, donde se le encargan diversas comisiones. Jovellanos (tras un probable intento de envenenamiento y una cura de aguas) vuelve, frustrado pero feliz, al Gijón de sus amigos. Pero la tormenta no ha hecho más que empezar; los reaccionarios le tienen ahora a su merced; se intenta revivir un viejo proceso inquisitorial (como contra Macanaz y Olavide). Y una carta de Pío VII (Papa en 1800) a Carlos IV es utilizada contra él, cuando (tras hacer a la Corona algunas concesiones económicas) pide al Rey que aparte de su lado a «aquellos hombres que, engreídos de una falsa ciencia, pretendían hacer andar a la piadosa España caminos de perdición».

Caballero aprovechó la ocasión, con la connivencia de Godoy, para perseguir a Jovellanos, presentándole como un innovador peligroso, que lo es particularmente en Asturias, donde se ha situado «en un verdadero despotismo, independencia y libertad». Siete terribles años de prisión, sin causa, seguirán para Jovellanos: pocas veces un encarcelamiento condena más a los que lo impusieron y sublima a la víctima.

4. LAS LLAMAS DE LA HOGUERA DE ESPAÑA

En esos siete infames años España consumó la tragedia continuada que la lleva inexorablemente a los desastres de 1808. Como ocurre tantas veces, momentos antes de estallar la catástrofe, pareció que las cosas se iban a arreglar. Nunca sabremos lo que habría ocurrido si en lugar de estallar el Motín de Aranjuez, la Corte española hubiera podido (como la portuguesa) pasar a América; ni tampoco lo que hubiera pasado si, destronado Carlos IV, y defenestrado Godoy, Fernando VII hubiera podido presidir un período renovador. Lo cierto es que lo que tuvimos fue el Dos de Mayo, la tragicomedia de Bayona, una guerra espantosa, la pérdida del Imperio americano y una salida en falso hacia la reforma política, que fueron las Cortes de Cádiz.

Y a Jovellanos le tocó presenciar, impotente, la nueva ocasión perdida; y ver cómo su sacrificio había sido inútil, pues si bajo Carlos IV se le consideró demasiado reformista, ahora se le iba a tachar de excesivamente prudente y conservador.

El Motín de Aranjuez, donde realmente comienza la historia contemporánea de España, produce también la libertad de Jovellanos; abriendo, al mismo tiempo que el portón del castillo de Bellver, la fase más dramática de su accidentada biografía.

Al desembarcar en Barcelona, tuvo ya plena conciencia de la gravedad de la situación: «Todo está ya perdido sin remedio.» En Zaragoza se ve zarandeado por el *populo barbaro*, que desconfía de lo que fueron sus clases dirigentes; advierte a Palafox de «los peligros que podían resultar de la turbación y la falta de orden que se advertía en el movimiento del pueblo».

Logra, por fin, un período de descanso, de información y de reflexión en Jadraque, en casa de unos fieles amigos. Allí le llegan todas las propuestas y todas las tentaciones de unos y otros; incluso el nombramiento de ministro del Interior de José I, que le nombra a propuesta de Urquijo, y en cuya aceptación le presiona, inútilmente, su viejo amigo Cabarrús.

Jovellanos, meditadamente, toma partido por España y por su pueblo, aunque, una vez más, no le comprendan. Se ha pronunciado por «la causa de mi patria, que es la causa del honor, de la justicia y de la humanidad». Y escribe, con firmeza, contestando a Cabarrús: «España no lidia por los Borbones ni por los Fernandos; lidia por sus propios derechos, derechos originales, sagrados, imprescindibles, superiores e independientes a toda familia o dinastía.» España «lidia por su religión, por su constitución, por sus leyes, sus costumbres, sus usos; en una palabra, por su libertad, que es la hipoteca de tantos y tantos sagrados derechos».

Constituida la Junta Central, tras la victoria de Bailén, Jovellanos será nombrado miembro de la misma, en representación de la Junta de Asturias. Allí realizará un trabajo extraordinario, pero en medio de la inoperancia de un organismo poco adecuado para aquellas difíciles circunstancias, y presidido por el octogenario conde de Floridablanca.

Una vez más, en Jovellanos se encontrará un hombre recto en una mayoría de seres complicados: unos demasiado conservadores, otros oportunistas, otros demasiado avanzados. Uno de estos últimos, su paisano el conde de Toreno, dirá del Jovellanos de la Junta Central que era «suave de condición, pero demasiadamente tenaz en sus propósitos», de modo que «a duras penas se le desviaba de lo una vez resuelto»; al paso que «de ánimo candoroso y recto, solía ser sorprendido y engañado».

La fortuna de la guerra cambió con la venida en persona de Napoleón, y se vieron más claros los defectos de la Junta Central, lenta e inoperante en sus decisiones, sin que pudieran evitarlo los esfuerzos del propio Jovellanos y de dos de los miembros más jóvenes, que le eran muy adictos, Calvo de Rozas y Quintana. Tras la marcha a Sevilla y a Cádiz, la Junta fue reemplazada por una Regencia y por el extraordinario experimento de las Cortes de Cádiz.

Pero éstas no tomaron, desgraciadamente, el camino prudente de las reformas que Jovellanos hubiera deseado. Él se había concentrado, justamente, en el trabajo de preparación de las Cortes y su convocatoria; pero sus buenos criterios de unas Cortes bicamerales y un fuerte ejecutivo no prosperaron, abriéndose en su lugar un período constituyente, con un gobierno débil. De 1810 a 1976, la historia se va a repetir muchas veces.

La gran documentación recogida por Miguel Artola en *Los orígenes de la España contemporánea* revela que las Cortes de Cádiz fueron bien preparadas. Si luego tomaron otro camino, no fue culpa de Jovellanos.

5. JOVELLANOS Y LA REFORMA CONSTITUCIONAL

Porque fue justamente en este período dramático cuando su pensamiento alcanzó las cotas más altas de visión y de profundidad, Jovellanos era consciente de que el gran movimiento popular que supuso la guerra de la Independencia podía y debía ser aprovechado para la reforma política; pero él quería una reforma desde la tradición y en la continuidad, a la inglesa, y no un salto revolucionario en el vacío, a la francesa, como el que en definitiva se produjo para mal de España.

Numerosos textos aclaran su pensamiento. Así, le escribe a lord Holland: «Nadie más inclinado (que yo) a *restaurar* y *afirmar* y *mejorar*; nadie más tímido en *alterar* y *renovar*... Desconfío mucho de las *teorías* políticas y más de las *abstractas. Creo que cada nación tiene su carácter*; que éste es el resultado de sus antiguas instituciones; que si con ellas se altera, con ellas se repara; que otros tiempos no piden precisamente otras instituciones, sino una modificación de las antiguas.»

La evolución y la reforma son buenas; las revoluciones son malas. «Nada bueno se puede esperar de los revolucionarios en el Gobierno, y todo de la mejora de las ideas; las ideas deben proceder de la opinión general; es inicua siempre la guerra civil.» Esta idea es fija en Jovellanos desde 1793; en sus *Diarios* reaparece constantemente. No hay que esperar de la revolución, esa «feroz quimera», la «reforma del mundo».

Por otra parte, las cosas no se pueden hacer *de repente*; la reforma, para ser real, ha de actuar de *modo progresivo.* «Estoy persuadido de que el medio más seguro de no hacer nada por el bien de una nación es querer hacerlo todo.»

Jovellanos ha asimilado la mayor seguridad y eficacia del modelo británico de desarrollo político sobre el francés. Por cierto que tiene que explicárselo a sus propios amigos liberales ingleses, demasiado entusiasmados con los cambios políticos en España. Es particularmente interesante la correspondencia de Jovellanos con «Jardines» (Hardings), uno de los más interesantes viajeros y agentes de Inglaterra en España, cuando le dice: «Usted aprueba el espíritu de rebelión; yo no, lo desapruebo abiertamente, y estoy muy lejos de creer que lleve consigo el sello del mérito», añadiendo que «llevar más adelante las reformas sería ir más atrás». Para Jovellanos, «los medios de reformas nunca deben ser dirigidos a destruir, sino a mejorar; nunca a subvertir el orden establecido para sustituirle por otro nuevo, sino a dar la mejor dirección posible al orden establecido».

Jovellanos se opone terminantemente a las ideas de Rousseau sobre el estado de naturaleza y el contrato social. La sociedad es necesaria, es natural y no artificial; el estado de naturaleza es simplemente la «barbarie primitiva». La sociedad no existe sin ley ni instituciones. «Unos derechos fundados sobre esta absoluta libertad e independencia son enteramente quiméricos.» El hombre tiende a «la asociación general»; el «estado social es conforme a su naturaleza». Los «derechos sociales» no son los primitivos de las primeras sociedades, sino «tales cuales se hallan después de modificados por la institución social en que nace». La sociedad es, por ello, inseparable de sus propias jerarquías y distinciones, y, sobre todo, del *principio de autoridad.* «El hombre social no puede vivir sin leyes, porque la sucesión a ellas es el precio de todas las ventajas que la sociedad les asegura.»

Si la *organización* política y jurídica es *necesaria,* no tiene un modelo único e indispensable. Jovellanos estima que «el estado moral de las naciones no es uno, sino tan diverso como sus gobiernos». Luego, «no todas se pueden proponer un mismo término en sus mejoras». Han de proceder «siguiendo el *progreso natural* de las ideas»; cada una «debe buscar lo que esté más cerca de su estado, para pasar a otra mejor».

A partir de estos supuestos, Jovellanos concluye que la Constitución no es un documento cerrado y dogmático, fruto de una ideología; sino «un producto de la realidad, un hecho diríamos histórico-experimental».[3] Jovellanos se pasó gran parte de su vida elaborando este concepto de la Constitución como idea básica de todo sistema político; la concibe como «las grandes bases regional y efectivamente dadas en la realidad de cada época, según las cuales se va articulando la ordenación jurídico-política».[4] Yo he defendido siempre la misma idea:[5] la de la Constitución como una realidad compleja, que resulta de la ordenación de todas las instituciones políticas y jurídicas, y no de un papel en el cual se escriba una ideología, o un compromiso entre varias. Ello nos lleva a una visión dinámica de la Constitución, en busca permanente de restauración y de reforma.

No es difícil para nosotros verlo, tras los fracasos de

3. Cf. G. GÓMEZ DE LA SERNA, ob. cit., vol. I, p. 175.
4. G. GÓMEZ DE LA SERNA, ob. cit., vol. I, p. 166.
5. Ver mi libro *La crisis del Estado,* 1.ª ed., 1955; 2.ª ed., 1958; y mi monografía «La Constitución como ordenamiento de las instituciones políticas y jurídicas», en *Anuario de Filosofía del Derecho,* 1955.

1812, 1837, 1845, 1869, 1876 y 1931. Y, sin embargo, hemos vuelto a las andadas en 1978. Jovellanos supo advertirlo a tiempo, antes de empezar, y casi dos siglos le han dado la razón. Jovellanos no quería la apertura de un «período constituyente». Había ya una Constitución, un conjunto de leyes fundamentales, que limitaban la soberanía real, en el ejercicio de los tres poderes: legislativo, ejecutivo y judicial. Lo que se debía hacer era aclararlas, ponerlas al día y depurarlas de abusos.

Jovellanos era totalmente contrario a otros puntos de vista que, «so pretexto de reformas, traten de alterar la esencia de la Constitución española». Y por esò también, liberal profundo, Jovellanos no aprobaba la inmediata libertad total de la imprenta: «Esta libertad será buena como parte de una Constitución ya hecha y que sea buena también.

Si Jovellanos estaba contra los radicales, igualmente se opone a la actitud de los reaccionarios que, aún más desconfiados, no querían reformas, ni siquiera que se convocaran las Cortes; aludiendo, entre otros argumentos, al desbordamiento de los Estados Generales franceses en 1789. Jovellanos cree que las Cortes son necesarias, y que lo que debía evitarse era el que se rodeasen del mismo ambiente que perturbó la reunión de Versalles (prensa explosiva, clubs subversivos, etc.).

Jovellanos, en fin, deseaba unas Cortes a la vez tradicionales y reformadas, con dos brazos (a la inglesa) y un veto eficaz del ejecutivo; así como un término preciso (de seis meses) para su actuación.

Decidido partidario del modelo británico de reformas graduales, Jovellanos rechaza la idea de soberanía popular y defiende la de Monarquía limitada; limitación que corresponde a unos Tribunales independientes y a unas Cortes bicamerales (ni estamentales, ni de Cámara única). Y en vez de un texto dogmático, leyes sucesivas, ordenadas y progresivas: «El progreso supone una cadena graduada y el paso será señalado por el orden de sus eslabones. Lo demás no se llamará progreso, sino otra cosa. No sería mejorar sino andar alrededor; no caminar por una línea, sino moverse dentro de un círculo»; es, pues, «necesario llevar el progreso por sus grados». Y esto ha de hacerse, no desde el vacío, sino desde lo existente: «Conviene que cada nación trabaje por mejorar su sistema, aunque erróneo, para acercarse más a otro mejor o menos malo.» Hasta las formas tienen importancia por su valor simbólico e integrador: «Usted conoce como yo —escribe Jovellanos a Holland, en 1804— cuánto importará en esta materia conocer las formas antiguas y observarlas en cuanto las circunstancias lo permitan.»

Las Cortes de Cádiz tomaron el otro camino: una Constitución nueva, doctrinal, radical; no el de las reformas prudentes y graduales que pedía Jovellanos. Éste no participó en ellas; hubo de abandonar Cádiz de mala manera; el resultado está a la vista. Sólo le alegró la noticia de que otro asturiano, «nuestro Agustín Argüelles», llevaba la voz cantante en las Cortes. «No conozco bien sus principios, aunque le tengo por muy instruido y también por hombre de juicio y esto me consuela mucho.» Pero el «divino Argüelles» carecía en profundidad lo que le sobraba en brillantez. Si bien es ésta ya otra historia.

FINAL: CULMINA LA TRAGEDIA DE JOVELLANOS Y DE SU ESPAÑA

Como dijo el doctor Marañón en su magistral conferencia de 1958, la obra de Jovellanos, «como toda la obra de los precursores, se amasó como amargura», añadiendo que «está cada día más vigente».

Podemos confirmar este juicio veinte años después. Jovellanos sufrió sus últimas persecuciones y destierros en medio de la cobardía de todas las derrotas. Pide retirarse a Asturias; la Regencia le da licencia para ello; sale con dificultad de Cádiz; arriba a Muros, en Galicia, y allí escribe su ejemplar *Memoria en defensa de la Junta Central*, impresa en La Coruña, que es su canto del cisne y el mejor elogio del reformismo posible, así como la más definitiva crítica del radicalismo.

Ha llegado la hora del viaje definitivo. Jovellanos tiene casi 67 años; 43 de servicios al Estado; ha vivido los años terribles de la decadencia y la corrupción, y después los desastres de la guerra y las tinieblas del futuro. «Todo lo hemos perdido, mi querido lord —escribe a Holland—: estado, honor, patria, existencia; todo lo hemos perdido.» Y ya en el terreno personal: «Ya no tengo ni bienes, ni libros, ni hogar y ni siquiera tengo patria...»

Porque la misma Asturias ha sido ocupada por el invasor: «Siempre me había consolado, entre tantas desgracias que llovían sobre mí, la idea de que si España perecía, Asturias sería la última en recibir el yugo.» Jovellanos soñaba con una última Covadonga, y a lo menos con poder rendir el alma en su amada Asturias. Aun esto estuvo a punto de serle negado.

Jovellanos sabe que va a morir. Alma tierna y sensible, más que «celebrado con aplauso», quiere ser «recordado con lástima y ternura». Logra, por lo menos, terminar en un rincón de Asturias; pero no en paz. Son conocidas las últimas y dramáticas palabras: «Mi sobrino... Junta Central... La Francia... Nación sin cabeza. ¡Desdichado de mí!»

España quedaba, realmente, sin cabeza; y con la de Jovellanos perdía una de sus mejores cabezas. Es tremendo recordar aquella ocasión perdida y aquel gran español perdido, como tantos otros. Todo aquello nos llevó a un siglo de enfrentamientos y desastres.

Que, ante una nueva coyuntura histórica del máximo alcance, el ejemplo de Jovellanos nos conmueva y nos mueva a luchar por una España, otra vez en peligro.

7. El orden público[1]

La sesión de hoy va a abordar un tema vital para la sociedad española, y candente ante la opinión nacional. No es, desgraciadamente, lo normal en este salón: desde primeros de septiembre nos venimos reuniendo para asuntos de trámite, y eludiendo cuidadosamente los grandes problemas nacionales, como si éstos no existieran para el Congreso, y así muy serios acontecimientos de política exterior, como nuestra política en Naciones Unidas, en el Norte de África, o en las relaciones con la CEE, han sido ignorados por esta Cámara; o en materia económica, negociaciones importantes y planes para el nuevo año, han sido presentados en otras instancias, lo que sería inconcebible en cualquier Parlamento. Hoy vamos a hablar, por fin, del orden público; desde diciembre de 1977, Alianza Popular viene reclamando una consideración global de cuestión tan trascendental. Dijimos entonces (y así constó en las páginas 1604 y siguientes del *Diario de Sesiones*) que nuestro Grupo pedía «*un planteamiento amplio, si se quiere de verdad hacer una investigación del orden público en España*», y que «*este tema tiene que ser investigado llegando hasta las últimas consecuencias*». En

1. Discurso en el Congreso de los Diputados (8 de noviembre de 1978).

diversas ocasiones hemos insistido en el mismo tema; y así, el 12 de abril de este año, con motivo de los graves incidentes producidos en San Sebastián, Bilbao, Vitoria y Pamplona, con motivo de la celebración del Aberri Eguna, pedimos una comisión de encuesta; la Mesa rechazó la propuesta, pero aceptó una misión investigadora a cargo de dos de nuestros secretarios, que hasta ahora, que sepamos, no han producido informe alguno. Hemos participado en la redacción de diversas mociones con motivo de algunos de los atentados más graves; pero, a partir del asesinato del general Sánchez Ramos y de su ayudante, hicimos público nuestro propósito de no participar en nuevas y cada vez menos respetables declaraciones de condena, pidiendo en cambio que cada Grupo se pronunciara, como efectivamente ocurrió en la memorable sesión del 21 de julio, en la que (triste coincidencia) después aprobamos el texto constitucional.

Los magros resultados (para decirlo del modo menos inconveniente) de las dos comisiones de encuesta, que examinamos en la presente sesión, nos confirman en que el camino tomado no fue el bueno. Es pues, necesario, que nos enfrentemos con el problema global del orden público y la seguridad nacional, de modo completo, realista y preocupado.

Porque todos sabemos que las cosas distan mucho de ir bien. Después de casi tres años de la transición política; después de más de uno de las elecciones; tras los pactos de la Moncloa y la famosa amnistía, resulta que vamos de mal en peor. Y todo el mundo es consciente de ello, como lo revela la reciente encuesta del Centro de Investigaciones Sociológicas, publicada por *Blanco y Negro,* sobre cómo están aumentando la inseguridad y el miedo de los españoles, puesto que el 7 % se sienten «nada seguros» y el 29 % «poco seguros».

A lo largo de 1977 ha habido más de 600 atentados

con explosivos, más de cien desactivados, y centenares de alarmas de este tipo; cerca de un centenar de robos de armas y explosivos, y numerosas incautaciones de ambos. En 1978 (hasta septiembre) las cifras correspondientes rebasan los 700, 110, 675 y 120, respectivamente.

Sobre un total de 36 muertos en 1977, sólo 4 son terroristas; de 744 heridos, 3 terroristas. En 1978 (nueve meses) los muertos han sido 59, y los heridos 627, pero sólo 6 y 1, respectivamente, son terroristas. Huelga decir quién parece ir ganando; y ahí no están las espantosas cifras de octubre, ni las de la semana de noviembre, que elevan la cifra de muertos a 27. De enero a septiembre de 1978, los grupos terroristas han realizado 92 atentados, con 27 asesinatos; han lanzado 87 cócteles Molotov; han provocado 29 incendios serios; han lanzado centenares de amenazas telefónicas; han multiplicado los atracos, siendo por lo menos 50 directamente atribuibles a los mismos; han robado 120 vehículos para sus acciones criminales; han realizado 88 acciones graves con explosivos.

En cuanto a la delincuencia común, me limitaré a hacer referencia a los datos hechos públicos por la Memoria Fiscal del Reino; y debo añadir que tengo razones para pensar que, en adelante, hay instrucciones de la Subsecretaría de Orden Público para que se cambie el sistema de la estadística delictiva, «afeitando» los aumentos en lo posible. La Memoria citada indica un aumento en el número de delitos, para 1977, superior al 25 %; aumentando las diligencias previas en 107 531 (20,5 %); las diligencias preparatorias en 4 418 (6,5 %); las sentencias dictadas en 1 117 (12 %); los sumarios en 1 100 (11 %), y el total de procesos en 72 286 (32,08 %), lo que por cierto no tiene nada de irrelevante, unido a 100 000 causas más en los Juzgados de distrito. Los delitos comunes, a partir de 1974, han crecido en un 120 %; debe tenerse en cuenta que ha descendido mucho el número de denuncias, por cansancio del público, pues los servicios, desbordados, tienden a concentrarse en los casos más importantes. En algunos sectores, el aumento es espeluznante, como por ejemplo en el epígrafe «atracos»: se pasa de 204, en los primeros siete meses de 1974, a 2 468 en igual período de 1978, con un crecimiento del 1 110 (en gran parte, por la situación de un sector creciente de la juventud en paro, y con toda clase de tentaciones). Destacan, en particular, los atracos a Bancos y a joyerías. Los atracos a establecimientos bancarios han crecido de enero a julio de este año, en un 178 %; a joyerías, en 160 %; y a armerías (dato muy significativo), en un 200 %. En 1975, hubo 84 atracos a instituciones de crédito, con 48,8 millones de pesetas robados; en 1976, 87, con 111,9; en 1977, 170, con 180,4; en 1978 parece que vamos a rebasar ampliamente este récord, pues de enero a julio iban cerca de 200 atracos, con un botín superior a los 228 millones de pesetas.

En estos asaltos a Bancos son frecuentes las bajas, como cuando el 17 del pasado octubre hubo un muerto y cuatro heridos de bala en una Caja de Ahorros de Barcelona, y más recientemente otro en el País Vasco.

Por otra parte, las instituciones de crédito, para defenderse, han debido realizar inversiones por valor de 20 000 millones de pesetas en material de seguridad, que por cierto es la única industria en desarrollo en nuestra España de hoy.

De estos atracos, una parte importante se la ha llevado ETA, para adquirir nuevas armas y para pagar a sus asesinos. Solamente en los meses de julio, agosto y septiembre, ha reivindicado 22 atracos en las tres provincias Vascongadas y en Navarra, por un importe total de 61,7 millones de pesetas, la mayoría en sucursales de Cajas de Ahorro. Una estimación reciente calcula que, sólo de atracos, ETA ha obtenido en este año unos 100 millones de pesetas, con una media de seis atracos al mes, en las tres provincias y Navarra; uno de los últimos, el pasado día 31, supuso casi 32 millones de pesetas de la General Eléctrica. Hay razones para pensar que una parte de ese dinero va también a partidos políticos, incluso a alguno legalizado.

Y no son sólo las instituciones crediticias o las joyerías; estancos, gasolineras, pequeños talleres, comercios, farmacias, cafeterías, bares, salas de fiestas, taquillas de cine, chalets, yates de recreo, casas particulares, están siendo constantemente asaltados, y el que se resiste se expone a la muerte. La lista aquí sería interminable.

Un capítulo del que se habla poco, y es dramático también, es el de los incendios forestales. Según el Informe de octubre de 1978, de Icona, entre 1963 y 1977, la media de incendios anuales fue de 2 517, con unas 77 370 hectáreas de monte destruidas. En 1978, del 1 de enero al 10 de octubre, iban 5 644 incendios, con 290 865 hectáreas destruidas; lo que revela un aumento del 224,2 % en incendios, y del 375,9 % en hectáreas; es decir, más del doble en el número de siniestros, y casi el cuádruple en extensión total devastada; habiéndose perdido en el presente año más del uno por ciento de la superficie forestal de España. Según la fuente citada, «todos los informes coinciden en atribuir fundamentalmente el extraordinario número de incendios y superficies quemadas en el año 1978 a intencionalidad criminal»; a la que, en algunas provincias, llegan dichos informes a mencionar la proporción de 85 % en Pontevedra, y el 80 % en Orense. En muchos casos, las acciones de los incendiarios han ido acompañadas de otras amenazas a los campesinos, y en todas han creado un grave ambiente de inseguridad general e intimidación.

Otro capítulo gravísimo son los robos y atracos en farmacias, para apoderarse de estupefacientes, contribuyendo de modo gravísimo al serio problema nacional de la droga. El *Boletín del Consejo General de Colegios Oficiales de Farmacéuticos*, número 27, correspondiente a febrero de este año, dice textualmente en su página 12: «... A partir del verano de 1976... el aumento en el abuso y tráfico de drogas reviste características explosivas.» La misma fuente habla de 5 robos de drogas, en farmacias, el año 1975; de 60, en 1976; y de más de 300 en parte de 1977; todo lo cual dio lugar a una circular del Consejo Farmacéutico, de 18 de enero de este año.

No pretendo hacer una relación exhaustiva de datos y cifras, porque eso es justamente lo que esperamos del Gobierno. Con lo dicho, basta para describir una situación general muy seria, que se completa con noticias de ferrocarriles y carreteras cortadas, y la reciente escalada en delitos monstruosos, como los recientes asesinatos y raptos de Barcelona. En el pasado mes y lo que va de éste, el segundo comandante de Marina de Bilbao; tres policías armados en las afueras de Bilbao (30 de octubre); un cabo de la Guardia Civil en Elgóibar; otro guardia civil en Lequeitio; el domingo 22 de octubre, cuatro guardias civiles ametrallados en las Arenas, de los cuales tres han muerto; un guardia forestal en Lizarza; y una nueva racha de atentados contra civiles, como los hermanos José Miguel Legarza, contratistas de Irún, que se negaron a pagar el «impuesto revolucionario», y formularon la oportuna denuncia ante las autoridades francesas, de los cuales uno resultó muerto; como Epifanio Vidal Vázquez, de 27 años, trabajador asesinado en Durango, porque se le había visto alguna vez, en Durango, en compañía de guardias civiles; los dos asesinatos de hace unos días, en Lezo y Guernica; el atentado, con explosivos, contra el diario *El País*, con tres heridos, uno de ellos, Andrés Fraguas, ya fallecido; radios ocupadas o cines interrumpidos, a punta de pistola, para hacer campañas revolucionarias; asalto armado a la Comandancia de Marina del Bidasoa; y numerosos otros hechos graves han soliviantado a la opinión y han puesto al borde de la desesperación y hasta (cosa increíble en los años pasados, pero no bajo el mandato del actual ministro del Interior, que los conoce prácticamente desde que se hizo cargo del Departamento) de brotes de indisciplina, todo lo cual no ha pasado inadvertido a la opinión extranjera. Un periodista especializado en temas españoles, después de enumerar los datos más voluminosos de nuestro orden público en los últimos meses, comenta en *Le Figaro* del día 9 de octubre, que se trata de «cifras que remiten a las filas de los *boy-scouts* a los brigadistas rojos italianos y a los asesinos de la banda de Baader»; «cifras que demuestran que el asesinato, por desgracia, se ha convertido en un argumento político básico en la España del posfranquismo».

Todo ello produce una situación de grave intimidación en Guipúzcoa, en Vizcaya, y que comienza a extenderse a Álava, e incluso a Navarra. En mis constantes viajes a provincias me encuentro, en numerosos lugares, familias vascas que no se atreven a regresar a sus lugares normales de residencia, y que ansiosamente reclaman el restablecimiento de la paz y el orden en las provincias vascongadas. Un ambiente de losa está pesando allí; nadie se atreve a hablar, ni aún en voz baja; y el temor paraliza la vida económica y la social.

Numerosas personas y entidades se han sometido en estas circunstancias a la coacción y al expolio; pagan los llamados «impuestos revolucionarios», que engrosan el «tesoro de guerra» de ETA, en Biarritz y en San Juan de Luz; y en las cartas que reciben, a menudo, hay referencias concretas a sus cuentas corrientes, perfectamente conocidas por la organización terrorista.

El caso de Jacinto Zulaica Iríbar, industrial guipuzcoano raptado en Orense, y que apareció con el clásico tiro terrorista en las piernas, sin duda como aviso a los que intenten salvarse llevando sus asuntos a partes más tranquilas del territorio nacional, ha sido además el comienzo de una nueva campaña de amenazas (ya explícitas en la prensa) para evitar inversiones vascas en el resto de España.

Y no pensemos que se trata sólo del País Vasco. El GRAPO ha cometido asesinatos en Santiago y en Vigo; en Sevilla la situación es mala, y a menudo las fuerzas del orden se ven impedidas de actuar, y tienen que refugiarse en edificios públicos, ante la actitud de unas masas que reaccionan a favor de los delincuentes; en Barcelona la situación es mala hace tiempo y agravada en las últimas semanas. Aún no tenemos información sobre Ceuta, pero también allí han comenzado los atentados terroristas; y no digamos en Canarias, donde además ha habido serios incidentes que han afectado a personal de las Fuerzas Armadas.

Las ofensas a la bandera nacional son constantes, llegándose al extremo inconcebible de lo recientemente ocurrido (el 10 de septiembre, el mismo día en que juraban la gloriosa enseña los soldados de España) en San Sebastián, con la quema pública de una gran bandera, en las mismas barbas de las autoridades, sin más reacción que la retirada personal del gobernador civil, responsable del orden público, sin orden las fuerzas de intervenir, y continuándose el acto de entrega de un trofeo deportivo, como si tal cosa.

Hemos escuchado declaraciones contradictorias de los responsables del orden público, llegándose a los extremos de confusión que produjo la formulada por el jefe superior de Policía de La Coruña, señor Malagridas, sobre el terrorismo de ETA. La medida inmediata de prohibir este tipo de declaraciones no ha sido completada con una política transparente de información, sino más bien con el deseo de que no se entere la población de lo grave de la situación. Los muertos de la Guardia Civil y de la Policía Armada son sacados de los lugares en que son asesinados, a cencerros tapados, para evitar incidentes, llegándose a que el guardia asesinado en Lequeitio tuvo su capilla ardiente en Vitoria. Cierto es que cuando llegan sus cuerpos destrozados a sus lugares de origen, las crecientes manifestaciones de duelo son otras tantas declaraciones de una preocupación y una clara censura social, cuyas consecuencias pueden llegar a ser muy serias, de no producirse un cambio sustancial en la situación.

Se han producido relevos constantes en los mandos superiores de la Policía, y, por ejemplo, La Coruña ha tenido este verano tres jefes superiores de Policía en un mes; y la reciente combinación se ha hecho con diversos nombramientos en plaza de superior categoría. Es igualmente pública y notoria la purga masiva de numerosos jefes de guarnición de la Policía Armada. Una nueva distribución de las fuerzas, muy discutibles, ha producido enormes trastornos en el dispositivo; la labor de investigación se dificulta, aumenta la burocrática, y se viola el principio táctico de no cambiar el dispositivo en medio del combate.

Se ha restado experiencia, tema clave en la acción policial, al reducir la edad de retiro de los funcionarios, y se ha creado una auténtica anarquía jerárquica en las designaciones de mando; con graves consecuencias para la moral e incluso para la disciplina, al pasar funcionarios de menos jerarquía en la plantilla a mandar a sus superiores naturales. Y en lugar de desmantelar, como al parecer se pretende, a una institución supuestamente politizada, pues la Policía nunca ha hecho otra cosa que defender la ley, se está creando una situación llena de peligros para la cohesión y el compañerismo que, más que ninguna, los necesita, por la naturaleza y los riesgos de su función.

La creación de la Subsecretaría de Orden Público, por Decreto de 15 de junio de 1976, y la transferencia en la misma fecha de las facultades de orden público, en Madrid, al Gobierno Civil, han degradado y reducido la eficacia de un órgano tan importante y tan sensible como la Dirección General de Seguridad, que tanto había servido al Estado a lo largo de todo el siglo, y lo mismo en la Monarquía, que en la República, que en el régimen anterior. La impresión general es que se ha aumentado burocracia y se ha restado eficacia.

Las sanciones al personal, de todos los niveles, aumentan, al mismo tiempo que sus bajas. La Directiva de la Asociación Profesional del Cuerpo General de Policía está toda ella expedientada, pidiéndose, en el correspondiente proceso administrativo, sanciones graves, por haber publicado una nota pidiendo mayor respaldo de los poderes públicos y de la opinión ciudadana, y menos comunicados de los que, con razón, estaban «dolorosamente hartos». Debe recordarse, al respecto, que esta nota ha sido ratificada en la Asamblea General de la Asociación, y los directivos, por aclamación, confirmados en sus cargos, por sus compañeros, representando al 93 % de la plantilla.

La nota del 29 de agosto se queja (dolorosamente) de declaraciones de condena, vacías de contenido; de pactos políticos sobre las fuerzas encargadas de la seguridad; de indiscriminadas medidas de gracia; de la alarmante desprotección de la sociedad, por causa de la debilidad de los poderes públicos y el desprecio a la ley. Y pidiendo a los ciudadanos, «víctimas últimas de este estado de cosas», que «expresen públicamente su exigencia de orden, seguridad y justicia».

El expediente disciplinario, con motivo de la nota del

citado 29 de agosto, fue abierto el día 31, y basado fundamentalmente en:

a) Rebasar los fines estatutarios (se hace crítica de grupos políticos y sindicales en una asociación apolítica).

b) Quejas y críticas de los poderes públicos, al denunciar «la alarmante desprotección que padece la sociedad y cuya defensa nos está encomendada».

c) Hacer un llamamiento a las conciencias de los ciudadanos para que éstos expresen públicamente su exigencia de orden, seguridad y justicia, «lo que supone un expreso reconocimiento de incompetencia profesional».

Por todo ello se les considera incursos en el artículo 207 del Reglamento, que prohíbe «las manifestaciones públicas de crítica o disconformidad respecto de las decisiones de los superiores».

Es indudable que, al actuar en nombre de la Asociación Profesional de Funcionarios, todas estas alegaciones deben verse bajo una luz característica, a la que el Reglamento no es aplicable; y sí en cambio el principio general de libre expresión ciudadana y el de defensa de los derechos profesionales, para cuyo fin fue creada la Asociación. Y así lo ha entendido la Asamblea General de la Asociación Profesional de Funcionarios del Cuerpo General de Policía. En sesión del 25 de septiembre pasado, por mayoría absoluta y en votación secreta, y aclamación posterior, aprueba la gestión de la Junta Nacional, y ratifica la Nota, afirmando que «dichos escritos no tenían otra intención que la de recabar la buena voluntad de todos los españoles y del Gobierno para fortalecer la lucha contra el terrorismo».

Muchos jefes y oficiales de la Policía Armada, procedentes en gran mayoría del Ejército, se encuentran en medio del desconcierto y desmoralización creados por los últimos ceses en cadena, de clara e injustificada intencionalidad política. El resto del personal está preocupado por las medidas forzosas de traslados masivos que va a suponer la aplicación de las reformas en curso; las familias temen los problemas de vivienda y de enseñanza que van a surgir; todo ello, unido a los riesgos aumentados en ciertas zonas, hará inevitables muy serios problemas que, en definitiva, afectarán a la efectividad del empleo de estas fuerzas. Los traslados de jefes han afectado a Madrid, Pamplona, Rentería, Ávila, Guadalajara, Cuenca, Toledo, Soria, Santander, Ciudad Real y Sabadell; eran compañeros del comandante Imaz, hijo y nieto de militares, asesinado cuando mandaba la Policía de Pamplona, y del capitán Herguedas, igualmente asesinado a sangre fría por los terroristas.

La Guardia Civil, esa institución ejemplar que a lo largo de casi un siglo y medio ha sido la columna vertebral del orden público y del cumplimiento de la ley en España, está siendo sometida a constantes presiones, a cambios de función, a indicaciones de reducir sus efectivos. La Guardia Civil, que ha recogido con éxito cualquier nueva función (como la cobertura de fronteras, el resguardo fiscal o la Policía de Tráfico), sabe que sólo podrá cumplir las más importantes, más que a partir de sus propios principios tradicionales: ser un instituto militar, con carreras profesionales independientes de la política, y una policía judicial independiente de toda presión o negociación política. Las noticias contradictorias que circulan sobre su destino futuro están creando ya inseguridad y tensiones dentro de la benemérita institución.

En todos los cuerpos y niveles, ello sólo puede producir los resultados lógicos de falta de moral, inhibición en las intervenciones, y graves dudas sobre el apoyo gubernativo y judicial que éstos van a recibir.

Y el problema se circunscribe a los Cuerpos del Estado. La Policía Municipal está sometida a presiones, y al parecer en su futuro estatuto se considera su desarme; lo que sería un grave error, cuando más bien deberían mejorarse sus medios de defensa y su coordinación. La propia policía británica va ya armada en más de un 10 % ante el aumento de la violencia en todas sus formas. En varios Ayuntamientos (conozco el caso de Dos Hermanas) no se están autorizando, de hecho, las licencias de armas de los nuevos guardias, que han de enfrentarse con delincuentes que disparan, como ocurrió hace poco en diversas ciudades, y todavía el pasado sábado en Alcalá de Henares, con un guardia gravemente herido de bala.

Y, por supuesto, mucho más grave resulta el impacto que pueda tener en este ya sombrío cuadro general la organización de las llamadas «policías autóctonas», sobre las que luego he de volver.

La situación en nuestras instituciones penitenciarias no es de la competencia directa del Ministerio del Interior, aunque sí a partir de cierto grado de desorden. Pero es un tema clave del orden público, sobre el cual el Gobierno debe responder e informar a esta Cámara. Como dije hace unos días, al comentar el informe de la comisión de encuesta, nadie nos informa sobre los verdaderos problemas de las cárceles. Sabemos por la prensa que hay un motín en tal sitio; que en tal otro (como un joyero en Valladolid) alguien ha sido asesinado o robado por alguien que debía estar en la cárcel; pero la única información oficial que esta Cámara ha recibido son peticiones de créditos extraordinarios para reparar las prisiones. Las consecuencias que ello tiene para la actuación de la justicia, para la seguridad de los internos y los externos, y en definitiva para el orden público, son absolutamente obvias.

Desde el primer incidente grave, en julio de 1977, en la cárcel de Carabanchel, con numerosos heridos y daños por más de cien millones de pesetas, han sido constantes los incidentes, prácticamente en todos los centros penitenciarios; con muertos, heridos, torturados y múltiples otras incidencias penosas. La memoria del Fiscal del Reino habla, sólo para 1977, de 50 motines, 9 con grandes destrozos e incendios, y concluye que «en algunas prisiones parece que no hay más autoridad que la de los presos y en ellas se impone la ley del más fuerte». Fugas espectaculares, como la reciente de la prisión de Murcia (y puedo dar testimonio, porque estaba allí, de la preocupación que creó en toda la provincia); y todos los fines de semana, noticias de robos, cometidos por reclusos, con permiso especial de fin de semana, con ejemplos tan significativos como el del pasado 23 de octubre, en el que 3 internos de la prisión de Herrera de la Mancha intentaron robar un coche de la propia Policía, frente a la Comisaría de Valpedeñas.

El tema de las intervenciones telefónicas, que nunca ha sido debidamente explicado y que, por su trascendencia para las libertades públicas, para la seguridad de todos, debe serlo, precisamente ante esta Cámara, y que no dudamos nos será expuesto en términos claros y convincentes.

Todo ello en medio de un ambiente lleno de confusión, de noticias alarmantes y nunca bien explicadas, como lo de los alijos de armas; de una sensación general de indefensión; de crímenes monstruosos, nunca antes conocidos, como el asesinato con explosión del antiguo alcalde de Barcelona, Joaquín Viola Sauret, y de su esposa, y del presidente de la CROS; de camiones quemados para impedir el progreso de la autopista del Atlántico; de un desmadre general en los espectáculos y en las fiestas, como en las películas sobre san Vicente Ferrer, o *Cartas de amor de una monja*; o las fiestas de Durango, en que se puso a chacota al Papa y a los cardenales; un hombre quemado vivo en Cariñena; dos obreros dinamitados en la Central de Lemóniz; el rapto del ingeniero señor Figaredo Sela, y así sucesivamente.

Por todo ello, hemos solicitado una deliberación de este Congreso, pidiendo al Gobierno (que hace tiempo debiera haber tomado esta iniciativa) que informe sobre la situación y sobre las medidas que se propone tomar al respecto, dando así ocasión para que, después de oírle, podamos tomar los acuerdos correspondientes. No desconocemos que el aumento de la delincuencia es uno de los precios de la vida en grandes metrópolis, ni los problemas de una transición política, pero las cosas han llegado a un punto en que no pueden continuar, sin grave riesgo para el futuro. Se ha bromeado sobre una frase que nunca pronuncié, aquella de «la calle es mía», cuando yo nunca pretendí otra cosa sino que la calle fuera de todos, y por algo presenté la Ley sobre el ejercicio del derecho de Reunión y Manifestación; pero mucho más grave es que la calle sea «de ellos», en el sentido en que usaba la palabra Tartarín de Tarascón, para describir todo lo que es violento, ilegal y enemigo de la paz.

EL ORDEN PÚBLICO, FUNCIÓN PRIMORDIAL DEL ESTADO

Pues es evidente que las cosas no pueden continuar deteriorándose. Un estado no es legítimo si no garantiza la seguridad interior y exterior, el desarrollo económico y la justicia social. Pero estas dos funciones no se pueden cumplir si falla la primera: sin orden no hay libertad, ni prosperidad, ni justicia. Ya sé que alguno vendrá a repetir el tópico de que, una vez más, la derecha quiere dar prioridad al orden sobre la justicia, y a la seguridad sobre la libertad. Pues bien, es todo lo contrario: porque deseamos la libertad y la justicia, es por lo que demandamos el orden, sin el cual son imposibles. Todos deseamos que, en un futuro, sean el perfeccionamiento de la cultura general, el cambio de las actitudes sicológicas, la subida general del nivel y la calidad de la vida, los que vayan mejorando los problemas de la convivencia social. Nunca lo harán del todo, pues la condición humana está hecha de luces y sombras, y parafraseando una frase de Bernanos, podríamos decir que, desgraciadamente, por cada hombre dispuesto a morir por amor, hay cien dispuestos a hacerlo por odio, envidia o resentimiento; pero es lo cierto que, en todo caso, no podemos esperar a ser el país de los perfectos Sevarambos para defender el orden público de España. Porque el orden público no es un fin en sí mismo, pero sí un medio indispensable para que cumplan los fines en general.

El orden público consiste en el normal funcionamiento de las instituciones; en el mantenimiento de la paz interior y de la tranquilidad ciudadana; en el libre, pacífico y armónico ejercicio de las libertades públicas y derechos humanos, siendo deber primario de las autoridades el asegurar las condiciones necesarias para todo ello.

En un artículo clásico, don Adolfo Posada definía el orden público como «aquella situación de normalidad en que se mantiene y vive un Estado, cuando se desarrollan las diversas actividades, individuales y colectivas, sin que se produzcan perturbaciones o conflictos». Santi Romano lo define como «el orden material» y exterior, considerado como un estado de derecho opuesto al desorden, «el estado de paz opuesto al estado de perturbación». Para Hauriou es «el orden material y exterior, considerado como un estado de hecho opuesto al desorden, el estado de paz opuesto al estado de perturbación». El Estado promueve esa normalidad mediante la clásica *función de policía*, haciendo efectivo el deber de los ciudadanos «de no perturbar el buen orden de la cosa pública» (Mayer); que comprende las dos vertientes, de *prevenir*, mediante la reglamentación y los medios adecuados, y *reprimir*, si la prevención no bastara, lo que, desgraciadamente, no puede lograrse más que mediante una coacción eficaz.

Esa normalidad supone un mínimo de tranquilidad y de seguridad, como también de una moralidad pública, y de salubridad, que constituyen las bases tradicionales del orden público y de la función de policía; y era también las viejas competencias del Ministerio de la Gobernación, y siguen siendo las del Interior, salvo la Sanidad, que ha pasado a otro Departamento.

El concepto está en diversos lugares de la nueva Constitución, como limitación al principio de libertad religiosa (artículo 16, 1), y al de reunión (artículo 22), e implícito en la suspensión de libertades (artículo 54) y a los estados de excepción (artículo 115). En el artículo 148 aparece el concepto de «seguridad pública» y en el 10 el de «paz social».

En nuestro Código Penal hay una cierta inseguridad terminológica, pero por todas partes encontramos esa idea básica de todo ordenamiento jurídico, descrita como «paz pública», «paz interior», «convivencia social», etc. Si los hombres aceptan la sociedad, la ley, los impuestos y otras cargas, es para poder vivir en paz, y no en ese estado de naturaleza en que el hombre es un lobo para el hombre, y lo único posible es llevar la pistola al cinto, y disparar primero, por si acaso.

El orden público es como la salud: se tiene o no se tiene. El hombre enfermo no sabe lo que tiene: sólo sabe que no se encuentra bien. Va al médico, y éste hace (con fortuna o sin ella) un diagnóstico, y prescribe un tratamiento. Pero la primera y más importante voz de alarma la da el propio enfermo. Y España da hoy, angustiada, esa voz de alarma: no se encuentra bien.

El asesinato de los presidentes de las Diputaciones de Vizcaya y Guipúzcoa; del director general de Prisiones, de un general y un jefe del Ejército; del segundo comandante de Marina de Bilbao; de numerosos miembros de la Guardia Civil y de la Policía Armada; el aumento increíble de los atracos a mano armada; la intolerable situación en nuestras prisiones; y, en definitiva, una situación de inseguridad general, constituyen motivo serio de preocupación para los españoles.

Pero aún es motivo de mayor preocupación la reacción de un Gobierno. Un día vemos atribuida a uno de sus vicepresidentes la frase de que todo esto es malo, pero peor sería una guerra civil. Nada más cierto, pero lo que nadie ha demostrado es que no quepa reducir el desorden público, sin llegar a tales extremos; justamente de eso es de lo que se trata. Otro día vemos al ministro del Interior afirmando que estas cosas han pasado siempre, y que el nivel actual no es malo. Ningún truco en las estadísticas nos lo va a hacer creer; y lo que queremos saber es lo que se va a hacer ahora para resolverlo. Y, entre tanto, los terroristas y otros muchos delincuentes campan por sus respetos, y las únicas medidas que vemos tomar son sanciones y expedientes a los propios policías, cambios constantes de sus mandos naturales, y otras disposiciones cuyo resultado está a la vista.

Debe quedar claro que estas comprobaciones de hechos elementales en modo alguno vinculan la actual situación al advenimiento de la democracia. Lo relacionan, eso sí, con la falta de una política clara de gobierno; con las relaciones de éste con partidos políticos que restringen su libertad de movimientos en la materia; con una falta general de autoridad, agravada (en ciertas partes del país) por la idea errónea de que la debilidad vaya a resolver los problemas del terrorismo separatista y revolucionario.

Se quiere desviar la atención sobre la gravedad de la cuestión, haciendo juegos de palabras sobre cuál es el verdadero concepto del orden público. Nadie pretende que el orden público sea puramente la ausencia de desorden en la calle; nadie niega que el orden público comporta el elemento básico de la libertad ciudadana; nadie afirma que sea lícito para conservar intacto el orden público utilizar procedimientos como los del régimen soviético.

Lo que se afirma es que el orden público es una de las funciones sociales más importantes, y que sin ella quiebran la mayor parte de las demás; y también se advierte que las lesiones al orden público son las más graves y de más difícil recuperación. Cuando una sociedad se va insensibilizando al respecto, y cuando los resortes para su defensa se han estropeado, la recuperación es muy difícil, y pasa a menudo por soluciones dramáticas. Lo que hoy todavía resuelve la mera aparición de una pareja de la Guardia Civil o un coche de la Policía Armada, requerirá dentro de poco una sección antidisturbios, y así sucesivamente.

El orden público, como la sanidad pública, es una situación general del organismo social, en la cual valen las defensas individuales. Hoy están en un importante (y costoso) desarrollo las industrias de protección: puertas especiales, cerraduras a toda prueba, circuitos especiales de televisión, pero ocurre como con la sanidad, porque el tener un buen médico particular es de mucha menor utilidad en tiempo de epidemia grave.

El orden público se basa en la confianza mutua entre la mayoría de los ciudadanos. Esta confianza se rompe, por definición, cuando hay una sensación generalizada de desconfianza. Esto nace de múltiples factores, que desgraciadamente florecen todos en este momento: crisis económica, desempleo, descenso de la moralidad pública, descrédito de las instituciones, fomento de lo que divide (lucha de clases, enfrentamientos generacionales, insolidaridad entre las regiones).

El que ve una tensión creciente en los lugares de trabajo; el que no encuentra un puesto de trabajo (sobre todo, si es un joven); el que va a ver películas que le demuestran que la familia, la Iglesia, la sociedad entera le han estado engañando y explotando siempre; el que ve cómo se desprecia a la magistratura o al profesorado o a quien sea, que no se deja humillar para estar a la moda; el que vea practicar cada día la contestación y la rebeldía como una cosa buena en sí misma, se siente inseguro.

Pero la inseguridad aumenta cuando se encuentra en los mismos lugares de donde debería brotar la respuesta. La inseguridad es inevitable con textos constitucionales ambiguos, con textos legislativos improvisados y demagógicos; con fuerzas políticas que no se comprometen claramente con el futuro a medio plazo, manteniendo una reserva revolucionaria en sus programas; y, sobre todo, con un Gobierno débil, siempre dispuesto a una concesión más o a un consenso nuevo, entendido como una nueva apertura a la izquierda, con tal de salir del paso.

El orden público supone una declaración terminante de fe en el futuro de España, como nación una y fuerte; una proclamación terminante en favor de la familia, de la propiedad, de la empresa libre, del cumplimiento de la ley; una afirmación clara y demostrada con hechos de que la autoridad será ejercida sin titubeos, sin excesos, pero tampoco sin defectos, para lograr estos fines.

Supone una declaración de guerra, sin ambigüedades, contra el terrorismo, de cualquier tipo; llegando, cuando sea necesario, al establecimiento eficaz de estados de excepción o de otras medidas extraordinarias. Sería poco grato celebrar un referéndum bajo estado de excepción, en alguna provincia; pero es mucho más grave que se celebre en medio del actual auge del terrorismo.

Supone un compromiso público de todas las fuerzas políticas y sociales, y sus representantes, con estas ideas; más allá de las declaraciones piadosas que condenan «la violencia, venga de donde venga», como si fuera igual la condena que impone el juez legítimo con arreglo a la ley, y la de una banda de encapuchados, en contra de ella; y no debiendo tolerarse que nadie haga su apología pública, ni en las Cámaras ni en ninguna suerte de manifestaciones.

Supone un respaldo adecuado a las fuerzas encargadas de defenderlo, hoy convertidas en carne de cañón, que ya han pagado un tributo de sangre y han dado unas pruebas de disciplina, como para que no se les discuta el estar en la vanguardia del mérito ciudadano en la España de hoy.

Supone, sobre todo, unos gobernantes sin complejos, dispuestos a dar la batalla más seria que hoy tiene España planteada, a cualquier costa.

La España del siglo XV, cuando las luchas banderizas en el País Vasco, los abusos feudales en Galicia y las guerras civiles en Castilla, fue la tierra más insegura de toda la cristiandad. Lo mismo volvió a ocurrir con la España decimonónica, ante el asombro de una Europa pacificada y liberal, tras las guerras de la Revolución y del Imperio. En ambos casos, los problemas se cruzaron con cuestiones de campanario y de cantón. ¿Es ése el triste destino que le espera a nuestra España de finales del siglo XX?

El orden público existe, en definitiva, cuando la normalidad es lo normal. Cuando, como empieza a ocurrir, la anormalidad se convierte en lo normal, algo va mal; «algo huele a podrido» o a decadente. Es el momento de recordar la frase de Heráclito: «Defiende la ley igual que defiendes tus murallas.»

Pues bien, no advertimos que el Gobierno tenga una concepción global, meditada y bien reflejada en planes de acción, de lo que haya de ser, en este momento, en un plano general el mantenimiento del orden público y, en particular, la lucha contra el terrorismo y contra los grupos revolucionarios.

Sin una idea clara de adónde se quiere ir, y que evidentemente nadie ha podido encontrar en las declaraciones vagas y vacías de contenido del presidente del Gobierno, sin una decisión clara de unos límites, fuera de los cuales no se va a tolerar ninguna acción ilegal, sea de quien fuere, sin una energía decisiva, para que lo acordado se cumpla, y sin unas fuerzas de seguridad respaldadas y con moral, no puede haber orden público.

Corresponde a los titulares del poder político el asumir las responsabilidades, tomar las decisiones y cubrir a las fuerzas del orden, con instrucciones claras y sin ambigüedad. Todos los que las conocen, saben que sus funcionarios son disciplinados y prudentes, y cuando tienen buenas directivas, las cumplen con eficacia. Pero lo que define a un gobernante no es el apego al puesto, sino el saber lo que quiere hacer desde él; quererlo de verdad y saber conseguirlo.

Y, en cuanto a las fuerzas políticas, si hay un punto en el que deba existir el tan mentado «consenso» es en este del orden público, partiendo del elemental realismo de admitir que no se puede pedir a la vez su mantenimiento y la destrucción de las fuerzas encargadas de garantizarlo. Por otra parte, es indudable la relación de *orden público* y *orden político*, y las dimensiones de lo protegido por el orden público y la extensión de los medios aplicados para protegerlo no coinciden en unos y otros sistemas; no son, obviamente, los mismos en Estados Unidos y en Rusia; ni en la Inglaterra de los tiempos de Tomás Moro, cuando se colgaba a los vagabundos, que en la de hoy. Pero todos reconocemos que hay un contenido mínimo del orden público, válido en todas partes, que atañe a la seguridad de las personas y de las cosas materiales y espirituales.

Por eso, las leyes de orden público, que han sido promulgadas en tiempos muy diversos y bajo regímenes muy diferentes, tienen curiosamente mucho en común, pudiendo observarse una clara continuidad entre la dictada en 1870, siendo regente el general Serrano, tras la Revolución de 1868, y la Constitución de 1869; la de la República, vigente la Constitución de 1931, y la promulgada por el anterior régimen, en 1959.

Tampoco ignoramos que el orden público y su defensa se mueven entre el Scila, de la falta de reacción, y el Caribdis, del exceso de reacción; pero los peligros de éste no pueden justificar los mucho más graves de la inactividad y de la ineficacia. Pero, sobre todo, lo que no puede olvidarse es el principio elemental de que, como dice Seydel, «los *peligros extraordinarios* de la seguridad del Estado deben afrontarse con *medios extraordinarios*». Y ésta es una de las cosas que hoy no se quieren reconocer: que estamos ante el peligro grave, permanente y extraordinario de un ataque frontal contra España, por los medios del terrorismo y de la lucha revolucionaria.

Pues éste es el momento que se ha escogido para debilitar a la Guardia Civil; a una institución que ha sobrevivido a siete Constituciones, y a la cual ya en los pactos de la Moncloa se intentó privar de su estatuto militar; y para la disolución de su importante auxiliar, el Somatén, una institución cuyos orígenes se remontan al año 1068, en vez de reforzarla y perfeccionarla, cuando podría ser tan útil para problemas nuevos, como el antes mencionado de los incendios forestales.

Nadie puede descartar en el momento actual la posibilidad del planteamiento de una situación de tipo insurreccional, que pudiera afectar gravemente a la integridad territorial del país, a la forma de Estado y, consecuentemente, a la libertad de los ciudadanos.

En algunas zonas es notorio que una situación como la que se expone rebasa la condición de posible para entrar en la de probable. Sólo puede, pues, calificarse como inconsciencia, ineptitud o algo peor la situación de confusión creada desde el propio Ministerio del Interior entre las fuerzas que de él dependen, con medidas incoherentes de redistribución de efectivos, modificación de zonas de actuación y nueva designación de funciones; en un total desajuste entre lo que se dispone y la realidad.

¿Por qué cambiar el cometido de unas fuerzas que conocen perfectamente una zona determinada para sustituirlas por otras, que necesitarán un cierto tiempo para adaptarse técnicamente? ¿Cuántos delitos más tendrán que sufrir los españoles hasta que esto suceda? ¿Cómo es posible que se juegue con algo tan trascendental como la seguridad del ciudadano, por motivaciones políticas no demasiado claras?

El hecho de que casi sesenta países dispongan de cuerpos militares con diversas funciones policiales obedece a muy serias motivaciones. Desde antiguo se ha visto el enorme peligro que supone el que toda la información, investigación y represión policíaca de una nación esté en manos de un solo Ministerio. Si este Ministerio dispone, además, de fuerzas uniformadas y encuadradas militarmente, se está poniendo en manos de una sola persona todos los poderes para controlar a un país, ya que ni las propias Fuerzas Armadas podrían oponérselo.

¿Se está buscando este fin a través del continuo arrinconamiento de la Guardia Civil? ¿Qué sucedería si un partido o coalición de partidos, con fines revolucionarios, se hiciera con el control de dicho Ministerio?

Un cuerpo militar con atribuciones policiales existe en la mayoría de los países civilizados. En Europa, con la que intentamos homologarnos, tenemos los casos de Francia, Italia, Bélgica, todos países de gran tradición democrática, en los que tanto los *Carabinieri* como las respectivas gendarmerías son las primeras Armas de sus Ejércitos. Los países con organización policial tipo anglosajona carecen de cuerpos de este estilo, encontrándose en grandes aprietos cada vez que ocurren casos graves de terrorismo en los que se ven obligados a llamar al Ejército. Éste se encuentra con que tiene que actuar con tropas no preparadas para la tarea encomendada. Es el caso de Inglaterra, Holanda, etc. Tanto es así, que se está considerando en estos países la necesidad de crear una fuerza análoga a la Guardia Civil, Gendarmería, *Carabinieri*, etc.

Si la utilidad y eficacia de la Guardia Civil a lo largo de siglo y medio de existencia, con todo tipo de regímenes políticos, ha quedado perfectamente demostrada, ¿cuáles son los motivos para cambiar su status y disminuir su eficacia? La mayoría de los términos municipales en que han comenzado a funcionar las nuevas Comisarías estaban atendidos con anterioridad por una media de diez guardias civiles, que, además de la labor policial, atendían la rural, fiscal, circulación, transportes, etc. Cualquier estadística nos demuestra que la eficacia profesional de la Guardia Civil no tiene nada que envidiar a la de los cuerpos hermanos. ¿Por qué entonces sustituir diez guardias civiles por once funcionarios del Cuerpo General de Policía y, al menos, cuarenta y cinco policías armados? ¿Qué sacrificios ha exigido a la Guardia Civil, a lo largo de su historia, para que diez hombres tengan que ser sustituidos por cincuenta y cinco, no asegurándose una mayor eficacia? ¿Qué aumento de presupuesto supone esta multiplicación de personal? ¿Cuál será el coste de instalaciones y medios necesarios para equipar a esas ciento cincuenta nuevas Comisarías? En todo caso, es erróneo sacar la fuerza de donde hace falta, para llevarla a poblaciones donde no ocurre nada.

Hoy más que nunca es necesaria una franja intermedia entre la ordinaria acción policial y la militar propiamente dicha, como ya ocurrió en el siglo pasado en la insurrección cantonal; una fuerza que, por el origen profesional de sus mandos, sobrevivirá a las coyunturas políticas; que no considere negociables los documentos que ha de aportar a un sumario, una de las garantías básicas de la independencia judicial. Sería intolerable la creación de un Ejército paralelo interior, enfrentado al Ejército normal, y que viniera a ser la guardia pretoriana de este o aquel político.

Hoy las fuerzas del orden no necesitan de nuevas reformas, sí de menos agresiones ideológicas o verbales. Cuando éstas se toleran, hay que multiplicar su número; repito que lo que hace poco mantenía en paz una pareja de la Guardia Civil, necesita ahora una sección antidisturbios. Bien lo saben en Inglaterra, donde los jueces nada castigan con más seguridad que cualquier agresión a la policía.

Es hora de darles, no sólo un aplauso nacional, sino una mejor compensación por sus arriesgados servicios. Solamente la Guardia Civil tuvo, en 1977, 25 muertos y 2 477 heridos; 8 muertos en atentados terroristas; el resto, en diversas incidencias del servicio. En el mismo año, la Guardia Civil disminuyó sus efectivos en 523 hombres por vacantes que no se cubrieron.

Por todo ello, anuncio que mi Grupo Parlamentario se propone presentar una *moción de ayuda especial* a las víctimas de las fuerzas del orden público y a sus familiares, que mejore sus indemnizaciones en caso de muerte o incapacidad, y dé preferencia a sus familiares en cuestiones tales como viviendas, becas, etc.; produciéndose en todo caso el ascenso al empleo superior en todas las víctimas del terrorismo. No podemos consentir que nuestra sociedad proceda como en la frase de la zarzuela: «No es nada: un soldado muerto. Puede el baile continuar.»

LA AMENAZA PARTICULAR DEL TERRORISMO COMO INSTRUMENTO DE LA GUERRA REVOLUCIONARIA

Dentro de la degradación general del orden público merece mención especial la escalada espectacular del terrorismo como instrumento de las guerras revolucionarias. En las tres provincias vascongadas y en Navarra ha habido un promedio de dos actos violentos por día en lo que va de 1978; y la actividad de ETA no se circunscribe a aquellos territorios; aparte de las actuaciones de otros grupos, como GRAPO y MPAIAC.

En 1968, estas acciones causaron dos muertos; en 1969, una; en 1970, ninguna; en 1971, una; en 1972, dos y un herido; en 1973, ocho (uno de ellos, el almirante Carrero) y tres heridos; en 1974, 19 muertos y 75 heridos (fue el año de la bomba de la calle del Correo); en 1975, 27 muertos y 11 heridos; en 1976, 16 muertos y 36 heridos; en 1977, 22 muertos y 17 heridos; en 1978 van más de 40 muertos y cerca de 90 heridos. Los representantes de los Cuerpos de Seguridad del Estado rebasan el 60 %. Pero estas cifras no revelan por sí solas el aumento de la gravedad de la situación.

Porque, en los dos últimos años, la acción armada se ha reforzado de un modo intolerable con la abierta acción política en la calle, en los Ayuntamientos, en las fiestas populares y en todas las instancias de la vida social y política.

Al lado de ETA actúan grupos políticos, como EIA, HARIR, LAIA, y coordinadoras diversas, que organizan acciones de masas, reclamando la amnistía para los asesinos de ahora, como los que mataron a puñaladas a un subteniente de la Guardia Civil en Pamplona, o los que intentaron matar al teniente de Alsasua; o comunicados intolerables (como acaban de hacer más de 70 organizaciones locales del PNV) contra la policía y sus hombres.

Se puede llegar a lo pintoresco, en anécdotas como la siguiente. La cuadrilla los Vainas, de «blusas», de Vitoria, ha hecho un donativo de 70 000 pesetas a cuatro presuntos miembros de ETA, detenidos en Nanclares de Oca, de los beneficios de la becerrada celebrada el día de Santiago. Los «blusas» habían recibido, al parecer, una subvención de 400 000 pesetas de la Diputación y otra indeterminada del Ayuntamiento.

Lo cierto es que todo suma. Después viene la intoxicación, por constantes pintadas, carteles e informaciones tendenciosas.

Los comunicados de ETA se publican constantemente, no ya en Francia, sino en nuestra prensa, uniendo la propaganda más descarada a la acción violenta. Cuando el 12 de junio pusieron una bomba incendiaria en la Delegación del INP en Bilbao, con 500 personas dentro, se permitieron aludir a «la desastrosa situación sanitaria en que se encuentra nuestro pueblo». Cuando el 18 de julio, 30 personas del Comando Pertur asaltaron el Gobierno Militar de San Sebastián, llevándose un fusil Cetme y una metralleta, defendieron la autodeterminación; texto que fue leído en Radio Popular de San Sebastián. Cuando el 18 de agosto asesinaron al inspector jefe don Alfonso Estebas Guilmain, aprovecharon para anunciar una lista de futuros represaliados y «una ofensiva permanente» contra las fuerzas del orden. Así explican cada día los terroristas sus razones.

Entre los atentados recientes de ETA, debe destacarse el del periodista José María Portell, doblemente significativo, por ser persona que había intentado extremar la objetividad en sus informaciones, e incluso parece haber intervenido en determinadas negociaciones; pero en cuanto se convenció de la criminalidad absoluta de los terroristas, y lo dijo, en el periódico que dirigía, fue suprimido, como aviso claro a todos los periodistas y medios de información. Y se les permiten toda clase de organizaciones y reuniones ilegales. Por ejemplo HASI (Herriko Alberdi Sozialista Iraultzailea), ha celebrado su primer Congreso, del 29 de septiembre al 1 de octubre, con la asistencia de numerosos observadores, entre otros, del Frente Sandinista, del Frente Polisario, etc. Tiene el apoyo oficial de ETA, declarado reiteradamente y por escrito; ha sido declarado ilegal, por incluir en sus estatutos una terminante declaración de independentismo. Siendo ilegal, el Congreso se ha celebrado a bombo y platillo, y grandes espacios en la prensa; se leyó un comunicado de adhesión a ETA militar; y, por supuesto, asistió el diputado señor Letamendía. Los datos correspondientes pueden leerse en *Egin* y *Deia* de los citados días.

Todo ello tiene un fin reconocido: un Estado vasco independiente y revolucionario. Nadie puede ignorarlo, pero voy a aportar algunos datos, recientes y elocuentes.

He leído cuidadosamente la Ponencia Otsagabía, redactada en el verano de 1978, donde se establecieron los planes políticos de ETA. De ella se deduce con claridad el deseo de crear brazos políticos que utilicen los cauces partidistas, a lo que corresponde sin duda la creación de los grupos EIA y ARIR, para ir quitando la clientela (como expresamente se afirma) al PNV, al PSOE y al PC. Pero, al mismo tiempo, se afirma sin equívocos que lo esencial seguirá siendo la lucha armada, continuando la escalada, en diversas fases, hasta alcanzar «la lucha armada de masas», y que los partidos que se proponen, para movilizar política y revolucionariamente a los trabajadores del País Vasco, han de estar respaldados por «un ejército al servicio del pueblo» y por «la correcta combinación de los medios políticos y militares». Sólo así conseguirán los fines definidos como «liberación nacional» y «poder popular».

El partido «independentista y revolucionario» deberá apoyarse (sigo citando textualmente) en «formulaciones públicas... lo suficientemente amplias y ambiguas» para sortear las normas legales; pero la clave seguirá siendo «la organización armada, el ejército, ETA».

En el número 89, correspondiente a febrero de 1978, de *Zutik* (publicación oficial de ETA), se expone con la misma claridad la doctrina de un Estado Vasco independiente, con los territorios españoles y franceses, y la necesidad de llegar a él por la vía revolucionaria y la fase de la dictadura del proletariado. Por cierto que en la página 4 de dicha publicación se reivindican como parte de esta acción los tristes sucesos de Vitoria, en 1976, lo que introduce una nueva dimensión en el enjuiciamiento de sus causas, a la vez que se declara «irrealizable» la integración de los emigrantes en el Pueblo Vasco. La «lucha armada» va a continuar, constituyéndose «un poder armado popular que defienda a los sectores populares patrióticos de cualquier agresión antidemocrática por parte de cualquier otro sector social, extranjero o afincado en Euskadi» (p. 14). Más claro no puede estar: se trata de crear una policía autóctona, que legalice el terrorismo en contra de los emigrantes y los demás españoles en general.

El propio número de *Zutik* responde a los que, ingenuamente, piden a los terroristas de ETA que abandonen las armas, una vez que se ha entrado en un periodo constitucional y democrático. Y dice textualmente: «Esta gente ha pensado que éramos simplemente patriotas antifranquistas y nunca se ha detenido a reflexionar sobre el significado de la definición que acompaña a nuestras siglas: ORGANIZACIÓN SOCIALISTA REVOLUCIONARIA VASCA DE LIBERACIÓN NACIONAL», (p. 22). Se rechaza, pues, todo lo existente, y se reafirma la necesidad de «una organización armada más fuerte que nunca» (p. 29) al servicio de la independencia total y la revolución proletaria vasca. Y no hay duda de que esto es así. ¿A qué vienen entonces las amnistías y contemplaciones con estas personas, que se sitúan a sí mismas fuera de toda Constitución, ley o norma de humanidad? Y ¿cómo se pueden aceptar manifestaciones antiviolencia que pongan en el mismo plano a estas personas con los legítimos defensores de la legalidad actual? Y, finalmente, veamos este párrafo final, de claro triunfalismo, frente a quienes les aconsejan que cese la violencia, para consolidar la democracia: «Esta campaña (la de los que aconsejaron el desarme) ha servido además para demostrar que la táctica que propugnamos no es tan disparatada como muchos hubieran pretendido... Un general arrestado, otros destituidos, una circular del Ministerio del Ejército a todos los oficiales, solicitándoles no se dejen llevar por la maniobra divisoria de ETA, *radicalización de los enfrentamientos políticos en las Cortes con respecto al tema del orden público*, la oferta de negociación del Gobierno a través de la prensa, muestran que la burguesía padece la contradicción ya repetidamente citada, que ello le supone una gran debilidad y que tiende a *solucionarlo a través de* la concesión de nuevas reivindicaciones, en este caso la legalización de los partidos independentistas, sin rebajar sus estatutos» (p. 34).

Más claro, imposible; y lo más trágico es que, como está a la vista, no ha sido ETA la que ha jugado a capitalizar políticamente los hechos terroristas. En todo caso, *éstos van a continuar*, y en escalada creciente; el que avisa no es traidor, y ellos lo proclaman y lo confirman cada día.

¿Cuál es la respuesta? También se reitera cada semana: que el Gobierno no caerá en la trampa de replicar en serio, de tomar medidas adecuadas a la gravedad de la amenaza, de luchar de verdad contra el terrorismo. ETA afirma que «el poder efectivo reposa en la fuerza de las armas» (p. 40) y que sus objetivos no se pueden conquistar «por vía directa de la negociación claudicante o de las Cortes madrileñas», sino que son «la lucha en la calle, las movilizaciones a todos los niveles y la lucha armada, las únicas razones de fuerza real que nos situaron en una correlación de fuerzas favorables en disposición para arrancar un armisticio de victoria en el largo combate que nos queda por recorrer» (p. 42). No hay engaño posible, y la única trampa real es no comprender que para un enemigo así no hay más que una respuesta: derrotarlo cuanto antes, y por todos los medios.

En estas circunstancias, a nadie puede extrañar lo que está ocurriendo. Hay un hecho indudable: cuanto más se amnistía y se tolera a ETA y a sus satélites, ellos más asesinan, más roban y más se envalentonan. Ante un ataque frontal, como el de la guerra subversiva, el Estado tiene que revisar sus planteamientos normales y fortalecer su defensa; y, sin perjuicio de su estructura pluralista y democrática, pero atendiendo a los fines primarios de toda comunidad pública, de garantizar la paz pública y la seguridad interior y exterior, ha de poner en marcha todos los recursos necesarios y suficientes para destruir a los que quieren desintegrar al propio Estado.

Sólo hay un modo de luchar contra el terrorismo: una acción directa y eficaz contra sus jefes y los cuadros de los grupos revolucionarios que lo mantienen. Hay que recordar aquí la famosa sentencia de Maquiavelo: «Un hombre desarmado no puede nada contra otro hombre armado.» Un Estado desarmado no puede nada contra grupos revolucionarios y terroristas armados. Lo que está ocurriendo en Italia, y lo que en su día ocurrió en Montevideo y en Buenos Aires, me relevan de otros comentarios. También ello nos explica la situación de ánimo de las

Fuerzas de Orden Público, acosadas por todas partes y sin el respaldo necesario de las propias autoridades.

La provocación a las Fuerzas del Orden Público en el País Vasco llega ya a detalles verdaderamente inconcebibles. El sábado día 14 de octubre se paseaba por Bilbao un coche con una cruz en el techo y dos pollos colgados de sus brazos, en plena Gran Vía; y frente al acuartelamiento de Basauri se hizo circular varias veces un féretro vacío, intentando provocar al cuerpo de guardia, mientras sonaba la canción *Que se vayan*. Se comprende que una personalidad política vasca, con especial responsabilidad, señalara los riesgos de enviar a la región a unidades de otras partes de España, por «no estar acostumbradas a humillaciones», tal vez considerando que éstas deberían ser lo normal para las FOP. Ayuntamientos, como el de Lacunza, han tomado la causa de los terroristas, y así sucesivamente.

Nadie menos propicio que yo, por convicción y hasta por temperamento, a disculpar o menos justificar actitudes levantiscas o sediciosas por parte de unas Fuerzas cuyo primer lema ha de ser la disciplina. Pero también hay que situarse en la dramática situación de unas pobres mujeres, que ven a diario en peligro grave la vida de sus esposos o hermanos, que les ven insultados y humillados del modo más escandaloso; que ellas mismas se ven discriminadas a la hora de hacer la compra, o de llevar sus hijos a un colegio o a una clínica, sin que se tomen medidas gubernativas contra quienes del modo más cobarde les hacen la vida imposible.

Es, pues, el momento de la comprensión y de la ayuda, más que el de la severidad, para unos hombres que diariamente arriesgan su vida, al servicio de nuestra paz y de la unidad de España.

Recordemos que ETA ha cometido, en 1977, 447 acciones terroristas reivindicadas, entre ellas el asesinato del presidente de la Diputación de Vizcaya, Augusto Unceta; del ex alcalde de Bilbao, Javier Ybarra; del concejal de Irún, Julio Martínez Ezquerro; de 4 guardias civiles, 2 policías armados y 2 inspectores, más un civil. En el mismo año, el GRAPO cometió 200 actos terroristas, entre ellos el asesinato de un capitán de la Policía Armada y 2 guardias civiles, y los raptos del presidente del Consejo de Estado y del Consejo Supremo de Justicia Militar. El MPAIAC rebasó el centenar de acciones, casi todas en Canarias. Y recordemos también que, para lograr sus objetivos, los terroristas no exceptúan ni perdonan a nadie, como ocurrió con los dos pobres trabajadores muertos en el atentado contra la Central de Lemóniz. Pensar, en estas condiciones, que «a urnazo limpio terminaremos con el terrorismo» es pura ingenuidad. Pensar en que cabe negociar con el terrorismo, es perder el tiempo. Pensar que se pueden hacer declaraciones o manifestaciones «contra toda forma de violencia, incluso la institucional», resulta cínico. Pensar que se puede actuar en este asunto sin tener en cuenta el factor internacional, siendo urgente la reorganización de nuestros servicios de inteligencia y contraespionaje, y una ley que cubra jurídicamente a nuestros propios servicios, pues no debemos olvidar que el caballo de Troya sigue siendo la más decisiva y permanente de las tácticas. Ello obliga a reconsiderar también el problema de los «refugiados políticos»; lo mismo exigiendo una actitud más clara a países como Francia y Argelia, que poniendo un límite y mayor control a los que crecientemente proliferan en España. Y pensar, finalmente, que el tema va a mejorar con la creación de las llamadas policías autóctonas, es otra utopía; cualquiera que conozca la historia de los forales, miñones, miqueletes o mozos de escuadra sabe que una cosa es recaudar arbitrios o escoltar procesiones y otra mantener el orden y la seguridad de todos.

No nos engañemos; hoy no estamos actuando como para ganar esto que ya es una guerra civil larvada. La impresión que todos tenemos es que el Ministerio del Interior no posee información suficiente sobre ETA; que es insuficiente sobre GRAPO, y que sería bueno que la ampliase sobre ciertas partes de Andalucía, donde hay buenas razones para pensar que se está creando una situación explosiva, con probable intervención de determinados servicios exteriores de inteligencia, interesados por la base de Rota y la situación en el Norte de África.

Falta material adecuado; en Guipúzcoa y Vizcaya se debería disponer cuanto antes de blindados ligeros, de otros coches con un mínimo de protección, de chalecos antibala, etc. Mario Galletti, en un artículo publicado en *Paese Sera* el pasado 26 de marzo, citaba a España como el país más afectado por el terrorismo en toda Europa. Hay, pues, que disponer de los medios adecuados. Aún no se ha dado, por lo menos en esta Cámara, una explicación oficial de los proyectados alijos de armas, que podrían indicar el intento de escalada a una nueva fase terrorista. Y, en otras zonas del país, seguimos con Comisarías viejas, mal instaladas, sin emisora ni télex, con un viejo coche tipo K, sin más armamento para repeler un ataque que las pistolas de los funcionarios, etc. Los medios deben multiplicarse, y todos son pocos en este momento, dada la gravedad de la situación.

Y no nos engañemos tampoco sobre esto: las masas ventean al que puede ganar, aunque no les guste; su grito predilecto es «viva quien vence»; sólo si ven al terrorista derrotado le vuelven la espalda. Es deber básico del Gobierno procurar a España esa victoria cuanto antes.

CONCLUSIÓN

Paso a concluir, señor presidente, señoras y señores diputados. He intentado presentar a la Cámara las serias preocupaciones de mi Grupo, y pienso que de una gran parte de la opinión pública, sobre la situación del orden en España, y la necesidad de una acción enérgica y bien pensada al respecto. De seguirse agravando la situación, pudiéramos llegar a una situación límite: aquella en la que el Estado deja de garantizar el orden, mientras otros establecen el suyo, a través de penas de muerte acordadas por tribunales encapuchados, cárceles del pueblo, piquetes violentos, manifestaciones ilegales, etc.

El Gobierno es, por supuesto, perfectamente dueño de volver a su argumentación de ocasiones anteriores, de que también hubo guardias civiles muertos en la lucha contra el bandolerismo y la guerrilla de montaña en los años 40, olvidando que entonces las bajas de los guerrilleros fueron mucho mayores, hasta su completa y decisiva erradicación; de que determinadas estadísticas revelan que siempre hubo problemas de orden público, o incluso la original solución de volvernos a hablar de Vitoria y Montejurra. Lo malo es que, si lo hace, ya nadie le va a tomar en serio; porque todos sabemos que una situación como la del último mes no se ha conocido tal vez en todo lo que va de siglo, y lo que queremos saber es lo que se propone hacer ahora. Ya está claro que la lucha contra ETA se está perdiendo; que las fuerzas del orden carecen de confianza en el Ministerio, y están «dolorosamente hartas» de la situación; ya saben, hasta los sordos, que las cosas no van bien para la seguridad de los españoles.

Y todo ello es muy grave y de enorme trascendencia

política. La actual situación, de falta creciente de seguridad pública, unida a la desconfianza en la marcha de la economía, puede destruir el proceso democrático. Ya ha ocurrido otras veces en nuestra Historia. Continuar en la indecisión y en la ineficiencia sería fatal para todos. Justamente porque deseamos la consolidación del proceso de reforma política, es por lo que exigimos una explicación clara y unos planes concretos del Gobierno al respecto.

Un Gobierno minoritario, obligado a pactar constantemente, y (como ocurrió en los Pactos de la Moncloa) a hacer concesiones políticas por su incapacidad para lograr un pacto social, no es capaz de hacer frente a estos problemas, y da la lamentable impresión de no sentirse legitimado para hacerlo.

Recordar estos hechos, y pedir explicaciones al respecto, no es propagar pesimismo, ni proponer ningún golpe como solución, ni echarle toda la culpa a la democracia. Es, cabalmente, todo lo contrario; es manifestar que estos problemas existen; es afirmar que pueden y deben ser acometidos; es recordar que gobernar consiste en hacer frente a los problemas y asumir las responsabilidades correspondientes.

Cuando hace casi un año hablé por primera vez de estos temas en nuestra Cámara, el señor Roca Junyent me reprochó el tomar los tonos de los señores Gil Robles y Calvo Sotelo en abril, mayo y junio de 1936. He repasado aquellas páginas memorables de nuestro *Diario de Sesiones*, y lo que me ha impresionado (y lo he confirmado hace unos días en una conversación privada con el señor Gil Robles) es que aquellas cifras elocuentes palidecen ante las actuales, salvo en un capítulo: los incendios de iglesias. La comparación, repito, es impresionante, y más que ninguna, la de bajas de las Fuerzas de Orden Público.

Por supuesto, el aplaudido entonces, en los bancos de la mayoría, fue el señor Casares Quiroga, ministro de la Gobernación. Calvo Sotelo y Gil Robles fueron constantemente interrumpidos, insultados, y se sabe cuál fue el final del primero. También se sabe cuáles de aquellos discursos pasaron a la Historia. El 6 de mayo, Calvo Sotelo decía que estaba de acuerdo con los señores Azaña y Casares Quiroga cuando afirmaban que no querían presidir una guerra civil. Eso fue, justamente, lo que hicieron.

Y Calvo Sotelo dijo: «Eso es lo que nosotros queremos, señor ministro... que no haya guerra civil en España, y para eso, que se ataje, que se suprima toda violencia... porque lo contrario no es impedir la guerra civil, sino fomentarla y ayudarla.» Y el señor Gil Robles pronunció estas otras, no menos significativas: «La guerra civil la impulsan, por una parte, la violencia de aquellos que quieren ir a la conquista del poder por el camino de la revolución; por la otra, la están mimando, sosteniendo y cuidando la apatía de un Gobierno que no se atreve a volverse contra sus auxiliares, que tan cara le están pasando la factura de la ayuda que le dan.»

Y termino, señoras y señores. Una vez más he asumido un papel incómodo para mi persona y para mi Grupo Parlamentario. Mas nuestra conciencia nos indica que se lo debemos a España.

No me hago ilusiones sobre el resultado provisional de este debate. Pero cumplimos con un deber de conciencia al plantearlo, cualquiera que sea el resultado a corto plazo. No desconozco las dificultades de la empresa de restaurar la seguridad y la confianza de los españoles a estas alturas del deterioro; lo que afirmo es que estamos obligados a hacerlo, y que el Gobierno debe dar a este asunto la importancia que tiene, y la prioridad consiguiente, antes de que sea tarde; y todos, por supuesto, políticos y ciudadanos, darle cuanta ayuda esté en nuestras manos.

Porque aún estamos a tiempo de evitar lo peor, pero no queda mucho. El Gobierno y las demás fuerzas políticas tienen la palabra.

8. La seguridad ciudadana[1]

En la pasada legislatura, concretamente en la sesión plenaria del Congreso del 8 de noviembre, en un debate general sobre orden público, producido en virtud de moción del Grupo Parlamentario de Alianza Popular, tuve ya la honra de plantear a la Cámara, y a través de su autorizada tribuna a la opinión nacional, la gravedad de los problemas de la seguridad ciudadana. Manifesté entonces el serio deterioro de todos sus índices: guerra revolucionaria en el País Vasco, escalada terrorista en todo el país, gravísimo aumento de los delitos contra la seguridad de las personas, formidable ascenso en flecha de los atracos y de los atentados con explosivos, grave preocupación por los incendios forestales provocados, etc. Y, frente a esto, medidas incomprensibles en la gestión del Ministerio del Interior, con remociones constantes de los mandos de las FOP; sanciones excesivas e injustificadas a sus miembros y legítimos representantes; disposición desacertada de las fuerzas, llevadas a lugares donde no hay problemas de orden público (como La Estrada o Jumilla), mientras que se desguarnecían los lugares donde realmente estaban los problemas. Por otra parte,

1. Discurso en el Congreso de los Diputados (23 de mayo de 1979).

la situación en las prisiones era y sigue siendo insostenible; y el número de detenidos sin proceso, o sin que éste se termine, aumenta, con una verdadera parálisis del procedimiento sancionador penal. En estas circunstancias, era lícito preguntarse adónde íbamos a parar, y esencial que el Gobierno se explicase, sobre el cumplimiento de una de sus más esenciales funciones, la defensa de la seguridad de los ciudadanos.

La respuesta del entonces ministro del Interior fue enormemente decepcionante: negativa a reconocer la gravedad de la situación, y afirmación terminante de que no eran necesarias nuevas medidas al respecto, ni modificar las existentes. Bien es verdad que la seria agravación de la situación, en los meses de diciembre y enero, llevó a la adopción de algunas de las mismas medidas cuya necesidad se había intentado negar; las cuales se tomaron por Decreto-Ley, de 26 de enero de 1979, en período electoral y en clara violación del art. 86, 1, de la Constitución, dando lugar a un importante debate en la Diputación Permanente, y a una proposición de ley del Grupo Socialista que pide su derogación. Huelga decir que esta propuesta socialista, como la proposición comunista en el sentido de debilitar la aplicación de la Ley de 4 de diciembre de 1978, sobre delitos cometidos por grupos organizados y armados, no pueden ser más inoportunas y por supuesto no contarán con el apoyo del Grupo de Coalición Democrática.

Celebramos que hoy la actitud del Gobierno sea más realista, en el reconocimiento de los hechos, y más positiva, en la propuesta de las indispensables medidas.

Los datos que conocemos del año 1978 y de lo que va de año son aún más graves que los entonces alegados; la tendencia, como era de temer, no sólo se confirma y se afianza, sino que se acelera de modo vertiginoso. Comparando los delitos conocidos en 1978 (total de delitos comunes), ha habido 272 310 frente a 217 498, con un aumento del 25,20 %. En algunos capítulos significativos, el aumento es aún más preocupante: los homicidios voluntarios han aumentado en un 43,24 %; los atracos, en un 79,22 %; y los atracos en Madrid, en un 219,58 %. Hubo, en efecto, en 1978, 577 atracos contra Bancos, y 4 719 contra otros objetivos, con un botín total de 2 015,5 millones de pesetas. Si las cifras de atracos las extendemos al período 1975-1978, veremos que el crecimiento del número de atracos contra bancos en estos años es de un 706,5 %, y que los atracos contra otros objetivos aumentaron en un 580,3 %. Las sustracciones de vehículos, en 1978, fueron del orden de 91 028, y el total de delitos comunes, en los tres primeros meses de 1979 (enero a marzo), fue de 92 365, frente a 44 245 en 1976, 50 992 en 1977 y 67 744 en 1978; es decir, que tomando el año 1976 como 100, la proporción sube a 115 en 1977, 142 en 1978 y 209 % en 1979.

Pero, desgraciadamente, esto no es lo peor; es, simplemente, recordar que (también contra lo que se afirmó aquí el pasado 8 de noviembre) las cifras se deterioran en todos los frentes, y no sólo en el del terrorismo. Pero es, por supuesto, en este último campo donde la situación es más preocupante. Desde el 1 de enero de este año, el terrorismo ha producido en España 50 muertos, 152 heridos, 92 explosiones (sin contar los artefactos desactivados), 11 secuestros, 6 ofensas graves a la bandera nacional y 8 a la efigie del Rey. En estas cifras no se incluyen los numerosos policías heridos en enfrentamientos con manifestaciones violentas, los ametrallamientos de cuarteles y otros edificios, los incendios provocados, etc. Entre los muertos figuran el general de División Ortín, gobernador militar de Madrid; el presidente de la Sala VI del Tribunal Supremo, Miguel Martínez Cuenca; el general Agustín Muñoz Vázquez; el teniente coronel Sergio

Borrajo; el comandante José María Herrera, ayudante del gobernador militar de Guipúzcoa; el alcalde de Olabarría; un concejal de Esplugas; el jefe de la Policía Municipal de Beasaín; el ex presidente de los legionarios de Vizcaya. Ha habido (tras el asesinato de su predecesor) un grave atentado contra el director general de Instituciones Penitenciarias; el señor Rodríguez Román, ex director general de Seguridad, se encuentra en gravísimo estado; numerosos guardias civiles, policías nacionales e inspectores de policía han perdido la vida; y al escribir las notas de este discurso, el pasado viernes, ha sido asesinado Antonio Pérez García, de 48 años, vigilante de una empresa de cementos, y dueño de un modesto bar, que supongo sería también un ejemplo de oligarquía capitalista e imperialista y de sus esbirros.

Pero estas cifras abrumadoras, con ser terribles, no son lo peor. Todos sabemos que es aún más grave el ambiente de desesperanza en el cual se producen. Todos sabemos que los navajeros de Madrid, los pistoleros de Barcelona y de Sevilla, y los que ametrallan y dinamitan en Vizcaya y en Guipúzcoa se sienten cada vez más impunes y más seguros. Porque ven la ineficacia del Gobierno y las autoridades; porque contemplan la falta de reacción de las fuerzas políticas; porque ven paralizada la función judicial; porque los medios de información no han adoptado la actitud adecuada; porque un gran número de ciudadanos prefiere no enterarse y escurrir el bulto.

Así no podemos seguir. No podemos seguir tolerando que el país se deteriore, de modo que va a costar mucho superar. Y para ello hay que actuar con valor y decisión. Y esto quiere decir, concretamente: 1.° Decir *basta* a la guerra revolucionaria en el País Vasco, con todas las consecuencias; 2.° decir *basta*, también llegando adonde haya que llegar, a los que están promoviendo o tolerando el terrorismo, desde fuera de España; 3.º modificar las disposiciones penales, de procedimientos y penitenciarías que hagan falta; 4.º respaldar y dar medios a las fuerzas que defienden la seguridad ciudadana. Pasemos a examinar brevemente estos cuatro puntos capitales.

Comienzo por lo primero. Todos sabemos que en el problema vasco se juega el futuro de España como nación, y del Estado democrático como forma política de nuestra convivencia. Pero no todos se quieren enterar (y actuar en consecuencia) que ninguna medida política o estatutaria puede dar solución alguna a este problema sin comenzar por la erradicación de ETA y de sus compañeros de viaje. No puede haber engaño: sus objetivos no son de paz civil, sino de guerra revolucionaria; no de autonomía o foralismo, sino de independencia y revolución total. Su principio es el clásico de Mao Tsé-tung: «El poder está en la boca del fusil», o el que se expresó en París, en mayo de 1968: «No aceptamos la tentativa de empantanar la lucha de clases en la vía sin salida del parlamentarismo.» ETA publicó ya en 1964 un bien meditado (a juicio de los expertos) manual de la guerra revolucionaria, *La insurrección en Euskadi*; la mayor parte de sus principios y tácticas se han ido aplicando progresivamente. Desde entonces, su doctrina se ha ido completando, y publicándose a lo largo de distintas situaciones, en órganos como *Zutik*, culminando en la *Ponencia Otsagabía* (obra de Pertur, fundamentalmente), en la que está todo: rechazo de la Constitución; oposición al Estatuto; independencia plena y revolución marxista; continuación de la lucha armada, y de la cultural (entre otros instrumentos, se mencionan las «ikastolas revolucionarias»), etc. En julio de 1976, después del bárbaro asesinato de Berazadi, ETA estuvo dividida, el PNV se atrevió a hacerle una primera crítica pública, y el propio Pertur se atrevió a protestar (lo que habría de costarle la vida); y, por supuesto, la presión del Gobierno era fortísima, y se encontraban en plena crisis, por no decir en las cuerdas. Pero, desde entonces, la debilidad del Gobierno, y otros factores, la han hecho recuperar; en 1978, con 64 muertos (es decir, más que todas las producidas entre 1972 y 1977), cifra que ya está superándose, ampliamente, en 1979, la presión criminal de ETA es brutal; pero se ha complementado con un intolerable complejo de acciones paralelas: gestoras pro amnistía, comisiones de investigación, grupos de acción municipal, marchas de la libertad, y frentes políticos, que han culminado en Herri Batasuna y las demás prataformas integradas en KAS, para pasar de la guerra revolucionaria a la guerra popular.

Sobre el tema de Herri Batasuna debo decir unas palabras más, porque nos afecta de modo directo. Tres miembros electos de esta Cámara no han comparecido ante ella, más que para llevarse los carnets, los talonarios de viajes gratuitos, y el devengo de las indemnizaciones parlamentarias. Y han dicho por qué no vienen a sentarse y a parlamentar con nosotros. La prensa de Bilbao del día 8 de marzo, dando cuenta de una rueda de prensa, en la sede de HB en Bilbao, nos dice (cito literalmente a *Egin* de la citada fecha) que «HB no participará en el juego parlamentario. Obtendrá las credenciales para utilizarlas en defensa de su programa y acudir a las más altas instancias internacionales *a fin de denunciar la represión que sufre Euskadi*». No vienen aquí porque éste no es un Parlamento democrático, y porque rechazan la Constitución; se proponen, en fin, crear una Asamblea vasca propia. Uno de los tres, el señor Letamendía (para quien pedí en vano a la anterior mesa la aplicación de la disciplina parlamentaria), ha declarado al diario madrileño *El País* (del 9 de marzo) que la Constitución ha sido rechazada en el País Vasco, y, por lo tanto, es allí «ilegal», como lo será el Estatuto basado en la misma. HB es «la cristalización de un patriotismo revolucionario y socialista que considera que la lucha del pueblo vasco es una parte de la lucha mundial en contra del imperialismo y del capitalismo». El señor Letamendía acepta clara y públicamente la conexión de HB con ETA, manifestando que «HB asume la forma de lucha de ETA y ésta asume las formas de lucha pacíficas que adopta HB».

Y yo, señor presidente, señoras y señores diputados, señores del banco azul, me pregunto, como Cicerón: «*Ubinam gentium sumus? Quam rem publicam habemus?*» ¿Entre qué gentes estamos? ¿Qué estado constitucional tenemos? ¿Qué idea tenemos del prestigio de esta Cámara y de nuestro Estado de Derecho? Y, en concreto: ¿qué acciones va a tomar la Mesa de la Cámara, y va a proponer el Gobierno, para poner fin a este intolerable estado de cosas? Con arreglo a la Constitución (art. 66, 1) las Cortes representan al pueblo español; el pertenecer a ellas, da lugar a los privilegios parlamentarios del art. 71; pero hay también obligaciones elementales, perfectamente reflejadas en el art. 15 de nuestro Reglamento, con arreglo al cual existe el deber de asistir a las sesiones del pleno y de las Comisiones, y en general de desempeñar las funciones reglamentarias. Entiendo, además, que el asunto tiene inmediato y oportuno reflejo en actuaciones judiciales pendientes.

La guerra revolucionaria es como las demás: se gana o se pierde; para ganarla hay que tomarla en serio; y eso quiere decir utilizar todos los medios disponibles, como ahora mismo se ha hecho en Italia, recurriendo al mismo Ejército. Y no se puede tolerar que frente a una situación como la descrita, se nos venga a hablar de la cárcel de Soria, o, como al parecer ha sugerido el señor Bandrés, los terroristas de ETA tengan que ser juzgados bajo la presión de las metralletas, e incluso por jurados populares, a ver si por fin nos ponemos al nivel del Irán.

Punto segundo. El tema terrorista, por supuesto, va más allá del caso ETA. En España, como en otros sitios, se están utilizando los métodos terroristas en diversas partes del territorio y con diferentes banderas, para desestabilizar la sociedad y destruir el orden jurídico-político. Diversos grupos, entre ellos el GRAPO, están actuando intensamente aquí y allá; y ello también dentro de un ambiente general de creación de un clima prerrevolucionario.

El terrorismo es un fenómeno reciente, específicamente contemporáneo, por cuanto sólo es posible en sociedades relativamente grandes y unificadas, y con medios potentes de comunicación social, a la vez que con problemas internos de identificación moral. Desde que «el terror» toma categoría política en la Revolución francesa, cuando Robespierre afirmó que «la virtud sin el terror es impotente», acompaña a la mayoría de las crisis de Estado, adaptándose a los sucesivos planteamientos revolucionarios. Debe recordarse que lo mismo Lenin que Mao fueron claramente partidarios del uso de la violencia y del terrorismo en determinadas fases de la lucha revolucionaria, y que ambos pudieron justificarse ampliamente en los ambiguos y a veces no tan ambiguos, textos de Carlos Marx, al respecto. Lo mismo ocurre en las conocidas tesis sobre la guerrilla, de los iberoamericanos Fidel Castro, Ernesto «Che» Guevara y Marighella, puestos al día para consumo europeo por Régis Debray.

El terrorismo busca desmoralizar y provocar a las fuerzas del orden; crear en la opinión un sentido de cansancio y de frustración, que la lleve al entreguismo e incluso a la colaboración; y, en fin, movilizar a favor de su causa revolucionaria a determinados sectores de la opinión nacional e internacional. Con la brutalidad de sus actos intenta inhibir a los funcionarios y a sus familiares, a los jueces y fiscales, a los vestigos y periodistas, etc. Y busca además el control de la calle, acompañando sus acciones con la provocación e infiltración de manifestaciones sistemáticas y provocadoras, como explicó el ministro francés Marcellin en su libro *El orden público y los grupos revolucionarios.*

Ahora bien: el terrorismo tiene, además, un componente internacional de primer orden; y es lógico, porque todo Estado débil (y sólo hay terrorismo eficaz y duradero en los Estados débiles) afecta al equilibrio internacional y excita a los otros gobiernos que desean alterarlo en su propio provecho. Y éste es el caso de España, con su sistema político en transición, y con Gobiernos minoritarios y vacilantes, a lo largo de los últimos tres años. Pues ahora hay que decidirse: nuestra situación en relación con el Mediterráneo, el Estrecho y el norte y noroeste de África, nos hace ser pieza clave del ajedrez internacional. Y hay que decirle *basta* de una vez a Argelia y a Libia; hay que saber que de 1976 a 1978, se han celebrado seis cursos de adiestramiento de militantes de ETA (un centenar, actuando como organizadores Ereño, Pagoaga, Retolaza, Irigaray y otros); hay que aclarar de una vez que las actitudes y actividades de ciertas Embajadas del Este (que se mueven aquí sin las limitaciones que tiene la nuestra en Moscú) y sus sociedades filiales y comerciales. Circula en este momento por Madrid una grave información que afecta a conexiones de alguna de esas sociedades, con persona tan connotada como el señor Romero Marín, y con un determinado despacho profesional encargado de la sistemática defensa de los miembros del GRAPO. El Gobierno debe hacer cuanto antes una declaración pública al respecto y de las medidas consiguientes. En cuanto a Francia, sigue su Gobierno sin tomar las más elementales medidas y el reciente acuerdo del Tribunal de Aix-en-Provence sobre las extradiciones de terroristas de ETA constituye, en su fondo y en su forma, una burla y una ofensa, que debería comprometer seriamente otras cosas.

Y, finalmente, una observación: es falso que el terrorismo gane siempre. No ganó en R.F.N. Malasia, ni en Brasil, ni en Uruguay, ni en Argentina, ni está ganando en el Ulster. En esos y en otros países, ni ha logrado sus pretendidos objetivos, ni los ha propiciado; provocando reacciones políticas de signo contrario, y actuando en lo social más bien como «un factor de congelación en medio del cambio». Los trabajadores bilbaínos y guipuzcoanos deben saber que ETA les está haciendo retroceder siglos en posibilidades económicas, sociales y políticas, y llevando al país vasco a ser una zona deprimida. Y los miembros del Gobierno y las autoridades deben recordar que (como dice Von Baeye-Kaete, en su clásico *Marxismo y democracia*) «los atentados terroristas... sólo adquieren una *función provocadora de terror* cuando quedan *impunes* y descubren la *impotencia del sistema atacado*».

Pasemos brevemente (porque el tiempo apremia) al punto tercero. Hace unos días que hemos leído (entre otras manifestaciones coincidentes, como la muy resonante del decano del Colegio de Abogados de Madrid) que no se puede seguir sin una reforma en serio del Código Penal y la Ley de Enjuiciamiento Criminal; llegando a decir el jefe superior de Policía de Sevilla que en la actualidad es el juego de nunca acabar: detención, libertad provisional, nuevo delito. Todos los países han mejorado su ordenamiento penal y procesal, para hacer frente al crecimiento de las zonas urbanas y a la mayor organización de las bandas delincuentes. La misma Italia lo ha hecho, por disposiciones recientes, como las leyes de 14 de octubre de 1974 y 26 de julio de 1975, que afectan lo mismo al orden penal que al procesal y penitenciario.

Y no vale decir que estas disposiciones restringen la libertad, porque, efectivamente, sin restringir la libertad del delincuente, perece la de todos los demás ciudadanos. Cuando perdemos nuestra seguridad, la libertad, toda libertad, ha muerto. Hay épocas en que la libertad se proclama mucho, pero no se puede ejercer en absoluto. Y entonces ocurre lo que contaba Daniel Halevy, en su gran libro *Decadencia de la Libertad*: la libertad se pierde sin sentirlo, y cuando más se predica. Se nos quita con una mano cruel lo que se nos quiere dar con otra retórica. Sin seguridad ciudadana, no hay libertad ciudadana.

Hace falta, pues, y con inteligencia, una legislación penal para los problemas de hoy; un procedimiento monitorio rápido y ejemplar, para que el delincuente vea que el castigo es inmediato; y una reforma de verdad del sistema penitenciario, para que estén seguros los propios presos, y el resto de la sociedad también. Y, por supuesto, mientras no tengamos las nuevas normas, por lo menos no debilitemos, y apliquemos con redoblada energía las existentes. Estoy seguro de que el Ministerio de Justicia, la inspección de Tribunales y el Ministerio Fiscal sabrán dar inmediatamente un serio empujón al respecto.

Y paso al punto cuarto y final. En la lucha contra el terrorismo y la delincuencia, la vanguardia corresponde a las fuerzas encargadas de la paz y la seguridad ciudadanas. Es hora ya de comprender sus problemas, de no agravarlos aún más, y de ayudar a resolverlos. A la última reunión de la Asamblea Parlamentaria del Consejo de Europa, en Estrasburgo, se ha presentado un importante informe, previo a una declaración relativa a la policía, que el Consejo está preparando. En sus considerandos se reconoce que el pleno ejercicio de los derechos humanos y de las libertades públicas «supone necesariamente la existencia de una sociedad pacífica, que disfrute del orden y de la seguridad pública» y que en ello, las fuerzas de policía asumen un papel fundamental, que si de un lado obliga a mejorar las normas por las que se rigen, y su código deontológico, exige por otro que se encuentren respaldadas por la opinión y por el Derecho.

La policía se encuentra, como las demás instituciones, en medio de una serie de cambios sociales y políticos. Más que nunca necesita comprensión y ayuda. Por todas partes recibe críticas; sus mandos se han visto trasladados y desorganizados; las plantillas se han quedado cortas y se cubren mal (creo que solamente en el Cuerpo de Policía hay 2 000 vacantes); siguen sin resolver los problemas económicos, agravados a partir de la aplicación estricta de las incompatibilidades, lo que en la práctica produce clara discriminación y perjuicio, en relación con otros ramos de la Administración civil, siendo así que podrían y deberían resolverse estos temas a través del sistema de complementos (dedicación especial, singular dedicación, prolongación de jornada y peligrosidad). Por cierto que el Gobierno debería, además, informar al Congreso sobre el cumplimiento de la resolución unánime de todos los grupos parlamentarios, el pasado 8 de noviembre.

Pero la cuestión es de fondo. Y nos afecta a todos; todos debemos promover una campaña eficaz de apoyo popular a las fuerzas del orden. Su función es defender la ley, mantener el orden público y defender la seguridad de todos. Sólo pueden cumplir esos fines si pueden usar los medios que la propia ley pone en sus manos, y dentro de un clima de respaldo generalizado de la sociedad. Esa obligación de respaldo es, por supuesto, especialmente grave en el Gobierno, en las autoridades, en las fuerzas políticas y en los medios de comunicación social; estos últimos, en particular, no deben olvidar que lo que busca el terrorismo es precisamente la publicidad. Uno de los objetivos básicos de la guerra revolucionaria es, por otra parte, el aislamiento de las fuerzas del orden público, del resto de la sociedad, ocultando sus propios objetivos y justificando sus métodos por el carácter represivo de aquéllas.

Y con esto termino. El clima social general debe volver a la responsabilidad. Hemos leído que el Ministerio del Interior no insiste en su proyecto de regulación de la pornografía por su posible perjuicio a numerosas empresas. Si vale todo para ganar dinero y para consumir, poco podemos hacer para restablecer un orden de convivencia. Ha llegado la hora de la moral, pública y privada. Yo quiero terminar mis palabras con la plegaria de Reinhold Niebuhr: «Oh Dios, danos serenidad para aceptar lo que no puede cambiarse, valor para cambiar lo que debe cambiarse, y serenidad para distinguir lo uno de lo otro.» Añadiendo esto: lo que no puede cambiarse es que una sociedad sin orden y sin ley está condenada al desastre y hasta a la desaparición.

9. Las encuestas electorales[1]

La proposición de ley, que me honro en presentar a esta Cámara, solicitando su benevolencia para que sea tomada en consideración, contempla un problema de grande y reconocida trascendencia para el desarrollo y consolidación, sobre bases firmes, de nuestra naciente democracia. La democracia representativa y parlamentaria, que es la fórmula política consagrada por nuestra Constitución, se basa en un principio fundamental: la correcta participación de la opinión pública, en sus diversas corrientes, en los órganos constitucionales, a todos los niveles. Las elecciones reflejan, en cada momento, la configuración de esa opinión. Mas, para que el país real y el país legal se correspondan, es necesario que la ley electoral sea la más adecuada; que los sistemas de comunicación social, y en particular los controlados por el Estado, funcionen con objetividad e imparcialidad; y, en fin, que en los momentos definitivos de la decisión de las voluntades ciudadanas, para su formulación electoral, ninguna forma de interferencia o manipulación impida que el resultado sea el que realmente refleja una libre acción democrática.

En este último sector de cuestiones, se plantea jus-

1. Discurso en el Congreso de los Diputados (28 de junio de 1979).

tamente la necesidad y la oportunidad de nuestra proposición de ley. No hay duda de que las encuestas de opinión han constituido un método importante de análisis político, social y económico; pero no es menos cierto que ha presentado, al lado de importantes márgenes de error, posibilidades serias y peligrosas de manipulación de los procesos electorales, y, lo que es más grave, de sustitución (sin decirlo) del sistema de democracia representativa, a través del voto efectivo y responsable, por otro de poco clara tendencia a una democracia directa por muestras fácilmente manipulables, sobre todo a través de la publicación selectiva y discriminatoria de los resultados.

Tratemos, en primer lugar, de los amplios márgenes de error de las encuestas en sí mismas. Como ha explicado A. Kornhauser, éstas pueden nacer de dos causas: de la mala calidad de la investigación, y de la deliberada intención de provocar un determinado resultado. Ambos casos son frecuentes, particularmente en las encuestas políticas.

La deformación puede proceder de la elección de los temas, o de la formulación de los mismos, con una u otra fraseología, que por sí misma invita a una determinada respuesta. Un estudio de E. A. Suchman y L. Guttman, incluido en la obra clásica de D. Katz (y otros) sobre *Opinión pública y propaganda*, y relativo a una serie de encuestas hechas en Estados Unidos (en concreto, sobre actitudes en relación con las Fuerzas Armadas), demuestra no sólo que una misma pregunta, según se formule, puede dar lugar a respuestas muy diferentes, sino que el margen de dispersión puede llegar del 0 al 100.

Otro factor de error es el planteamiento equivocado de la muestra; y, por supuesto, el más importante es el de la interpretación y presentación de los resultados.

Pero no es esto sólo. Como reconocen Stoetzel y Girard en su libro *Las encuestas de opinión pública*, una vez conocidos y divulgados los resultados de una encuesta, introducen un elemento nuevo en la situación política o económica. Hay una tendencia a adherirse a lo que se presenta como corriente mayoritaria o ganadora; y, en todo caso, la opinión que se ve como prevista no puede por menos de ejercer una acción. Surge así lo que Merton ha llamado la «predicción creadora», que, en muchos casos, puede convertirse o manejarse como «predicción destructora». J. Fauvet, director de *Le Monde*, ha escrito que «el resultado de los sondeos no es solamente el reflejo de un estado de opinión, sino que se convierte en la causa de fenómenos políticos e incluso económicos». Así, en Francia, en el referéndum del 23 de junio de 1972, la opinión se desmovilizó, al prever el sentido de los resultados, con lo cual el referéndum perdió el peso, que era justamente su razón de ser; y para muchos no es dudoso el efecto favorable a la abstención que el abuso de las encuestas ha producido en las dos últimas consultas electorales celebradas en España en los últimos meses.

Hay un tercer factor. Las encuestas son enormemente costosas, y el dinero que en ellas se invierte es, normalmente, de origen partidista. Es bien sabido que el que paga, manda, o, como dicen en mis tierras celtas, «el que paga, al gaitero le dice lo que toca». En Estados Unidos se sabe que Lyndon Johnson y Nelson Rockefeller gastaron millones de dólares en influenciar determinados *polls* de opinión; y V. O. Key, en su libro *Opinión pública y democracia americana*, afirma que los *polls* encargados por los miembros del Congreso en sus distritos, «en general se realizan no para conocer la tendencia del distrito, sino para promover la causa del legislador».

Todo ello lleva a abusos y manipulaciones, que hicieron escribir a Viansson Ponté en *Le Monde* (6 de mayo de 1977) que «el abuso y a veces el trucaje de los sondeos contribuyen a falsear el juego, perjudicar a la equidad y, en definitiva, atentan al libre ejercicio de la democracia». El fenómeno se agrava y multiplica, además, por la inevitable tendencia de los medios de información a la publicación parcial y selectiva de los resultados. En el libro *La opinión pública*, presentado por las Semanas Sociales de Francia, en 1966, se llegó a decir de los sondeos electorales que pueden constituir «el medio moderno más perfecto de la violación de la conciencia de los individuos y de los grupos».

Ésta es la razón por la cual, en diversos países, se está estudiando o se ha actuado ya, el modo de garantizar que un medio legítimo y eficaz de análisis no se convierta en un medio de distorsión y manipulación de la opinión pública. En el Congreso norteamericano se han presentado varias mociones para crear una comisión investigadora del asunto, y en 1968 se presentó una proposición de ley para regular los *polls* de opinión. Su autor, el representante por Michigan, señor Nedzi, pedía que todo el que publicase un *poll* estuviera obligado a declarar, dentro de las 72 horas, a los servicios del Congreso norteamericano, quién lo había encargado y pagado; el sistema usado para establecer la muestra; el tamaño de ésta; las preguntas realizadas; el método para plantearlas (teléfono, correo, encuesta directa, etc.); personas que respondieron, que no contestaron o que no fueron contactadas; y, finalmente, sus resultados. La proposición sigue mantenida. Ha habido también una interesante resolución jurisprudencial con motivo de la elección del gobernador de Michigan, en 1966, en el caso «Citizens for Ferency vs. Market Opinion Research».

Pero es en la vecina Francia (país muy próximo a nosotros en todos los órdenes) donde se ha actuado ya con plena decisión y eficacia. En Francia llegó a haber unos 500 grupos de producción de sondeos de todo tipo, muchos de ellos sin la menor garantía. Por lo mismo, hubo ya intentos de regulación legislativa, a partir de 1970; en 1972, el Senado aprobó un proyecto, que no logró la confirmación de la Asamblea Nacional; y en 1974 el presidente del Senado e interino de la República, Alain Poher, pidió y obtuvo que no se publicara determinado sondeo, en la víspera de la segunda vuelta de la elección presidencial. Ello dio lugar a una consulta del Consejo Constitucional, que sugirió la intervención de los poderes públicos, refutando los sondeos, por lo menos en el período electoral.

A ello se llegó en 1977, por cierto a través de la vía de la proposición de ley. Cuatro se presentaron, con pocos meses de diferencia; una firmada por Jacques Soustelle; otra, por Guermeur y bastantes diputados, del grupo de Edgar Faure; otra, de H. Rolland, en cuya exposición de motivos se decía que los sondeos electorales plantean problemas, en cualquier tiempo, a una democracia representativa, pero «en período electoral su peligro es evidente», puesto que «el debate político es manifiestamente falseado por su existencia y multiplicación, siendo «indudable que el resultado de la consulta depende de ellos, en una parte si se quiere pequeña, pero no despreciable». La proposición Rolland concluía solicitando la prohibición de la publicación de encuestas en el mes anterior a toda clase de elecciones.

La cuarta y más completa de las proposiciones fue la del diputado Lauriol (4 de octubre de 1977). Éste afirmaba que «es contrario a la democracia que la creación de los órganos fundamentales del Estado, por la vía del sufragio universal, dependa de esas influencias, que pueden alterar la serenidad del juicio popular». Esta proposición distinguía entre dos períodos, el de campaña (prohibición total de la publicación de sondeos) y de precampaña (los 15 días anteriores), con un sistema de control.

Las cuatro proposiciones se acumularon, dando lugar a interesantes informes y debates en ambas Cámaras, resultado de las cuales fue la Ley 77/808, del 19 de julio de 1977. Dicha ley afecta a toda clase de elecciones (incluso a las celebradas estos mismos días, para el Parlamento europeo) y a toda clase de sondeos electorales y simulaciones de voto (art. 1). Obliga a la publicación de los datos básicos del sondeo (art. 2) y a su registro ante la Comisión de Sondeos (art. 3), así como a tener a disposición de ésta toda la documentación (art. 4). La ley crea una Comisión de Sondeos, en efecto, con facultades muy amplias (arts. 5 y 8), y cuyos miembros se nombra, por decreto, entre los del Consejo de Estado, el Tribunal de Casación y el Tribunal de Cuentas (art. 6). El artículo 7 obliga a todas las empresas que realizan sondeos a registrarse ante la Comisión. El artículo 9 regula la responsabilidad de los medios de información que publiquen sondeos. El artículo 10 permite un recurso de las decisiones de la Comisión de Sondeos ante el Consejo de Estado. Finalmente, el artículo 11 prohíbe totalmente la publicación de los sondeos en la semana anterior a toda clase de elecciones, y el artículo 12 establece diversas penalidades para los infractores.

La citada ley ha sido desarrollada por un Decreto número 78/79, del 25 de enero de 1978, que fija en 9 los miembros de la Comisión, nombrados por tres años; faculta a éste para adscribir magistrados, funcionarios y otras personalidades para auxiliarles en su trabajo (excluyendo a quienes hayan trabajado, en los últimos cinco años, para alguna empresa dedicada a sondeos); les impone un especial secreto profesional; crea un secretario general, nombrado por el ministro de Justicia, a propuesta de la Comisión, y puntualiza los procedimientos, plaza, etc.

Nadie ha esgrimido argumentos serios en contra de

este planteamiento, y el funcionamiento ha sido muy satisfactorio. No cabe invocar la libertad de información, cuando justamente se trata de protegerla, evitando que los sondeos se utilicen como medios de campaña; y también se regula el uso de carteles o el de los espacios de televisión.

Debemos añadir que, en opinión de nuestro grupo, lo ocurrido en España confirma todo lo dicho. Sólo recordaré, en la última campaña legislativa, la publicación (con el adjetivo de la mayor y más completa de las encuestas) por un diario de Madrid de unos datos de la Sociedad Francesa para la Gestión, Promoción y Publicidad, que, como su mismo nombre indica, no es ningún centro reconocido de investigación sociológica o de *marketing*, sino una conocida oficina de relaciones públicas, con una atractiva señorita al frente que (previa la oportuna remuneración) los hace para diversos grupos políticos. Sólo cabe alabar la prudencia con que otro diario, *ABC*, en su editorial del 28 de febrero de este año, «Nuestra encuesta sobre las encuestas», anunció su decisión de no publicar ninguna, para no desinformar a sus lectores.

En este espíritu se inspira nuestra *proposición de ley sobre reglamentación de encuestas electorales*, presentada a la Mesa del Congreso el pasado día 3 de mayo, y publicada en el *BOC* número 31-1, de 30 de mayo de 1979.

Dicha proposición, tras una breve exposición de los motivos ya expresados, fija el ámbito de aplicación de la ley a la publicación o difusión total o parcial de los resultados de toda encuesta, u operación de simulación de voto, en toda clase de elecciones (art. 1); dispone que vayan acompañadas en todo caso de las indicaciones del organismo público o privado responsable de la encuesta; del comprador de ésta; del número de personas interrogadas, y de la fecha o fechas en que lo hayan sido (art. 2); prescribe el depósito de un informe técnico sobre el sondeo ante la Junta Central Electoral, que podrá disponer la publicación de todo su contenido, o de alguna de sus partes (art. 3), debiendo la entidad responsable tener a disposición de la Junta la totalidad de la documentación y material (art. 4). Se estima no ser necesario un órgano distinto de la propia Junta Central Electoral, cuyas competencias se fijan en los artículos 5 a 7, y para cuyo ejercicio obviamente habrá que dotarla de los medios necesarios. El artículo 8 obliga a los medios informativos a completar o rectificar los resultados publicados, si así lo dispusiera la Junta Electoral. El artículo 9 regula los efectos de las resoluciones de la Junta Electoral de esta materia, y a posibilidad de recubrirlos, en vía contencioso-administrativa.

Los artículos 10 y 11 establecen la prohibición de publicar tales resultados durante los diez días anteriores a la celebración de una votación; y los artículos 12 y 13 establecen las sanciones para caso de incumplimiento; reservándose, en el artículo 14 y final, las condiciones de aplicación a un Real Decreto.

Entendemos, en fin, que estas normas constituirán un importante progreso en el desarrollo efectivo de una democracia auténtica, por lo que rogamos a la Cámara su toma en consideración, ahora, y su ulterior debate, para aprobación o mejora.

10. El problema social de los arrendamientos urbanos[1]

Al defender, en nombre del Grupo Parlamentario de Coalición Democrática, la proposición no de ley sobre nueva regulación de los arrendamientos urbanos, soy plenamente consciente de que me refiero a un tema económico-social a la vez de la mayor importancia, y también de la mayor dificultad. Al plantearlo en este Congreso, mi Grupo asume, una vez más, el nada cómodo papel de plantear cuestiones que todo el mundo sabe que están ahí, pero que por su complejidad y problemas no todos se deciden a abordar, por ser más fácil ignorarlas. Lo malo es que los hechos, no por eludirlos dejan de estar ahí, en su implacable gravedad, y con tendencia a aumentarla.

Las tres necesidades básicas del ser humano son, en primer lugar, la alimentación y el vestido; en segundo lugar, la vivienda; en tercer lugar, un mínimo de servicios sociales; singularmente en materia de sanidad y educación. En la mayoría de los países desarrollados, los problemas planteados en primero y tercer lugar se han ido resolviendo; el segundo, aunque también ha mejorado

1. Discurso en el Congreso de los Diputados (15 de noviembre de 1979).

bastante, sigue sin resolverse del todo; son muchas las familias mal alojadas, incluso en países de elevada renta. Alguna razón tiene que existir para que este problema tenga más lenta y difícil solución.

La causa no es única; el suelo es un bien escaso; las inversiones en construcción son muy grandes y a largo plazo; pero, a nuestro juicio, la más importante es que no existe, en materia de vivienda, una sana economía de mercado. Y la razón principal para que este mercado no funcione es que, a lo largo de los últimos sesenta años, se ha ido destruyendo progresivamente, por la incidencia fatal de una legislación que, como tantas veces ocurre, persiguiendo un fin social estimable, ha conseguido exactamente resultados opuestos por el vértice, y que ha llegado el momento de rectificar.

Según estimaciones conocidas, España deberá, desde ahora al año 2000, y para dar un adecuado alojamiento a sus ciudadanos, construir tantas viviendas como las fabricadas en toda su Historia. Nuestro claro punto de vista es que no podrá hacerlo sin interesar en serio a la iniciativa privada; sin permitir a ésta diversos canales y fórmulas de operación, entre las que es capital la de viviendas en alquiler; y sin terminar con la absurda situación actual, que mantiene millares de pisos desocupados, fuera de un mercado normal, por la absurda situación de la legislación de arrendamientos urbanos; pendientes de un traslado, de una boda, de una jubilación, o de un «por si acaso», de los muchos que nos acechan en la insegura situación actual de la sociedad española. El déficit de casi medio millón de viviendas que hoy tenemos, sólo podrá resolverse acudiendo a una iniciativa privada, hoy totalmente retraída, en la construcción, en la conservación y en el arrendamiento mismo de inmuebles para viviendas.

En España, la situación que aludimos se inicia con

un Real Decreto de 1920 (obra de Bugallal), que separa el arrendamiento urbano del régimen común establecido por el Código Civil, y que establece los principios de prórroga forzosa de los contratos, de tasa legal de las rentas y de la limitación de las causas de resolución y de desahucio. Esta medida, tomada a imitación de Francia (donde había surgido como norma de emergencia, forzada por las devastaciones de la primera guerra europea), de momento no produjo las negativas consecuencias que hoy palpamos. Hasta 1936 siguió fluido el mercado de pisos, y visible en todas partes el cartel de «se alquila». La situación cambió a partir de los años 40, cuando las destrucciones de la guerra civil y el éxodo creciente del campo a la ciudad alteraron la situación.

La legislación de arrendamientos urbanos seguirá un largo camino, a partir del Decreto de alquileres de 1931, y pasando por las normas legislativas de 1942, 1956 y 1964. El texto vigente, refundido por el Decreto de 24 de diciembre de 1964 (número 4 104/64), no ha alterado el camino unidimensional de los anteriores, puesto que si bien preveía el principio de *revisión bienal*, y en su cláusula adicional sexta abría la puerta a la *revisión por equidad*, es lo cierto que ni lo primero se ha cumplido ni lo segundo se ha desarrollado.

Para acabar de arreglarlo, el Real Decreto-Ley de 8 de octubre de 1976, sobre medidas económicas, agravó las limitaciones en materia de revisión de rentas urbanas (art. 6). El Real Decreto 1 815/77 no supuso ninguna solución, puesto que se limitó a permitir la repercusión de los aumentos de los costos de los servicios y suministros; de los impuestos y contribuciones, más el de las obras (y sólo hasta un 8 % de las mismas). Las rentas mismas han seguido congeladas, a lo largo de un período en el que la depreciación de la moneda fue del ciento por uno. Entretanto, sólo se reconocía el cambio de valor de los inmuebles a efectos de nuevas cargas fiscales, hasta culminar en la actualización de valores catastrales, dispuesta por la Ley 11/1979, de 20 de julio, para mejorar la financiación de las corporaciones locales.

La encuesta recientemente realizada por la Cámara de la Propiedad Urbana de Madrid nos muestra los resultados de esta situación. La renta mensual de las viviendas alquiladas en nuestra capital es inferior a las 300 pesetas mensuales, en un 24,83 % del total; entre 300 y 1 000 pesetas, en el 42,79 %; entre 3 000 y 7 000, en el 9,69 %; siendo superiores a 7 000 pesetas un 5,66 % de los alquileres. Es decir, que el 67,62 % corresponde a rentas menores de 1 000 pesetas al mes, y que más de un tercio es inferior a 300 pesetas. En el barrio de Salamanca hay pisos de 12 habitaciones con una renta de 360 pesetas mensuales; como hay casas en otras zonas con rentas de 200 pesetas mensuales, que reciben a huéspedes, que pagan 3 000 o 4 000 pesetas cada uno.

Las rentas de las viviendas, en su conjunto, han subido de 1 a 3, a partir de 1940; y el presupuesto familiar de gastos por vivienda, ha bajado, de más del 15 %, a menos de 5 %. Entretanto, el capítulo de «gastos generales» (enseñanza, recreo, viajes, obsequios, tabaco, café, etcétera) ha pasado del 7 al 18 %. Y los costos de las reparaciones, en las casas, han subido del índice uno al 231. La consecuencia es inevitable: la mala conservación y la ruina final de los inmuebles.

En 1950 había en España 6,3 millones de viviendas, de las cuales 49 % en propiedad, y 51 % arrendadas. En 1960 de 7,7 millones de viviendas, 61 % en propiedad y 39 % arrendadas. En 1970, de 10,6 millones de viviendas, 75 % propiedad y 25 % arrendadas. Las viviendas en alquiler han descendido, no sólo relativamente, sino en números absolutos.

Hoy existen 60 viviendas arrendadas por 1 000 habitantes; en 1950, 111, casi exactamente el doble. La proporción es muy inferior a la de otros países: Suecia, 259 por 1 000 habitantes; Alemania, 240; Suiza, 225; Austria, 152; Francia, 173; Inglaterra, 110. Obsérvese que la proporción más alta de viviendas en alquiler corresponde a Suecia, país gobernado por muchos años por la socialdemocracia, pero que en 1951 admitió ya el principio de revisión de alquileres, prácticamente anual; y en 1974 abolió totalmente la limitación de rentas, con el voto en contra únicamente de los comunistas.

Hoy, en España, un 70 % de los españoles viven en vivienda propia; el problema del otro 30 %, los que viven en viviendas alquiladas, es un problema perfectamente abordable, pero que no se quiere abordar. Desde 1939 se han construido 4,5 millones de viviendas, lo que ha resuelto al problema de 18 millones de españoles; pero para acabar de resolver el de la totalidad, hay que romper el dogal de la prórroga forzosa, sin las actualizaciones de renta correspondientes.

Hay tres grupos de casas en las de alquiler. Primero, las llamadas «de renta antigua», que son las que se encuentran en la situación más desgraciada. Segundo, las construidas entre 1940 y 1959, cuyos propietarios (en su mayoría) no incluyeron en los contratos la cláusula de revisión, mientras que, por otra parte, el artículo 100 de la Ley de 1964 no se cumple. Tercero, los contratos más recientes, que suelen incluir la cláusula de revisión, y que están dando lugar a una compleja litigación a la hora de aplicarla; así, por ejemplo, para que sea válida, no basta decir que el alquiler *subirá* con el coste de la vida, sino que ha de decir precisamente que *bajará* o *subirá*: apreciación llena de optimismo utópico, y de aquel rígido formalismo de las *legis actiones* del primitivo Derecho romano.

La congelación de las rentas, y los tres grupos citados

de alquileres producen hoy efectos claramente antisociales. En una misma familia, a lo largo de tres generaciones, suele haber un abuelo, que ya no lo necesita, viviendo en un gran piso, con una renta ridícula; un padre, en edad madura, pagando 5 veces más, y el hijo joven, que no puede casarse, porque tendría que pagar 30 veces más que su abuelo.

Lo que hay que hacer es atraer el capital privado a la construcción de viviendas de alquiler, lo que es imposible en las actuales condiciones. Hoy es prácticamente imposible que nadie se decida a construir ese tipo de viviendas, por la inseguridad jurídica de los contratos, una vez que se modifican las condiciones iniciales; por la implicación de la propia legislación vigente; por la falta de actualización del valor inicial, a efectos de transmisiones ulteriores; por la posible repercusión futura del impuesto sobre el valor añadido; por la falta de financiación adecuada y de bonificaciones fiscales, que debían ser las mismas para las casas que se alquilan que para las que se compran.

El propietario-arrendador es titular de un bien totalmente a la vista, fácilmente controlable por la fiscalidad estatal o municipal, pero que está más indefenso que cualquiera otro frente a la evolución de la coyuntura económica y monetaria. Pensemos que una casa de las llamadas «Ley Salmón», que rentase en 1935, 250 pesetas (de las de entonces) produce ahora 750 pesetas (de las de la inflación). Pero esta situación, absurda e injusta, de que unos ciudadanos (los propietarios de determinados pisos) subvencionen forzadamente a otros ciudadanos (titulares de unos arrendamientos privilegiados) ni es economía de mercado, ni es tampoco una economía socializada: es lisa y llanamente lo que toda ley debe evitar, el privilegio y enriquecimiento indebido de unos y la discriminación odiosa de otros. La condición de inquilino o arrendatario de vivienda, por otra parte, no supone, en la sociedad actual, la adscripción necesaria a un grupo o clase social determinada. En todo caso, el índice de retribuciones se ha elevado, entre 1965 y 1977, dos veces más que el de precios de consumo, y tres veces más que el del conjunto de los alquileres. Mientras que en el promedio europeo, el coste de la vivienda viene a ser del 18 al 20 % de la renta media, en España hay muchas que están por debajo del 20 %.

Pero está igualmente perjudicado el que quería arrendar una casa, y no la encuentra, porque ni se construyen esas casas, ni el que tiene un piso vacío se atreve a alquilarlo. Un caso típico es el del emigrante gallego, que va metiendo sus ahorros en un piso, que ni puede disfrutar él (porque está en el extranjero) ni se decide a arrendarlo, porque se queda sin él. Por otra parte, un matrimonio joven no dispone fácilmente de las elevadas cuotas de entrada (de medio millón o más) que se requieren para los pisos en venta; no puede normalmente hacer frente a los plazos de amortización, intereses, etc. En el momento actual, en el que cada uno se defiende como puede de la inflación, los precios se han disparado, y la compra de un piso es una aventura financiera muy seria.

El resultado global es desastroso. No se construyen viviendas para alquiler; no se conservan las existentes; se fomenta la especulación porque vale más tener un solar sin casa que con ella, y lo que más interesa a muchos propietarios es que les declaren el estado ruinoso de su finca. Eso hace que sea muy difícil encontrar una vivienda cuando uno la quiere, donde uno la quiere, y como uno la quiere.

Nosotros, por supuesto, creemos que la sociedad ideal y más justa es aquella en la que haya una mayoría de propietarios, y no de proletarios; pero, insisto, una parte importante de viviendas de alquiler es también necesaria. Porque en muchas profesiones son inevitables los traslados; porque las familias varían de tamaño, sobre todo las más numerosas; porque la muerte o la separación crean situaciones inesperadas y excepcionales.

Un tema capital es el de la conservación, hoy casi nula, de un inmenso patrimonio urbano, infravalorado, infrautilizado. No podrán conservarse ni modernizarse barrios enteros, sin una nueva legislación de arriendos urbanos, y, dada la gravedad del tiempo ya perdido, sin ayudas estatales y municipales, sin líneas adecuadas de crédito, y sin una promoción adecuada. Recordemos que sólo en Madrid, en los últimos años, se ha llegado al promedio escandaloso de 2 500 expedientes anuales de ruina.

Por otra parte, si, desatendiendo todos estos objetivos argumentados, se estima, con un criterio antieconómico, que debe existir un *precio político* de la vivienda, entonces seamos consecuentes, y decidamos que lo soporte toda la comunidad, y no sólo un sector de ella; los propietarios-arrendadores, que tampoco constituyen una clase social adinerada, y entre los que hay muchas viudas o miembros de la tercera edad. La Audiencia Territorial de Granada, en una ejemplar sentencia de 25 de septiembre de 1978, ha dicho que «ni la ética, ni la equidad, ni el Derecho, pueden proteger a inquilinos bien acomodados, con rentas irrisorias, cuando exigen la realización de obras cuya repercusión, en el mejor de los casos, no puede pasar del 8 %». El mismo argumento nos debe llevar mucho más lejos: *ni la ética, ni la equidad, ni el Derecho* pueden imponer que unos ciudadanos vivan a costa de otros. Y de hecho eso es lo que manda ya la ley vigente, desde 1964. Y las cosas pueden aún empeorar, porque la ley de regularización de balances, al establecer un coeficiente multiplicador para los edificios, se ha olvidado de la legislación de arrendamientos urbanos y sus efectos; y el desfase entre la renta catastral y la real, en la mayoría de los casos, es de 4 o 5 veces más.

Y ahora, señoras y señores diputados, veamos los argumentos que se suelen esgrimir en contra. Se dice que no es el momento, que estamos en un período de depresión económica; y es cierto, pero de lo que se trata es de salir de ellas, y cuanto antes. No hay duda de que el relanzamiento de la construcción sería para ello uno de los instrumentos más eficaces; como dicen los franceses, «*quand le bâtiment va, tout va*»; cuando se relanza la construcción hay un indudable efecto multiplicador, con una especial incidencia en la creación de puestos de trabajo. En estos momentos de paro preocupante y de crisis de la construcción, la revitalización del mercado de viviendas de alquiler podría ser un factor estratégico de la mayor importancia.

Se invoca, por otros, el argumento de la necesidad de proteger a la tercera edad y a otros grupos menos privilegiados; cuando justamente son éstos los más interesados en un mercado de pequeñas viviendas en alquiler, que hoy no se construyen.

Se afirma que muchas personas y familias viven todavía hoy en España en malas condiciones, y es cierto; pero justamente es porque la iniciativa privada se ha retirado de la construcción de viviendas, y es justamente el problema que tratamos de resolver.

Se invoca (y esto es ya pura demagogia) que la mayoría de las actuales viviendas han sido adquiridas por herencia. Repito que ésta es una argumentación dos veces demagógica: primero, porque la Constitución, en su artículo 33, garantiza el derecho a la propiedad y a la herencia; y porque de lo que se trata es justamente de que las actuales viviendas puedan ser heredadas (por propietarios y por inquilinos) y que no se destruyan.

Se ha manejado, en fin, el argumento (hoy tan frecuente cuando se quiere parar cualquier cosa) de las autonomías regionales y municipales. Es justamente por ello por lo que hace falta una previa norma general en un tema de tamaña trascendencia nacional.

Señoras y señores diputados, ha llegado el momento de concluir. Es necesario adecuar la legislación de arrendamientos urbanos a la realidad económica y sociológica de hoy. Era, sin duda, justo que el legislador impidiera que los propietarios se beneficiaran de la escasez de viviendas; pero es perfectamente injusto, a su vez, que se perjudique a los propietarios, permitiendo que la combinación de la prórroga forzosa y de la depreciación de la moneda les descrimine y empobrezca.

No hay más que un planteamiento correcto del arrendamiento urbano, y es el mantenimiento del *principio de equivalencia* justa entre las *prestaciones de las dos partes*, arrendador y arrendatario. Ni debe abusar el propietario ni el inquilino; la ley debe estar para impedir lo uno y lo otro.

La renta urbana debe ser proporcional al valor actual del bien arrendado: todo lo demás produce efectos distorsionantes e injustos. A mejor piso, más renta; ninguna renta debe ser tal, que lo que interese sea el derribo de la casa.

Para establecer este principio, y defenderlo, hace falta una nueva ley. Ley que separe de una vez el tema de la llamada *propiedad industrial*, de los locales de negocio, de la cuestión de la vivienda, que nada tiene que ver; y, si se quiere, también el de las *viviendas suntuarias*. Ley que puede conservar la *prórroga* obligatoria e indefinida (entre las mismas partes), pero con *revisión* igualmente justa y permanente; basada en unos coeficientes (como, por ejemplo, se han establecido en Francia), que tengan en cuenta factores tales como el lugar o situación del inmueble, el año de su construcción, los materiales empleados, la superficie habitable, los servicios disponibles, etc.

Ley que puede conservar igualmente causas bien determinadas de *subrogación*, pero sin abusos más allá de las expresamente establecidas, y también unida al principio de revisión, en cada transmisión de titularidad. Ley, en fin, que debe contemplar causas especiales y efectivas de rescisión del contrato, como las de *movilidad laboral*, evitando que el profesional o trabajador trasladado a otra ciudad se vea imposibilitado de arrendar su piso, aumentando así el número de viviendas desocupadas.

Queremos, repito, una España de *propietarios*, y no de *proletarios*; de hecho, vamos ya hacia ella con pasos decididos. Queremos por ello que se promueva, con mayor eficacia, la *vivienda social* en propiedad, mediante créditos al comprador; mediante la financiación preferente de determinados tipos de vivienda; mediante amortizaciones largas de los créditos (mínimo, 25 años), mediante la revitalización del mercado de títulos hipotecarios. Pero somos conscientes de que hace falta, además, un importante mercado de viviendas en alquiler; que no existirá si, en éste como en otros sectores, no renunciamos a la demagogia y no construimos una España basada en el sentido común, y no en la picaresca.

Y termino. Hemos sabido por la prensa (del 19 de octubre), una vez más después de que fuera presentada nuestra moción (de fecha 17 de septiembre, y publicada en el *BOC* de 11 de octubre), que está funcionando una ponencia conjunta de los Ministerios de Justicia, para estudiar estas cuestiones. Lo celebramos mucho, y esperamos conocer pronto en esta Cámara el resultado de sus trabajos.

Para estimularles a concluirlos bien y en virtud de todo lo alegado anteriormente, solicitamos del Congreso la aprobación de la siguiente proposición:

Que el Gobierno envíe a las Cortes, en el plazo de seis meses, un proyecto de Ley de Arrendamientos Urbanos, que, derogando la legislación vigente sobre esta materia, respete los siguientes criterios:

Primero. Se reconoce el fin social de la vivienda, hecho que justifica la no sumisión de sus contratos de arrendamiento a las disposiciones de Derecho común. Los arrendamientos urbanos deben regirse por un régimen especial, que limite las facultades dominicales de los propietarios y reconozca el tradicional derecho de prórroga forzosa a favor del arrendatario.

Segundo. Debe neutralizarse todo tipo de especulación que se base en la escasez de viviendas de alquiler, para la cual se limitará la cuantía de la renta originaria y se incentivará su construcción mediante:

a) La declaración temporal de los inmuebles alquilados como exentos en el Impuesto sobre el Patrimonio.

b) La garantización de la equivalencia entre las prestaciones de arrendatario y arrendador, permitiendo para todos los contratos, y a partir de la promulgación de la ley, la actualización de la renta en base a un índice fiable.

c) Restringiendo las actuales posibilidades de subrogación contractual, con el fin de dar mayor liquidez a las inversiones realizadas.

Tercero. Para mantener el equilibrio entre las prestaciones y proteger el patrimonio urbano, se permitirá una repercusión en la renta, por las obras realizadas, adecuada al coste real del dinero y se facilitarán créditos a largo plazo destinados a realizarlas.

Cuarto. Es necesario establecer un sistema de actualización de las rentas correspondientes a los contratos pactados con anterioridad al 1 de enero de 1965; este sistema tendrá en cuenta lo siguiente:

a) Como módulos: la renta originaria y su devaluación, la antigüedad de las viviendas y las inversiones realizadas para su conservación en relación con las fechas de las mismas.

b) La necesidad de que el Estado establezca un sistema de subvenciones equitativo, con el fin de neutralizar las repercusiones negativas que esta actualización pueda representar sobre la renta de los pensionistas.

c) Dado el deficiente estado de conservación y actualización de la generalidad de estas viviendas, se establecerán medidas de obligado cumplimiento para paliar estas deficiencias y se incentivarán las inversiones realizadas con esta finalidad mediante la concesión de créditos especiales, utilizándose con este fin el capital correspondiente a las fianzas, que podrá ser incrementado.

Quinto. La notable difusión en toda Europa occidental del «*leasing*» inmobiliario, aconseja la regulación de esta figura contractual en la nueva Ley de Arrendamientos Urbanos.

11. El paso de los años y la condición humana

A todos nos lo advirtieron de niños, los abuelos y los maestros veteranos: «Ahora te parece que los años van muy despacio; ya verás cuando llegues a mi edad, cómo pasan de rápidos, y te parecen un aluvión.»

Un aluvión de años. Cuando además de avanzar en la vida, y con ello crecer en experiencia, se coincide con una época de cambios profundos en la vida social, el cambio de un año a otro se convierte en torrente despeñado, de montadas enfurecidas y atormentadas.

Se acerca el fin del siglo, y precisamente del segundo milenio de nuestra era. El mapa del mundo cambia de modo acelerado y sin descanso. Miles de millones de hombres y mujeres se apiñan sobre él, dejando costumbres seculares en busca ansiosa de nuevas formas de vida. Ante la profundidad de la crisis, brillan numerosos espejismos; las sectas se multiplican, ya tiren a la comedia, como en el Palmar de Troya, ya a la tragedia, como en Jonestown. De todo lo cual hay que tomar muy buena nota, pues revela que las Iglesias oficiales están dejando escapar sectores importantes de influencia, que sería importantísimo que pudieran recuperar cuanto antes. Somos muchos los que miramos a Roma llenos de esperanza en una plena actuación espiritual y pastoral, después de tantas vacilaciones y pérdidas de dirección en los últimos tiempos.

El año 2000 está ahí, con su fatídica atracción, como la que ejerció ya el primer milenio sobre un cierto fin del mundo conocido. El comienzo de una nueva era, de un nuevo ero: rodeado de tristezas y de esperanzas, de catástrofes y de miradas ansiosas en que las cosas, de algún modo, se arreglen.

Esta situación de angustioso dinamismo del conjunto de las cosas, agrava la sensación personal de que nos falta el tiempo, de que nos desborda la vida. En el *Apocalipsis* de san Juan, el fin del mundo se anunció con la sentencia terrible: «Ya no habrá más tiempo.» Esa declaración del fin de los tiempos humanos se anticipa en cada vida, como el juicio particular es anuncio del Juicio Universal.

Hay otro aspecto importante. En las sociedades anteriores a la revolución tecnológica se valoraba mucho más la experiencia; ahora ésta se acumula, no en las memorias de los hombres, sino en ficheros y computadores. Se exalta menos la madurez y más la juventud; y la sensación de estar fuera de juego se produce en condiciones que agravan la inseguridad propia de la tercera edad.

Sociedades en las cuales la vida media se prolonga de modo espectacular, utilizan cada vez menos a sus ciudadanos maduros. La familia también les conserva menos. El resultado es un desequilibrio permanente, de los muchos que están minando las formas de vida que hemos conocido.

La solución no puede estar, por supuesto, en una actitud que intente copiar los modos juveniles: es inútil, y sólo provoca la sonrisa, más o menos irónica, cuando no despreciativa.

Ahora bien: toda vida se ha de justificar, de punta a punta, y en todo momento. Forma parte de la condición humana el que ello se plantee como un desafío permanente, en cuya respuesta alternan la frustración y el éxito relativo. Los griegos, que concebían la vida como un destino personal, y el destino heroico como tragedia, hacían morir jóvenes a sus héroes. Pienso que el mayor heroísmo consiste en sobrellevar la vida entera, en todas sus fases, con dignidad.

Cuando el futuro es largo, todo es más fácil. Cuando hay más pasado que presente, y éste deja ya poco lugar a lo porvenir, el saber estar logra su máxima dificultad.

En estos días del tránsito de uno a otro año, es inevitable evocar con simpatía a todos los jubilados, de esta o aquella actividad. Pocos, como Goethe, vencen al tiempo. Cervantes y Shakespeare produjeron obras de viejo, muy caídas en todos los sentidos. De Gaulle habló del naufragio de la vejez. Los más grandes hombres pueden comprometer toda su obra no sabiendo comprenderlo a tiempo.

Al lado de estas consideraciones, hay otras formas aún más terribles del naufragio inevitable en que termina toda vida humana: la vida tronchada en flor del niño, la brutal trituración de los accidentados, el asesinato implacable de las víctimas del terrorismo, y tantas otras formas terribles de desaparecer del mundo y de la vida. Pero de la misma brusquedad y sorpresa del corte fatal del hilo de las Parcas viene la liberación del proceso necesario de enfrentarse con la realidad fatal de un fin inexorable.

Basta por ahora de esta trascendental cuestión filosófica: la «cierta condición de la muerte», de que habla el admirable prefacio de los difuntos. Veamos ahora la transposición social de la cuestión. Las épocas, los regímenes políticos, los sistemas económicos, conocen también ese destino, son también mortales. Cuando hace bien poco se celebraba en el Irán, con la pompa mayor tal vez de todos los tiempos, un gran milenario, pocos podían dudar de que el Sha, con su gran Ejército y el inmenso poderío económico del petróleo, era afortunado entre los afortunados. Es obvio que hoy la realidad es muy distinta; y esto mismo ocurre incesantemente, aquí y allá. Los molinos de Dios muelen muy despacio, pero muelen muy menudo. Cuando nos empeñamos en no contar los años de un gran personaje, o los incidentes sucesivos que afectan a una institución capital, o la degradación sistemática de un orden social alterado, estamos simplemente haciendo lo mismo que el canceroso que pierde peso y no le da importancia.

El tiempo pasa a velocidad distinta para los pueblos que para los hombres; las décadas de la vida humana se miden por siglos en la de las naciones. Pero el resultado es el mismo: «que, pasados los siglos, horas fueron». Sobre todo, y lo mismo en uno que en otro caso, a veces el tiempo *(cronós)* se convierte en ocasión *(kairós)*; entonces no sólo los acontecimientos corren más de prisa, sino que se surge la gran sorpresa, la mutación decisiva, el cambio estratégico.

Voy a pasar a lo siguiente: hay indicadores peligrosos, que están ahí. Toda transacción con la violencia puede, de pronto, dar paso a una violencia generalizada. Un brote de terrorismo que no se suprime puede ser la anestesia que permite en cualquier momento la lucha de todos contra todos. La sensación de impotencia contra el desorden económico (paro, inflación, carestía) es la base de todo movimiento de masas. El sentirse desclasado, es decir, sin lo que uno tenía ya, la peor de las tentaciones de rechazar globalmente la legitimidad del sistema.

El hombre lucha contra la muerte con la medicina, la higiene, la voluntad de sobrevivir, y puede hacerse la ilusión de que también le defienden la magia o bien otras cosas inútiles e incluso nefastas. Los pueblos también se defienden con la acción política eficaz, y no con ilusiones ni trampantajos. Hoy nos espera una transición todavía larga y difícil. Debemos pedir remedios concretos y no palabras vagas; hechos y no promesas; seriedad y no frivolidad; responsabilidad y no maniobras. Como ya dijo Cánovas del Castillo, «la agilidad sirve para subirse a los árboles, pero no para gobernar».

12. Estado en forma y forma de Estado

Para muchos españoles, el Estado no es una buena palabra, y para bastantes no significa absolutamente nada. El Estado es el símbolo de lo que interfiere con la vida de uno: es alguien que cobra impuestos, que le obliga a uno a sacar documentos de identidad y pasaportes, propicio cada vez más al papeleo, y en definitiva una suma de exacciones y de molestias; se le atribuye un conjunto de ineficiencias, y que sus servicios públicos son en general malos o deficientes, y que en todo caso cuestan demasiado y están mal administrados. El Estado, en definitiva, es cosa de políticos, de intelectuales y de funcionarios; es una finca que ellos administran, una vaca que ellos ordeñan, y cuyas prebendas y condecoraciones se reparten sobre la espalda de los demás. Si algo le faltaba a la palabra Estado para ser una mala palabra, ahora encima «Estado español» es la expresión que usan los que no quieren hablar de la nación española, o de España a secas, que es lo bueno.

Hay, por supuesto, otro entendimiento del Estado, que voy a exponer, porque pienso que es el verdadero, aunque sea el mío, o sea, el de alguien que es (o ha sido) todo eso de político, intelectual y funcionario.

El Estado no es, por supuesto, tampoco la perfección

humana ni la solución de todos nuestros problemas; pero sí un instrumento necesario de la vida social civilizada. Es una institución que garantiza la seguridad de las personas y de las cosas; que impide que los conflictos entre las personas y entre los grupos se arreglen a golpes o a tiros; que organiza servicios públicos (carreteras, hospitales, escuelas) en beneficio de todos; que constituye, en fin, la *cosa pública*, lo que es de todos y para todos.

Un ciudadano es una persona que sabe que además de ocuparse de sus propios asuntos, de los de su familia, de los de su empresa, de los de su pueblo, tiene que ocuparse de los asuntos públicos en general. De que la Patria esté defendida; de que existan fuerzas que garanticen el orden; de que funcione el sistema económico; de que se promuevan la educación, la ciencia y la cultura.

El ciudadano sabe que esas cosas no se producen por generación espontánea; que hay que ocuparse de ellas; que no basta con participar pasivamente, cumpliendo la ley y pagando los impuestos (lo cual ya es mucho), sino que hay que dedicarse en serio a promover ideas y acciones válidas para que el Estado, la cosa pública, se promueva en interés de todos.

En todos los países y según las épocas, ha habido altibajos en el nivel de la ciudadanía. Desde el Renacimiento, los pensadores políticos (de Maquiavelo a Rousseau) pusieron a los romanos como modelo de alta virtud cívica, culpando al cristianismo de haber hecho a los hombres menos buenos ciudadanos, pequeños de espíritu y cobardes, frente a la grandeza ciudadana de los antiguos. Pero es lo cierto que también los romanos tuvieron su baja época y que los Reyes Católicos presidieron una era de alto nivel ciudadano.

En realidad, no hay épocas perfectas. En su admirable *Ironía de la Historia*, R. Niebuhr nos recuerda que Cristo fue crucificado por los sacerdotes de la religión más pura de su tiempo, y por los funcionarios de la sociedad más justa, regida por el Derecho romano. La sociedad perfecta no existe, pero es obligación de todas las generaciones el buscar para su tiempo el grado de perfección posible.

Un Estado en forma es un Estado que da unos mínimos de seguridad, de eficacia y de justicia a un coste razonable.

Un Estado decadente es lo contrario: cuesta mucho y no rinde. El resultado de lo primero es una ciudadanía interesada en defender al Estado; en el otro caso, vienen el aburrimiento, el desprecio, la abulia y el abandono.

Hoy la mayoría de los Estados atraviesan por una crisis profunda, en los fines que persiguen y en los medios. Atravesamos una crisis profunda del Estado moderno. Se ha burocratizado en exceso, lo que le ha hecho perder reflejos; mientras que las gentes esperan demasiado de él, sin ocuparse cada uno suficientemente de los asuntos públicos.

Un Estado que pierde contacto con los ciudadanos no puede funcionar. Novalis escribió, en la crisis romántica, cuando empezaron a desaparecer las monarquías absolutas, que «llegará un día en que estaremos universalmente convencidos de que ningún Rey puede existir sin República, y recíprocamente de que ninguna República es aceptable sin un Rey; que una y otra son tan inseparables como el alma y el cuerpo». Novalis tenía razón; hoy las monarquías que subsisten son parlamentarias, y las que no logran esa adaptación van desapareciendo una tras otra; pero, a su vez, las repúblicas de más éxito, como la americana y la francesa, tienen en su presidencialismo fuerte un claro elemento de monarquía electiva.

Pero el texto citado debe ser analizado todavía en mayor profundidad: como confirmación profética de cuanto venimos diciendo. Cualquiera que sea la forma del Estado, éste sólo existe realmente si sus ciudadanos se ven representados y protegidos por él, y actúan en consecuencia.

Vamos a tener elecciones. Ya no se trata de organizar una transición política, sino de funcionar razonablemente dentro de la Constitución ya aprobada. La Constitución, esquema jurídico del Estado, no es su forma sustancial; ésta nacerá realmente de cómo la desarrollen las leyes orgánicas y ordinarias, y del rendimiento real de las instituciones. La Constitución verdadera es la que iremos haciendo cada día, con la práctica y la ayuda de todos.

Para que un Estado democrático esté en forma, todos debemos actuar democráticamente. El ciudadano no sólo debe votar; debe estar vigilante de los partidos, implicarse en ellos, ser interventor, candidato, participante. No puede decidir su voto el último día; debe observar a las personas que integran las candidaturas, lo que han hecho antes, lo que han prometido, lo que han cumplido. Si lo deja todo a los políticos y a los funcionarios, si no se compromete y asume responsabilidades, estaremos en una democracia-ficción. La forma del Estado no coincidirá con la realidad, el vacío entre ambas será cada vez mayor, y más pronto o más tarde una crisis de Estado será inevitable.

Cualquier actitud, por lo tanto, es aceptable, menos la de quedarse en casa. Podrá este o aquel político, y aun la clase entera política (hoy en inevitable rodaje), estar o no a la altura de su misión; lo que no hay duda es de que una posición abstencionista hará que salgan otros, aún peores, y que el Estado en su conjunto perderá. Y lo mismo debe decirse de las falsamente llamadas actitudes de «voto útil», que es votar al que uno no quiere, por si acaso: cada uno debe votar y ayudar al suyo, hasta que salga, con todas las consecuencias.

Concluyo: necesitamos poner en forma nuestro Estado, para los años 80. Nadie se quede atrás en el empeño.

13. Giro a la derecha

Uno de los libros más interesantes publicados en Inglaterra en los últimos tiempos es *Giro a la derecha (Right turn)*. Se trata de una colección de ensayos debidos a la pluma de ocho personalidades importantes de la vida británica, que en los últimos años han pasado de diversos sectores de la izquierda al Partido Conservador.

Reg Prentice procede del Partido Laborista: fue con los socialistas miembro del Parlamento y ministro de Educación; en 1977 pasó al conservatismo. Entiende que el laborismo británico está alejándose de la socialdemocracia y acercándose peligrosamente al marxismo; los moderados del partido están perdiendo la batalla y aceptando que los sindicatos no respeten la ley. De 28 puestos en el Comité Ejecutivo del Partido Laborista, los marxistas controlan ya 17; la infiltración trotskista de varios sindicatos es ya muy fuerte. Ernest Bevin y Hugh Gaitskell no hubieran tolerado el actual estado de cosas; si se quiere salvar la democracia parlamentaria, hay que irse al Partido Conservador.

Graham Hough es un universitario importante. Viene también del laborismo. Estima que éste tuvo un gran momento, la reforma social; y que hasta 1950, la mezcla de generosidad y de resentimiento que animaba a sus hombres estaba justificada por las injusticias y desigualdades de la sociedad inglesa. Pero, hechas la reforma fiscal, educativa y de los servicios sociales, carece de sentido el seguir agitando la lucha de clases. Wilson lo intentó, cuando planteó (en su primer Gobierno) la sustitución de las huelgas destructivas por la negociación, el arbitraje y el pacto social. Pero el intento de 1969 fracasó; y es curioso que fue Callaghan el que decidió en contra de las propuestas de los moderados, para encontrarse, como primer ministro, con la terrible ola de huelgas que está arruinando a Inglaterra y a su propia gestión.

Max Beloff es uno de los nombres más conocidos de Oxford, donde ha enseñado ciencia política durante muchos años. Ha pertenecido de modo destacado al partido liberal, pero ha decidido también que la evolución de su partido hacia la izquierda, y su coalición con el socialismo, le obliga a ser conservador. Inglaterra necesita, a su juicio (sobre todo en política exterior), un sentido de seriedad y de decisión, ausente hoy. Fue de los primeros en defender que Inglaterra no tenía alternativa a su ingreso en Europa; y considera un grave error la política de reservas y de resistencia a la plena integración que mantienen los laboristas.

A juicio de Beloff, los socialistas siguen obstinados en el aislamiento inglés, y cree incluso que, en caso de triunfo de su ala izquierda, acabarían por retirarse, no sólo de Europa, sino de la Alianza Atlántica, lo que sería un desastre para las islas y para toda Europa.

Lord Chalfont, uno de los mejores expertos europeos en cuestiones de Defensa, procede de la carrera militar y fue ministro en el primer Gobierno Wilson; también ha pasado al Partido Conservador. A su juicio, los gobiernos socialistas han dejado degradarse la seguridad exterior de la Gran Bretaña, en términos alarmantes, dejando al país con muy escasas posibilidades de defensa. Negociador muchos meses con los rusos, ha descrito su experiencia en un clásico chiste diplomático. Según él, es como jugar con una máquina tragaperras: uno hace su apuesta y a veces obtiene lo que quiere; en caso contrario, se puede sacudir la máquina, o incluso golpearla, pero es inútil hablar con ella.

La amenaza soviética es real, y sólo cabe organizar frente a ella la defensa colectiva. Pero en la medida en que sectores crecientes del laborismo dejan la socialdemocracia para pasarse al marxismo, el enemigo está dentro. El Partido Comunista inglés ha fracasado, pero su objetivo se está logrando por los izquierdistas del laborismo.

Kingsley Amis es también universitario, y experto en educación. No ha sido muy activo en política, salvo a través del periodismo. Participó en el ideal socialista de la igualdad a través de la escuela única. El descenso de los niveles, en uno de los mejores sistemas educativos del mundo, le ha impresionado, y hoy piensa que el sistema educativo está fundado en promover lo mejor de cada hombre, y no la igualdad por la igualdad. Y estima que una de las cosas que primero fueron dejadas atrás en la Rusia soviética fue el sistema escolar inicial, no selectivo; en éste como en otros puntos, renunciando por la eficacia a la utopía socialista.

El profesor Amis recuerda que en su juventud todos los intelectuales eran de izquierdas; que la situación empezó a cambiar después de los sucesos de Hungría, en 1956, y definitivamente tras los de 1968, en Checoslovaquia. Hoy en Oxford nadie toma a Marx más en serio que al racismo de Rosenberg. Porque todo el mundo ha comprendido que no basta con hablar en contra del stalinismo: «Un partido político que diga que mantiene un elemento marxista en su pensamiento, no es aceptable; si se rechaza a Stalin, y con él a Trotski y a Mao, y, sobre todo, el socialismo, el socialismo real y pleno, el manejo por el Estado de toda la vida, le sofoca a uno, y el socialismo no es otra cosa que coacción.»

Edward Pearce, gran periodista, dejó también el laborismo; estima que no podía hacer otra cosa, porque el partido ya no es el que era; que es cada vez menos humano y menos inglés. Los tiempos en que Hugh Gaitskell decía: «Realmente, yo no sé odiar», quedan lejos. Se está infiltrando un concepto de lucha de clases que rompe la comunidad británica. Se está perdiendo el respeto a la ley y a las instituciones. La moderación está siendo reemplazada por el extremismo y la pasión.

Paul Johnson es un importante escritor, y colabora en todos los medios de comunicación social. Estima que el socialismo británico, al aceptar, contra su mejor tradición, métodos ilegales o incluso violentos, está planteando una crisis nacional. Aneurin Bevan entendía que la esencia de la civilización era una «tolerancia imaginativa», y respetaba el personalismo humanista. En cambio, ahora los sindicatos y el partido siguen la tesis de Hugh Scanlon: «La libertad consiste en conformarse con la opinión de la mayoría.» El Parlamento se está reduciendo a una Cámara de registro de las decisiones tomadas por el Gobierno y los sindicatos; y éstos utilizan la fuerza si no se les escucha. La ética de los fundadores cede ante el oportunismo.

Cierra el libro un trabajo de Hugh Thomas, el más conocido en España de estos autores, por sus libros clásicos sobre nuestra guerra y sobre Cuba, y sus frecuentes apariciones en la prensa española. Destacado escritor y universitario, ha dejado también a los socialistas, para hacerse conservador. Su excelente capítulo se llama «Carta a un socialdemócrata».

En ella explica brillantemente su evolución. Un partido —empieza por aclarar— no es como la familia o la patria; es una máquina política, que si deja de servir a sus ideales, se puede cambiar. El laborismo británico se ha ido a la izquierda ideológica, al crecimiento excesivo del Estado y a la burocracia, se ha desentendido del ideal europeo. Peor que todo, abusa de la palabra «irreversible», ignorando que en la vida social todo progreso es un experimento. Y ninguna generación tiene derecho a imponer formas «irreversibles» a la siguiente, en el caso de que las cosas resulten mal.

El socialismo ha roto, además, el principio mismo del Estado de Derecho *(rule of law)*, permitiendo que los sindicatos puedan vivir fuera de la ley, lo que no se consiente en ningún otro sector de la sociedad británica. Sin darse cuenta, los ingleses se encuentran cada vez más dentro de un inesperado Estado corporativo de hecho y no en un régimen parlamentario. El sector público está destruyendo lo poco que queda del sector privado, y de una economía mixta se va pasando, cada vez más rápidamente, a una del estilo de la Europa oriental.

Y, lo peor de todo, se transige con todos los abusos de los Estados totalitarios del Este, mientras se denuncian cualesquiera excesos de los países no comunistas. En resumen, Hugh Thomas se va a un partido de principios, de sentimientos nacionales y de seriedad.

Es muy difícil resumir un libro como éste, típicamente inglés, nacido en el Reform Club. He conocido a casi todos sus autores, y muy de cerca a Chalfont y a Thomas. Son todos gente seria, importante, creadora, patriótica, idealista. El conjunto es impresionante.

Porque una derecha moderna sólo podrá hacerse desde el reconocimiento de las razones de la izquierda, pero sin concesiones a sus errores y abusos. Es precisamente lo que no han entendido ciertos politiquillos oportunistas, que han hecho exactamente lo contrario: ceder en lo que la izquierda nunca tuvo razón, despreocupándose de la verdadera justicia social.

Pero volvamos al fondo del libro. El socialismo nació, en su parte más válida, de un deseo de llevar el liberalismo y la democracia a sus últimas consecuencias. Así fue el socialismo británico hasta hace poco tiempo; y así lo es una gran parte de la socialdemocracia europea. El marxismo es otra cosa; Marx rechazó la herencia liberal y el humanismo cristiano; de él vienen los planteamientos nacionalizadores, el capitalismo del Estado, la burocratización de la sociedad y, en último término, los campos de concentración.

El «giro a la derecha» de los intelectuales británicos no es igual al de los «nuevos filósofos» franceses, ni al de los modernos conservadores norteamericanos, pero todos tienen una raíz común: la vuelta a la persona, el deseo de limitar la burocratización, la profunda adscripción a una patria, un sentido de hermandad superior al enfrentamiento, un ética que trasciende a todo materialismo.

Una vez más renacen cosas que algunos creyeron muertas. Santiago Carrillo dijo en el debate constitucional que la religión era una cosa rancia que ya no interesaba a los jóvenes. Lo que huele hoy a rancio, e incluso a descompuesto, es el marxismo.

14. Empresarios y trabajadores en una economía social de mercado

Entiendo por *economía social de mercado* (en la ya clásica expresión del doctor Erhard, gran promotor de la economía alemana tras la segunda guerra mundial) un modelo económico-social basado en los siguientes principios: propiedad privada; herencia; empresa normalmente basada en la libre iniciativa; sistema fiscal no confiscatorio; planificación económica indicativa para el sector privado; responsabilidades sociales para todos; seguridad social, y, en general, amplios servicios sociales. Paso a comentar cada uno de estos conceptos.

Propiedad privada: es decir que, en principio, todos los bienes, incluso los medios de producción (agrícola, industrial, etc.), pueden ser objeto de propiedad privada (individual o de sociedades) legítimamente constituidas; y que la propiedad privada está garantizada por la ley, lo mismo contra agresiones de otros ciudadanos, que respecto de su expropiación por razones de interés administrativo o social. En estos casos, hace falta un procedimiento legal y público, y una indemnización justa (fijada, en última instancia, por los Tribunales) y previa a la ocupación (y no en forma de emisiones de deuda pública y otros semejantes).

La propiedad privada es compatible con un sector público de propiedades del Estado y de otros entes públicos (territoriales o funcionales), y con la propiedad cooperativa, donde sea aplicable y rentable. Pero el índice de productividad lo da normalmente la propiedad privada, y por ello los sectores público y cooperativo deben actuar sin privilegios, lo que automáticamente aumenta la productividad del conjunto y evita engaños al contribuyente.

Herencia: porque la propiedad no es nada sin la posibilidad de transmitirla a la familia del que crea riqueza, por ser la causa principal de que los hombres se esfuercen y ahorren. La herencia puede y debe ser limitada a los parientes próximos, y puede y debe ser objeto de impuestos razonables, pero es un principio esencial del progreso social, que vive de la acumulación que permite la inversión; y sobre todo la continuidad de las tradiciones familiares (militares, académicas, burocráticas, etc.).

Empresa basada en la libre iniciativa: con la consecuencia de que el empresario, que asume los riesgos correspondientes, debe poder ordenar el trabajo en su empresa, defender la productividad, y (dentro de la ley) adoptar las medidas que sobre la actividad empresarial imponga la coyuntura económica.

Sistema fiscal no confiscatorio: el Estado puede y debe recaudar impuestos y otros ingresos, los necesarios para hacer frente a los crecientes servicios públicos y sociales, pero respetando siempre los tres principios anteriores, de respeto a la propiedad, a la herencia y a la libre iniciativa empresarial. Los impuestos sobre el patrimonio deben ser especialmente vigilados al respecto.

Planificación económica indicativa: para el sector privado se entiende, pues el sector público es el propio del Estado mismo. Sin ello, desaparece la base misma de la economía de mercado.

Responsabilidades sociales para todos: no estamos defendiendo, en modo alguno, la economía puramente liberal y capitalista del siglo pasado; todos los derechos llevan consigo responsabilidades y cargas sociales. De ningún derecho se puede abusar, y esto se aplica lo mismo a los derechos del empresario que a los del trabajador.

Seguridad social y servicios sociales: pues sin duda la comunidad, por medio de los impuestos, debe crear los medios para asegurar a todos, en cualesquiera circunstancias de la vida, un mínimo vital y humano.

Tal es el sistema del que hablamos. Frente a él está el sistema contrario, el que funciona en Rusia, China y otros países marxistas. No hay propiedad, sino que el Estado es el único dueño, el único casero, el único patrón; no hay herencia, con lo cual los que de nuevo llegan a la vida social están totalmente en manos del partido totalitario que manda; no hay más que empresas públicas y burocratizadas; nadie puede ahorrar ni acumular, más que los organismos públicos; la planificación es total, llegándose al límite de que en China no hay más que un tipo de vestido, obligatorio para hombres y mujeres, en tres tallas y en tres colores; y con todo ello se logra un nivel muy inferior de consumo y de servicios sociales.

Cuales sean los papeles de empresarios y trabajadores en el sistema de economía social de mercado es obvio, después de todo lo dicho. Y lo han entendido perfectamente los empresarios y los trabajadores de Alemania, Japón y Estados Unidos, por poner tres ejemplos que funcionan en países muy diferentes. Unos y otros creen que el sistema es bueno, y hay que defenderlo, porque el otro es peor. Cada parte procura negociar lo mejor posible (salarios, condiciones de trabajo, etc.); pero todos saben que tienen que defender a la vez la empresa y el sistema en que funciona.

El empresario que retira beneficios excesivos; que no amortiza las instalaciones; que no reinvierte en su propia empresa, o en otras que la potencien; que no cuide las relaciones humanas, no defiende la empresa ni el sistema empresarial.

El trabajador que no rinda, que no aporta una productividad máxima, que no se interesa por el resultado final de su trabajo (calidad y costo), destruye lo uno y lo otro.

Éstas son cuestiones capitales si queremos salir de lo que ya no es estancamiento, sino decadencia de la economía española. Una economía que después de ser, durante casi 20 años, la segunda en crecimiento del mundo, al ritmo de un 7 % acumulativo anual (sólo superado por el Japón), está ahora en crecimiento prácticamente cero, ha hecho perder a sus ahorradores casi un billón de pesetas, y no mantiene suficientemente su competitividad en el exterior.

Hay que superar la pasión que inevitablemente acompaña a los momentos de transición, y ponernos todos a trabajar y a rendir en serio. De no hacerlo, fallaremos bien pronto las trágicas consecuencias. Toda hora de trabajo perdida y todo ahorro no encauzado a la inversión nos alejan de Europa y nos acercan al Portugal de los claveles mustios. No lo olvidemos.

15. Notas para una economía agraria

Supongo que, una vez más, todos los políticos van a hablar de los problemas del campo, con una simpática vaguedad y la consiguiente inoperancia.

Quisiera, por mi parte, intentar abrir una discusión seria y concreta. Empezando por admitir que el problema es serio y difícil. Creo que tiene razón Álvaro Fernández Suárez al afirmar que lo primero es destruir los «mitos agrarios». España, salvo en algunos valles privilegiados, no ha sido nunca un país agrario; era un país sin industria, con mucha gente condenada por esta causa a una vida agraria mísera. Sólo podrá tener una buena agricultura en las zonas adecuadas para ello, en la medida en que sea capaz de completar su desarrollo industrial.

De los cerca de 500 000 kilómetros cuadrados de nuestras tierras, hay 300 000 de tierras secanas; 200 000 pueden incluso ser calificadas de áridas, pues perciben un promedio de menos de 500 milímetros cúbicos anuales de agua; y en zonas como los Monegros o Almería, este promedio baja de los 200 metros cúbicos.

Pero, además, la mitad de nuestro territorio está entre los 500 y los 1 000 metros de altitud; y la cuarta parte, entre 1 000 y 2 000 metros. Es sabido que en la Europa occidental es muy raro el cultivo de terrenos por encima de los 400 metros, por los riesgos de heladas y otros. Sólo es realmente fértil un 10 % de nuestro suelo, donde sí se aplican (en las vegas del Guadalquivir, del Segura o del Turia) los viejos *laudes Hispaniae.*

Una pluviometría escasa, irregular y a ratos desastrosa sólo puede ser remediada en parte por los regadíos, con razón considerados en todo tiempo una de nuestras necesidades prioritarias. El total de la superficie eficazmente regable no rebasa los 4 millones de hectáreas, alrededor de un 8 % del total. Ya hemos alcanzado los 3 millones; debe continuarse el otro millón, y reforzarse con las nuevas técnicas de riego gota a gota, de cultivos de arena, etc.

Las condiciones indicadas del terreno y del clima unidas a las circunstancias militares y sociales de la Reconquista, hicieron de la mayor parte de España un país ganadero, del mismo modo que sobre la ganadería se basó la colonización americana. La mayor potencia económica de Castilla se dio en torno a las exportaciones laneras, y nuestras merinas fueron las mejores de Europa. Lo malo es que ese sistema económico estaba calculado para una población de 5 a 7 millones de habitantes, y no para el gran crecimiento posterior.

Realmente el desarrollo de la agricultura es relativamente reciente. El Honrado Consejo de la Mesta no permitía que nadie cerrase el paso a sus ganaderos. Sólo en 1777 se permitió el cercado de las viñas; y en 1788, el de toda clase de fincas. Después vino la desamortización de los bienes eclesiásticos y comunales, y la desvinculación de los aristocráticos, en sus cuatro fases: 1798, 1820-1823, primera guerra carlista, y los años 50 y 60 del siglo pasado. El resultado fue el arrasamiento de los montes y la creación de una agricultura cerealista y poco rentable.

Hoy estamos en un momento totalmente distinto, y en el cual hay que tomar decisiones importantes. El desnivel de las formas de vida en el campo (que no puede compensarse únicamente con la subida de los salarios) lleva a la gente masivamente a la ciudad. El éxodo de los años 1950 a 1970 era inevitable e irreversible: en la ciudad se vivía mejor y con más libertad. El resultado ha sido muy complejo y desordenado; lo que ahora hay que saber es lo que hacemos para que nuestro campo pueda alimentarnos; para que esos 6 millones de españoles, que viven en 7 000 Ayuntamientos de menos de 3 000 habitantes tengan interés en seguir allí; y para que la agricultura, la ganadería y la silvicultura puedan ser las de un país serio y moderno.

Ello es perfectamente posible. En Alemania (porque su desarrollo industrial se lo permite) el 40 % de la población sigue viviendo en aldeas o pequeñas ciudades rurales. Pero sólo un porcentaje muy pequeño trabaja en la agricultura; de una familia de cinco miembros, tal vez uno sólo; el resto, en industrias locales, inteligentemente descentralizadas, o en la ciudad más próxima, a la que van en su propio automóvil. Las explotaciones han aumentado: en 1900, una familia campesina podía vivir en Alemania con 3,5 hectáreas; en 1950, con 10; hoy se estima necesario un mínimo de 25.

Las casas son hoy tan buenas (y mayores) que las de la ciudad; para mejorarlas, los campesinos reciben ayudas que llegan al 90 %; pueden recibir turistas en verano. En todas las aldeas hay «casas de la comunidad», para las que también se dan subvenciones de un 90 %. Allí hay consultorio médico, matadero comunal, baños y duchas, jardines de la infancia, salones sociales, etc.

Nada de esto es imposible para nosotros. Necesitamos simplemente tomar el problema en serio. Crear un

Ministerio de Agricultura y Alimentación, que pueda hacer planes a medio y a largo plazo, y controlar las importaciones. Tenemos que poner al frente de él una de las mejores cabezas del país. Tenemos que salir de la vergüenza de que sólo controle un 6 % del Presupuesto, del cual el 70 % es para pagar funcionarios; del mismo modo que el 30 % de los fondos del FORPPA es lo único que llega, en realidad, a los agricultores (el resto es protección al consumo y a la exportación). Tenemos que dedicar al capital agrícola y al circulante asignaciones mucho mayores en subvención y en crédito.

Y hay que poner en marcha una reforma agraria, en serio, que no consiste en la demagogia de las nacionalizaciones, sino en que se creen un número razonable de explotaciones o empresas agrarias. Lo de menos es el estatuto jurídico: aquí será la propiedad, allá el arrendamiento, aquí la cooperativa: lo importante es que se creen unidades racionales de cultivo y de comercialización. Y, sobre todo, capaces de absorber las técnicas modernas; pues hoy un hombre que antes no llegaba a mal labrar menos de media hectárea al día, puede hoy, con las últimas técnicas, llegar a dominar 50 e incluso 60 hectáreas diarias. De los 30 millones de hectáreas que hoy se dedican en España a la producción de alimentos, y de las que sólo 13 son realmente cultivables, podría reducirse la explotación a 16 millones, que darían todo lo necesario para consumir y exportar. Y lo mismo en ganadería: según el Informe Daries, España podría pasar de 3,5 a 10 millones de cabezas de vacuno, y en ovino, de 18 millones a unos 100.

Para lograr todo ello (como ha propuesto, con acierto, el Centro Nacional de Jóvenes Agricultores), hacen falta medidas para el cambio estructural en la tenencia de la tierra; para la ordenación de las producciones, y para las mejoras antes indicadas en las formas de vida rural. Y no hace falta decir que cuanto aquí apuntemos está sujeto a la gran variedad de nuestra España, sus diferentes microclimas y otros hechos importantes, que aconsejan a la vez flexibilidad y desconcentración.

En cuanto al primer punto, lo más importante y urgente es una Ley de Arrendamientos agrarios que permita la creación de un mercado serio, flexible y transparente de la tierra; incluyendo, por supuesto, las disposiciones necesarias sobre arrendamientos forzosos (respetando la propiedad) en casos de gran acumulación de tierras, o mala explotación de las mismas.

Otras disposiciones deberán ocuparse de la ordenación rural (dentro de una ordenación general del territorio), que tiendan a constituir unidades viables, y explotaciones comunitarias, en las zonas de minifundio.

La ordenación de producciones es la única manera de realizar en serio una política de precios agrícolas, compatible con el necesario respeto a la libertad de iniciativa empresarial. Deben perder su actual rigidez las ordenaciones de campaña; un cuadro legal general debe permitir una readaptación flexible a las realidades del mercado nacional e internacional. Los créditos de campaña, de almacenamiento y de circulante deben funcionar de modo eficaz y ágil. Todo ello supone aumentar la participación de la agricultura en el presupuesto a un 15 %.

En fin, hay que hacer agradable, y aun atractiva, la vida en el medio rural, incluso para la juventud. Hay que reforzar las cabeceras de comarca con todos los servicios educativos, sanitarios y sociales; equiparar totalmente la seguridad social agraria, cargo del Estado; mejorar la formación profesional agraria; y desconcentrar cuanta industria no requiera maquinaria pesada o compleja. Acercar al hombre de la ciudad al campo, potenciando las vacaciones en casas de labranza. Y hacer planes especiales para las zonas de montaña, mal comunicadas, que aún subsisten en algunas partes.

Éste es un programa realizable. Supone abandonar, simplemente, la desidia, la utopía y la demagogia.

16. La educación, tema constitucional

Todos sabemos que la educación es un factor clave de la integración social; es decir, no es sólo el cultivo de las facultades individuales de la persona, lo que ya es mucho, pues la sociedad es más si suma a muchos individuos preparados; sino que, superando la simple instrucción de cada uno, la verdadera educación además le prepara para la convivencia y cooperación con los demás. El control social se ejerce, en buena parte, a través del sistema educativo; y por eso Esparta o Atenas, o bien Rusia e Inglaterra en el día de hoy, se distinguen sobre todo por su sistema escolar, clave distintiva y conformadora de los respectivos sistemas sociales.

La adaptación de las nuevas generaciones a ese sistema se produce de modo diferente en sociedades consolidadas en una tradición, y en las sociedades en trance de cambios profundos. Todo movimiento revolucionario intenta por ello apoderarse del sistema educativo, para conformarlo a la medida de sus intentos. La Revolución francesa llamó por ello *instituteur* al maestro, queriendo decir que sería elemento clave para instituir la nueva sociedad.

La educación es, por otra parte, factor fundamental del desarrollo económico y de la movilidad social. Un país en despegue hacia un sistema basado en la industria y los servicios necesita un sistema educativo mucho más completo que una sociedad basada casi íntegramente en la agricultura y la artesanía. Al difundirse esta educación más completa, aumenta la competitividad de los talentos, pesa menos la fortuna familiar, se tiende a la meritocracia, y se multiplica la movilidad social vertical. El señorito de un pueblo ve pasar por delante al hijo del vecino pobre, capaz de ganar unas oposiciones en una administración pública o ascender por méritos en una empresa privada.

Pero, además, en las sociedades modernas juegan un papel decisivo las ideologías políticas. Las decisiones políticas no se toman por un pequeño número de notables, sino en virtud de grandes acumulaciones de votos, producidas electoralmente, en virtud de las propuestas ideológicas de los partidos. Si, en lugar de preparar imparcialmente al ciudadano, para que sea capaz de afrontar con independencia las decisiones electorales, desde la escuela se logra orientarle en favor de una ideología más que de las demás, el juego democrático y pluralista queda falseado en origen.

Finalmente, una sociedad no es sólo un conjunto de cuerpos humanos: es también un conjunto espiritual, cultural y moral. El materialismo marxista lo niega, pero la mayoría pensamos de otra manera. La educación para la trascendencia, para una ética personal y social, para una visión religada y ética de la vida, es otra cuestión capital.

Clave de la convivencia humana, soporte del desarrollo económico y social; preparación del ciudadano, y fuente de su vida espiritual, la cuestión educativa es un tema constitucional por antonomasia. Con razón el artículo 27 de la Constitución de 1978 fue uno de los más controvertidos, y su desarrollo legislativo va a ser uno de los más importantes de las próximas Cortes.

El artículo 27 tiene diez apartados. En el primero, dice

que *todos* (por tanto, incluso los no españoles) tienen el derecho a la educación. Una versión primera hablaba del derecho y del deber.

Por otra parte, reconoce la libertad de enseñanza, que va más allá que la libertad de cátedra (reconocida en el artículo 20, apartado c), pues comprende el derecho a la organización educativa.

El número 2 establece como objeto de la educación el pleno desarrollo de la personalidad humana, y traza los límites de libertad de enseñanza, en el respeto a los principios democráticos de convivencia y a los derechos y libertades fundamentales.

El número 3 garantiza el derecho de los padres a que sus hijos reciban la formación religiosa y moral que esté de acuerdo con sus propias convicciones. Este artículo ha de ser concordado con el artículo 16 (libertad religiosa, relaciones de cooperación con la Iglesia Católica y las demás confesiones), y con los artículos relativos a la familia (18, 32 y 39).

El número 4 declara obligatoria y gratiuta la enseñanza básica. El concepto de enseñanza general básica (mucho más profundo que el de la antigua instrucción primaria) queda así consagrado por la Constitución, con una intención de expansión progresiva, a determinar por la ley.

El número 5 establece el principio de programación general de la enseñanza, a cargo de los poderes públicos (y, por lo mismo, a todos los niveles), para garantizar el derecho de todos a la educación (ya establecido en el número 1). Dicha programación ha de hacerse con participación efectiva de todos los sectores afectados, y la creación de centros docentes. Una versión anterior, más respetuosa con el sector privado de la enseñanza, hablaba de creación y promoción.

El número 6 reconoce a las personas físicas y jurídicas (privadas o públicas) la libertad de creación de centros docentes, dentro del respeto a los principios constitucionales. No podrán, pues, crearse escuelas de terroristas, como lo fue en definitiva la famosa de Ferrer. Pero aquí se coló de rondón uno de los puntos más peligrosos del famoso consenso, pues se suprimió, del texto de la Ponencia, la facultad, no sólo de *crear*, sino de *dirigir* esos centros. Cuantas explicaciones se han dado de esa supresión son insuficientes, como lo es la tardía adición, en el Senado, del número 2 del artículo 10, en cuanto a la interpretación de estos artículos del Título I, de conformidad con las declaraciones internacionales. El riesgo de una interpretación favorable a la escuela única es realmente serio, y en este punto la interpretación que dé la ley que desarrolle el precepto, de la mayor trascendencia.

El número 7 restringe también las facultades de dirección y orientación en los centros docentes del sector privado, por cuanto, en todos los centros sostenidos con fondos públicos (lo que incluye las subvenciones), se establece la intervención de los profesores, los padres y, en su caso, los alumnos.

El número 8 establece el principio de inspección y homologación por los poderes públicos; el número 9, el de ayuda a los centros docentes que cumplan los requisitos legales, y el número 20, el de autonomía universitaria.

Determinados otros artículos completan esta importantísima normativa constitucional; así, el artículo 34, que por primera vez constitucionaliza el derecho de fundación; el artículo 44, que reconoce el derecho a la cultura y la promoción de la ciencia y la investigación; el artículo 46, que defiende el patrimonio histórico, cultural y artístico; el artículo 48, que promueve la participación de la juventud en el desarrollo general y el cultural en particular; y el artículo 20, que protege, en su apartado b, la producción literaria, artística, científica y técnica.

Todos estos principios deben bajar ahora de los textos a la realidad. Para que la enseñanza sea libre, es decir, como la desea la sociedad española, y no impuesta, las decisiones principales se han de tomar en el Presupuesto, y las asociaciones de padres han de tomar cartas en el asunto. Donde el sector privado es importante en educación, como en los países anglosajones, la educación es eficiente; donde predomina la escuela única, no sólo desciende la libertad, sino también la calidad.

Hay que reforzar la política de guarderías infantiles y reforzar las plazas de educación preescolar, con personal especializado. Las madres hoy tienen menos ayuda, y los niños se ven sometidos muy pronto a toda clase de mensajes, que la familia sola no puede filtrar. Hay que acercar esas plazas a las familias y a las viviendas, reduciendo en lo posible los transportes, cuya seguridad debe ser reforzada.

Para una mayor utilidad práctica (en favor de los alumnos y de la sociedad) se deberán armonizar el Bachillerato y la Formación Profesional, con tendencia a formar un tronco único, que permita el paso de una a otra orientación, y abra en todo caso el acceso a las enseñanzas superiores.

Los contenidos de la enseñanza son, por supuesto, lo más importante. Idiomas matemáticos, lenguaje científico, ciencias humanas: todo ha de enseñarse de modo que sirva, realmente, para el desarrollo ulterior del niño. Cumplir y mentir no es enseñar.

Ha de procurarse la gratuidad total y efectiva de la enseñanza obligatoria, reduciendo todo lo posible los gastos extras; los libros deben servir de un año para otro; deben reducirse los gastos de comedor y transporte, etc.

Hay que evitar la politización de la enseñanza; se deben formar ciudadanos y no ideólogos o políticos de partido; hay que preparar para la opción, no prejuzgarla.

La distribución de los puestos escolares ha de orientarse a las verdaderas realidades del asentamiento de la población. La comarcalización parece que debe ser hoy un criterio básico para centros escolares, bibliotecas, etc.

La educación y la cultura son temas claves de nuestro futuro. Hay que dedicarles una prioridad máxima y no olvidemos que, mientras unos duermen, otros han madrugado ya.

17. Protección a la prensa y protección al público

La Constitución española, como un texto liberal y democrático que es, sienta las bases jurídicas para que España pueda tener una buena prensa. En su artículo 20 reconoce y protege el derecho libre de expresión y difusión de pensamientos, ideas y opiniones (n.º 1, a) y de producción y creación literaria y artística (n.º 1, b); de comunicar y recibir libremente información veraz por cualquier medio (n.º 1, d); eliminar todo tipo de censura previa (n.º 2); limita el secuestro a la resolución judicial (n.º 5); admite la cláusula de conciencia y el secreto profesional en el ejercicio de estas libertades (n.º 2). Al mismo tiempo, limita estos amplísimos derechos (en el último caso, hay que decir privilegios) con estos razonables principios: el respeto a los derechos constitucionales; a las leyes que los desarrollan, y especialmente el derecho al honor, a la intimidad, a la propia imagen y a la protección a la juventud y a la infancia.

Esta acertada regulación constitucional del Derecho de prensa se completa con el ambiente general creado por la Constitución en todas sus partes: un Estado de derecho, basado en el pluralismo político (art. 1, 1); un sistema parlamentario (art. 1, 3, y muchos otros); unas garantías eficaces de las libertades constitucionales (arts. 51 a 55) y un principio básico de publicidad de la vida política y administrativa (arts. 80 y 105).

Por otra parte, todos sabemos que no basta con tener un buen cuadro jurídico para el desarrollo de una institución; es necesario, pero no es suficiente. Hay también factores estructurales, como señalé en un artículo sobre «La prensa en relación con la estructura política social: Inglaterra, Francia, Estados Unidos», que publiqué en la *Gaceta de la Prensa Española*, en 1952. La prensa está en relación con lo que se lee, es decir, con la política de educación y de cultura; está vinculada al peso y protagonismo de determinados sectores sociales (como la Iglesia y los sindicatos) o políticos (como los partidos); está sometida a las servidumbres de toda empresa económica (costos, publicidad, etc.) y así sucesivamente.

Hoy la prensa en general (y las excepciones, como siempre, confirman la regla) está pasando por un momento difícil en España. Me parece que las causas principales son las siguientes: costos elevados, circulaciones escasas, falta de servicio al público y escasa credibilidad.

El primer punto es claro. Un kilo de papel vale lo que antes un kilo de jamón. El personal (sobre todo en los periódicos antiguos) es un renglón mucho mayor. La baja coyuntura desanima la publicidad que además tiene menos polos de atracción en la radio y la televisión.

El segundo es indudable. Se lee poco la prensa. Las tiradas ascendentes de un año dramático como el de 1975 no se han sostenido. Las nuevas promociones de periodistas no encuentran salida.

El problema irá a peor, a no ser que se quiera entrar en serio en los otros dos temas: servicios reales al público, y credibilidad informativa y crítica. Un periódico ha de servir para algo; a lo menos, para algo más que para hacer paquetes y encender el fuego. Son pocos los periódicos que intentan, aparte de fuegos artificiales, en política, e información deportiva y de espectáculos, proporcionar información completa de lo que pasa en la localidad, en la región, en España y en el mundo; mantener secciones serias de carácter científico, literario, artístico, de aficiones diversas; crear vigencias serias en sus críticas de este o aquel sector. Para leer unas columnas de confusa chismografía, de crítica venal, o de información tergiversada, la gente (que no es tonta) no compra el periódico.

Porque hay una seria crisis de credibilidad. Todo el mundo sabe que el Gobierno y otros grupos manipulan y afeitan la información; que unas cosas salen y otras no; y que, en general, no se intenta decir la verdad, en el sentido de *toda la verdad* y *nada más que la verdad*.

Dicho esto (que es lo importante) toda acción pública en materia de prensa ha de ser, a la vez, *protección a la prensa* y *protección del público*. Es inútil plantear lo uno sin lo otro. Cuando se quiso proteger demasiado al público, nos quedamos sin prensa; pero proteger a ésta, sin contar con aquél, es imposible también.

Por lo tanto, entiendo que las medidas que eventualmente se tomen, deben contemplar, en primer lugar, el *saneamiento del mercado*. Esto quiere decir más cosas de las que parecen a primera vista: sobre todo en materia de transportes y distribución; sobre todo en la última terminal, los puntos de venta, que cada vez abren menos días y menos horas. En segundo lugar, una *ayuda clara y objetiva* (no discrecional, como ahora) a través de un factor indiscutible, como el precio del papel realmente consumido. En tercer lugar, una coordinación inteligente de las empresas periodísticas con el sistema de radio y televisión; lo primero parece que ya está en estudio, y lo segundo es fundamental. El sistema de la ITV británica debería ser especialmente considerado.

Pero hay que proteger también al público. No veo

cómo puede hacerse sin una legislación clara en materia de sanciones penales y de fuertes indemnizaciones. El que es condenado por libelista en Inglaterra tiene que pagar cantidades muy fuertes a la víctima; en nada ha mermado esto la verdadera libertad de la prensa británica, pero ha puesto coto a la injuria y a la calumnia privilegiadas.

La prensa española no se salvará más que asumiendo sus propias responsabilidades; sin responsabilidad no hay libertad. La sociedad tiene muchos medios de exigir responsabilidad social: una de ellas es no comprando ni leyendo periódicos que no se lo merezcan, ni anunciándose en ellos.

Digo todo esto con profunda preocupación; sin prensa seria no hay democracia seria. Con periódicos débiles y condicionados, y con partidos poco coherentes y responsables, el fracaso del régimen constitucional (una vez más) es sólo cosa de tiempo. El que avisa no es traidor, ni hace catastrofismo; se limita a decir lo que sabe y piensa a todo el mundo.

La prensa sólo vive si informa seriamente y con credibilidad. Sólo se la puede proteger para eso y en función de eso. Lo demás son cuentos.

18. El déficit del sector público en España

Coalición Democrática asume plenamente el modelo económico que la Constitución de 1978 define para la sociedad española como la de economía de mercado, entendido como un sistema que deja, dentro de unas estrictas reglas del juego, a la iniciativa privada, a la suma de todas las decisiones individuales con su incentivo al éxito y su freno ante el riesgo y el fracaso, la dirección de la economía. En una economía de mercado, el Sector Público puede y debe actuar, sin complejos y con un sistema de prioridades preestablecido, para atender las demandas sociales no delegables del Estado o no atendidas por el sector privado, siempre dentro de los principios de subsidiariedad, rentabilidad, eficacia y control parlamentario, en cuyo marco la economía de mercado admite cualquier peso del Sector Público en la economía.

En el momento actual, España se enfrenta a una situación económica muy deteriorada, entre otros, por los siguientes factores: crisis mundial de crecimiento debida, en parte, al problema energético, crisis nacional del modelo mixto del sistema anterior, mezcla de socialismo y liberalismo, agotado en sí mismo hace varios años, y situación de transición política y social que, por ser llevada veleidosamente y sin coherencia, perturba y destruye el sistema económico anterior sin haber llegado a implantar con autoridad un nuevo sistema similar al europeo. Porque, en efecto, el sistema paternalista intervencionista anterior es incompatible con una economía de mercado; y propicia que deban atenderse todas las reivindicaciones, justas e injustas, procedentes e improcedentes, posibles e imposibles, coherentes o incoherentes con el sistema constitucional; y todo ello, según el grado de presión social y no según un sistema de prioridades aceptado por el pueblo que ahora tiene la soberanía; y todo ello, inevitablemente, con cargo al Sector Público. Sector Público que, en España, por partir del sistema nacional sindicalista anterior, no se adapta en absoluto a los principios de subsidiariedad (cuántas veces el Sector Público actúa sin justificación ni necesidad, con privilegios y subvenciones para contentar al sector privado que, a cambio, acepta paternalismos laborales), rentabilidad (que sólo se mide con criterios «sociales» o «políticos» y no económicos), eficacia (que en tantos casos sería mayor, si fuese el sector privado quien atendiese las necesidades, porque nuestro Sector Público es altamente ineficiente) y control parlamentario (que en una política de consenso político y no de administración de recursos posibles no es viable).

En esta situación aumentan la presión fiscal y el déficit del Sector Público. Ambas cosas crean inflación, desincentivan el ahorro y la inversión, crean paro y reducen el crédito al sector privado. Y todo ello no llega a satisfacer a socialistas y comunistas, deteriora irremediablemente el proceso productivo y desanima al pueblo, que no ve en la democracia una mejora de su situación económica conseguida en un sistema anterior coherente, pero de antidemocracia y antilibertad. Y todo ello continuará mientras no se liberalice a fondo *toda* la economía y se discipline con intensidad el Sector Público, direcciones en las que muy poco se ha avanzado en los tres últimos años.

Con esta filosofía, Coalición Democrática es contraria al aumento de la presión fiscal (no a la reforma fiscal, sino a su incoherencia, su injusticia y su antitecnicismo) y al déficit del Sector Público (no a que el Sector Público tenga un peso cada vez mayor en la economía y atienda, con criterios posibilistas dentro de la libertad, la justicia y la prosperidad para todos, cada vez más necesidades generales).

El déficit del Sector Público crea inflación y genera paro, porque no sustituye a la actividad económica privada, sino que en España es consecuencia de una falta de control y selectividad del gasto y de eficiencia en el servicio. Por ello es un déficit que sería anulable o reducible (por ejemplo, reduciendo selectivamente el capítulo de transferencias, que es una especie de cajón de sastre para cubrir emergencias o gastos no muy declarables). Como indicó el diputado Alfonso Osorio recientemente ante el Pleno del Congreso, con Gobiernos de la República del régimen anterior y de la nueva democracia ha habido ejercicios con equilibrio o superávit (lo que destruye cualquier argumento «político»). Desde 1930 a 1978, sólo 18 años han visto sufrir déficits en los Presupuestos del Estado; y de ellos, sólo en 4 años el déficit ha superado el 11 % de los ingresos (de ellos, tres en la etapa de la autarquía, y el cuarto, 1978). En 1979 el déficit puede llegar a superar el 20 % de los ingresos. En tres años se ha duplicado el presupuesto de gastos, sin que la «parte del león» haya pasado a los presupuestos de defensa, obras públicas y educación como hubieran parecido demandar la sociedad española y la crítica situación económica, que, no se olvide, es claramente recesiva, con inflación y paro a la vez. Ello es contrario a cualquier política económica de libre mercado, en la que el gasto público debe aumentar su participación en el producto nacional a medida que se produce el desarrollo económico. Parodiando a Musgrave, en España se quiere ofrecer una curiosa preocupación seudorredistributiva, más que un aumento efectivo y real de la oferta de bienes y servicios sociales.

Todo ello es aún más claro en sectores concretos como el de la Seguridad Social. Cuando se indica que el fraude en el Seguro de Paro alcanza el 25 %, todos los españoles se ponen enfermos 14 días al año, cosa a todas luces imposible, y el gasto en farmacia alcanza niveles no conocidos en Europa, los Presupuestos para 1980 marcan aumentos para estos conceptos, cuando en buena lógica deberían imponerse reducciones acordes con la austeridad, eficiencia y honradez que demandan un sistema democrático y una situación económica como la actual. Porque no se olvide que más del 60 % de los gastos de la Seguridad Social son financiados por las empresas, que difícilmente pueden animarse por este camino a invertir y generar empleo.

Si a todo esto se une la previsión de lo que puede ocurrir con la financiación de las nuevas comunidades autónomas, si se aprueba el Proyecto de Ley del Gobierno, que, en definitiva, consistirá en un aumento de la presión fiscal, con duplicación en muchos casos del gasto público, puede concluirse que el déficit del Sector Público en España es elevado, no justificado y cooperador de la situación actual de recesión.

Por ello, la postura de Coalición Democrática ante el déficit del Sector Público en España y ahora es clara: debe reducirse por control austero del gasto, selección de prioridades sociales, subsidiariedad respecto al sector privado y criterios de rentabilidad y eficiencia.

19. Validez y progreso en los procesos políticos

Es un hecho indudable que las organizaciones políticas y su funcionamiento están en cambio constante; el Estado español de los Austrias no era el mismo de los Borbones; ni el de Cánovas y Sagasta el mismo de la Segunda República, y así sucesivamente. Hasta en los países de mayor continuidad, como Inglaterra, los cambios políticos han sido enormes; los Tudor no gobernaban como los Estuardo, y la Inglaterra política y social de hoy se parece muy poco a la de Disraeli y Dickens.

Esos cambios van, normalmente, en la dirección de un cierto desarrollo; los países tienden a crecer, sus administraciones a aumentar funciones, y a todas las burocracias se les aplica la famosa ley de Parkinson. Pero esto no quiere decir necesariamente progreso; el Imperio británico era llevado, hace cien años, por muchos menos funcionarios de los que hoy tiene un solo Ministerio; y cuando hablamos de si tal o cual medida es progresiva, no siempre se han definido previamente los criterios que determinan lo que es realmente progreso en los procesos políticos.

Buscando un poco de claridad en la materia, intento pasar revista a los más frecuentemente aceptados como criterios para juzgar la bondad de un Estado en los tiempos modernos. Pienso que los más frecuentemente invocados son cuatro: el criterio de *eficiencia*, el de *libertad*, el de *igualdad* y el de *respeto a la Naturaleza*.

Con arreglo al primero, el Estado mejor es el «Estado de obras»; es el más capaz de crear obras públicas, de establecer servicios sociales, de proveer medios adecuados de defensa, etc.

Para los partidarios de la libertad, ésta es el criterio definitivo; es mejor el Estado que hace a los hombres más libres. Este punto de vista, liberal por antonomasia, tiene dos vertientes: una idealista, que concibe la libertad como el máximo valor personal y social, al que debe sacrificarse todo, incluso la eficiencia; y otra utilitaria, para la cual la libertad es el método mejor para lograr los valores sociales, incluso la eficiencia posible.

El criterio igualitario es, sin duda, el hoy predominante; el gran mito del igualitarismo, que empieza con el desarrollo de las ideas democráticas, y se profundiza en las socialistas, se ha ido extendiendo a zonas cada vez más extensas de la vida social. Del voto igual se ha pasado a la igualdad de oportunidades; y de ésta a la colegialidad en el ejercicio de toda autoridad, y hasta al *unisex*.

El criterio del *respeto a la Naturaleza* ha tomado fuerza creciente en los últimos años, también con dos vertientes importantes: el *ecologismo* propiamente dicho, y todo el ciclo de ideas paralelas de «crecimiento cero», «lo pequeño es lo bello», etc.; y la *etología*, o insistencia en los aspectos deterministas de la biología humana, con su no menos impresionante (y preocupante) cortejo de consecuencias para la conducta individual y social; por cierto con una gran influencia en las doctrinas de la «nueva derecha» francesa.

Examinemos brevemente estos criterios. No cabe duda de que es importante la eficiencia; la construcción de presas, carreteras, escuelas y hospitales; la creación de servicios sociales y de recursos públicos de todas clases. Tampoco es dudoso que la evaluación de la eficacia es un tema lleno de cuestiones opinables; a veces se terminan los edificios antes de preparar a las personas que van a usarlos; determinada industria puede producir más contaminación que puestos de trabajo; hay que evitar la ruptura de un orden social y cultural y de su equilibrio global, por el crecimiento demasiado rápido y descompensado de unos sectores, en perjuicio de otros; sobre todo, como decía Bergson, cuando crece el cuerpo no puede disminuir el espíritu. Finalmente, queda el gran problema, en los Estados eficientes, de la relación disciplina-libertad; los casos de Rusia y China merecerían más de una consideración al respecto.

La eficiencia, en definitiva, ha de medirse no sólo sobre estadísticas materiales, sino en función de un conjunto multidimensional de resultados finales, y también a lo largo de un plazo suficientemente dilatado. Una vez me dijo Manuel de Torres, economista con sentido común, que no bastaba hacer presas; hace falta que luego nadie las haga volar; y entonces aún no se pensaba en las centrales nucleares, no menos necesarias. Los ingleses, a su vez, piensan que si sus magníficos funcionarios gobernasen al país sin control político durante un par de años, estarían mejor administrados que nunca; pero después serían todos colgados de la farola más próxima.

El criterio de libertad llena las cabezas y los corazones del siglo romántico, aunque ya madame Rolland, camino de la guillotina, dijera aquello de: «Libertad, libertad, cuántos crímenes se cometen en tu nombre.» La libertad de empresa ha justificado el trabajo de los niños en las minas, y la libertad sentimental la destrucción de la familia, etc.

Pero no es menos cierto que la libertad ha sido siempre considerada un factor clave en la evaluación de los sistemas políticos. También es verdad que ha habido y subsiste una enorme ambigüedad en torno a este concepto: como ya observó Montesquieu, la libertad para los rusos de comienzos del siglo XVIII era el poder usar las barbas que mandó pelar Pedro el Grande, como para los madrileños del famoso motín de Esquilache era poder usar un determinado tipo de capas y sombreros. No era, como dijo Ortega, la misma la *libertas* romana que la *freedom* inglesa de los manchesterianos. Pero nadie puede dudar que un cierto grado de libertad, entendido según los criterios propios de cada época y los niveles de cada cultura, forma parte de los criterios que miden la satisfacción política de la mayoría.

El tema de la igualdad es en este momento el que más presiona, y sobre todo entre nosotros, que añadimos, a las tendencias generales del mundo, el vicio nacional de la envidia. Cualquier valoración del mérito se rechaza como «elitismo»; cualquier estimación de lo adquirido es «clasicismo»; da igual que se hable de impuestos, de oposiciones o de caza: el lema de moda es «café para todos». Trato igual para el que estudia y el que vaguea; el que trabaja y el que no da golpe; el que delinque y el que respeta la ley; la que pare y la que aborta, y así sucesivamente.

La reacción contra esta enormidad puede ser el gran tema de los próximos años; y muchos datos apuntan en este sentido, como contra la equivocación de aplicar el principio democrático allí donde es claramente inaplicable y la jerarquía y la disciplina son necesarias.

El respeto a la Naturaleza es, cada vez más, un criterio empleado a diestro y siniestro para impedir la construcción de una industria o de una autopista, o discutir determinados modos de crecimiento. Lo mismo que en los tres criterios anteriores, hay una parte indiscutible y positiva; como en todos ellos, hay una parte de exageración. El orden social debe respetar la Naturaleza, y en particular la naturaleza humana. Pero Rousseau ya se equivocó en esto: no hay un «buen salvaje»; no hay vuelta posible al hombre primitivo. No se puede regresar a las cavernas ni a cazar bisontes; no hay cuevas para tanta gente, ni caza para comer un solo día la Humanidad actual.

Mi experiencia de la selva tropical es que la «contaminación» es un fenómeno natural; allí todas las aguas están contaminadas. Entre dos «soluciones», es mejor la que deja un saldo positivo; los habitantes de los poblados africanos necesitan el humo de las chimeneas.

Conclusiones provisionales: no hay un criterio único y exclusivo del progreso político. Es lo que hemos dicho siempre los conservadores: Aristóteles, Montesquieu, Burke, Balmes, Cánovas del Castillo y los cada vez más numerosos que van apareciendo. El Estado totalitario (máxima eficiencia) y el Estado providencia (máxima igualdad) ya han demostrado sus gravísimos problemas. Los Estados que se mantienen en la ambigüedad están en quiebra económica, y en quiebra moral, de legitimidad.

Hay que volver a la gran tradición occidental de explorar el Estado perfeccionado, a partir de los que hay; no el Estado utópico, pero sí el posible, a partir de la experiencia y del discurso racional.

Esto es volver, en definitiva, a la gran tradición del Estado constitucional, pero planteando la cuestión en profundidad, no en la mera copia de textos. Hay que hacerlo en una sociedad mucho más complicada que en la de los siglos XVIII y XIX.

El Estado constitucional es, en primer lugar, un Estado limitado; no pretende abarcar la totalidad de la vida social; por lo mismo, es un Estado pluralista, que se concentra en lo suyo (defensa, seguridad, estabilidad del sistema económico, legislación) y deja actuar a los sectores sociales de modo libre, dinámico y creador.

Todos somos conscientes de vivir una crisis histórica de portentosas dimensiones, y de que el Estado no puede ser ajeno a ella. Hay avances y retrocesos en la Historia; *corsi* y *recorsi*, en la célebre expresión de Vico. El progresismo fácil terminó con la bomba atómica: el «sueño de la razón crea monstruos». El progreso en los procesos políticos es siempre relativo; sólo puede medirse por criterios de tipo real: logros humanos, satisfacciones de necesidades, evitación de males mayores y, en definitiva, la felicidad posible de los más.

El juicio definitivo lo establece, de modo implacable, la Historia; «pasados los siglos, horas fueron». Merecer su juicio favorable no es fácil; lo menos que se puede hacer es intentarlo, pensando en ella; procurando hacer cosas que puedan durar, justamente porque no se plantean para el oportunismo de cada día, sino, como diría Goethe, «para lo eterno».

20. Legitimidad, legalidad y las dos revoluciones

España está sometida hoy, claramente y sin equívocos, a dos intentos de cambiar totalmente su organización social y política. Las dos revoluciones que afectan a nuestra patria son bien conocidas: hay la revolución social, cuya doctrina sigue siendo básicamente el marxismo, que pretende, a partir de la lucha de clases y la guerra cultural, establecer un sistema colectivista: suprimir o reducir el «sector privado» y la «libre iniciativa» del todo o lo más posible, en la economía, en la enseñanza, y en todo lo demás, y para ello, destruir al máximo nuestras tradiciones culturales y morales.

La otra es la revolución separatista, que pretende trocear a España en nacionalidades independientes, preparando el camino con autonomías políticas, administrativas, económicas y culturales lo más amplias posible.

Comencemos por la segunda. No es ningún secreto, porque estas cosas se publican (por ejemplo, en el diario *Egin*) que para los *abertzales* todo lo actual es un simple paso hacia la independencia. Se trata de evitar toda implicación en el sistema constitucional, sin perjuicio de utilizarlo en lo que tenga de útil. Así, se interviene en los Ayuntamientos, pero sólo para criticar; en las Diputaciones, exclusivamente para promover declaraciones en favor de los terroristas; en las instituciones autonómicas, para aprovechar las ventajas de la campaña electoral, y, según se ha dicho textualmente, «para hacer política testimonial, mejor desde fuera y sin avalar la participación del país». A nivel de las instituciones estatales, ya hemos visto que los tres diputados y los senadores de Herri Batasuna no han venido a las Cortes, con grave escándalo, sin renunciar por supuesto a sus inmunidades ni a sus haberes, sin duda considerados como una forma de «impuesto revolucionario».

Por otra parte, Herri Batasuna y KAS han utilizado paralelamente todos los motivos de movilización de masas, tales como el combate ecologista, la lucha antinuclear, la amnistía total, la defensa del aborto (o, según convenga, la lucha contra la pornografía) y así sucesivamente; apoyado todo ello en huelgas de hambre, ocupaciones ilegales, etc. Y, por supuesto, detrás de todo ello están la violencia y el terror: ametrallamientos, bombas, secuestros, amenazas, etc.

La otra revolución busca el cambio del sistema económico, social y cultural, y, mediante la transferencia del poder político, también el constitucional. En los casos extremos (grupos marxista-leninistas, y sus brazos armados, como el GRAPO), por procedimientos que llegan al asesinato, el secuestro, la voladura en masa de locales llenos de público inocente.

Recordemos que el marxismo-leninismo (doctrina aceptada por todos estos grupos de extrema izquierda, y también por la mayoría de los revolucionarios separatistas) sostiene que el cambio social profundo, el que puede llevar al establecimiento de un verdadero socialismo, pasa por una fase de insurrección revolucionaria, seguida por otra de dictadura del proletariado; es decir, del partido revolucionario en su nombre. Esta doctrina, que Lenin contrapuso a la teoría evolucionista de Kautsky y la segunda Internacional socialista (y de la que procede la moderna socialdemocracia), rechaza expresamente la vía democrática y parlamentaria hacia el socialismo, por entender que en una sociedad capitalista los partidos obreros están siempre engañados y corrompidos, y exige la total destrucción previa de toda forma de poder burgués, antes de que la dictadura del partido sea innecesaria. Todos los que conocen la historia de Rusia y de los países del Este europeo, saben que ese último momento, del «desfallecimiento del Estado» en una sociedad socialista, no llega nunca.

Hasta aquí las cosas están bastante claras: hay dos revoluciones totales, una separatista y otra político-social, que coinciden en negar la legitimidad del Estado español y sus instituciones, comenzando por la propia Constitución; y que rechazan igualmente toda la legalidad vigente, y se reservan el utilizar la violencia para lograr sus fines. Matan generales y guardias civiles, secuestran al presidente del Consejo de Estado o a un diputado, asesinan y atracan, vuelan fábricas de material nuclear, y así sucesivamente.

El problema es más complejo con otros grupos, que actúan con mayor ambigüedad. En la primera revolución (la separatista), Euskadiko Eskerra y ETA político-militar son poco dudosos, aunque sus tácticas difieren algo; no hacen cuestión, sin embargo, de ser separatistas y revolucionarios, sino que lo afirman expresamente; en una palabra, rechazan la legitimidad del sistema, pero se reservan el uso de la legalidad exclusivamente para aquello que les convenga.

Más difícil es el caso del PNV. Contra otras apreciaciones, entiendo (y de no ser así, a ellos toca decirlo de una vez, clara y terminantemente) que el objetivo no es sustancialmente diferente; es decir, que no han renunciado al independentismo. A partir de esto, ya todo es ambigüedad; no votaron la Constitución; han introducido en el Estatuto una disposición final de contenido oscuro e ilimitado; utilizan sistemáticamente la presión, y han llegado al gesto inaceptable de retirarse de las Cortes. Al lado de esto, su actitud frente al terrorismo ha sido, y sigue siendo, inaceptable. En una palabra, no hay más legitimidad que la que ellos aceptan, ni más legalidad que la que les sirve; todo lo demás es provisional y a cuenta. Por lo mismo, como ya se ha visto, no se logrará una dinámica política diferente en el País Vasco mientras el PNV no supere su ambigüedad, y aceptando el último mensaje de Sabino Arana, y el más reciente de Leizaola, no proclame claramente que no hay más soluciones que las que se produzcan dentro de España y de acuerdo con la tradición foral.

Pasemos a la otra revolución. También aquí hay un margen de ambigüedad. Parece, afortunadamente, que está superado en el PSOE, que fue eliminando de su programa los textos marxista-leninistas (durante mucho tiempo mantuvo el concepto de dictadura del proletariado) y finalmente el propio marxismo como doctrina única y dogmática; mantiene aún unas doctrinas internacionales de gran riesgo y equivocidad. Pero, en suma, las cosas van en la buena dirección, evitando los graves errores de los años 30.

Caso muy diferente es el del Partido Comunista español. El PCE se declara partido revolucionario, que no renuncia a la transformación total de la sociedad, implantando un sistema comunista. Por lo mismo, lo único que acepta del leninismo es la etapa de la insurrección armada; ya ha explicado el señor Carrillo que, en la Europa actual, tal planteamiento sería utópico, en la Europa occidental, zona de influencia militar de la OTAN, y en la cual sería imposible una intervención soviética, fuera del caso de un conflicto mundial.

Carl Schmitt, con su habitual clarividencia (que conserva a los 80 años), la misma que le hizo ver, al final de la segunda guerra mundial, la importancia que iba a tener en el mundo de hoy el «partisano», el hombre que toma partido con las armas en la mano, en un mundo en el que es más difícil utilizar la fuerza militar total, ha advertido en un reciente magistral artículo la complejidad del problema que plantea el eurocomunismo a la teoría del Estado. ¿Cómo se puede ser *revolucionario* dentro de la Constitución? Por definición, la revolución desea, no reformar, sino destruir la Constitución, que es la medida moderna de la legitimidad.

Por otra parte, si la revolución se convierte en un mero «problema teórico», ¿cuál sería entonces la diferencia entre el eurocomunismo y la socialdemocracia?

A mi juicio, esta zona de grave ambigüedad debe ser despejada de modo claro y terminante. Obligan a ello, pasado el primer momento de la transición, una serie de razones.

Está, en primer lugar, el factor internacional. El mundo entero está en conmoción, de Afganistán al Sahara, de Guatemala a Angola; los peones de la estrategia total se mueven en los estrechos del golfo Pérsico y en los del mar Rojo, y así sucesivamente. El petróleo y el oro se disparan. España es una «zona gris»; no acaba de decidirse; cuanto más tarde, mayores serán las presiones internas y externas. Hay quien considera que los trágicos asaltos a nuestras Embajadas son prueba de que estamos «exportando democracia»; antes se decía que eran prueba de nuestro aislamiento. Los partidos revolucionarios se deben estar frotando las manos, en todo caso, del tratamiento que estamos dando al tema en televisión.

Está, en segundo lugar, el factor económico-social. Mientras bajan la producción y la inversión, y aumenta automáticamente el paro, tenemos huelga tras huelga.

En lugar de apoyar las bases de un acuerdo, y leyes razonables, se usan piquetes violentos, se intimidan las votaciones obligando que sean a mano alzada, se lanzan manifestaciones ilegales al anochecer, se intoxica a la Universidad con falsos informes sobre la legislación pendiente, se practica el obstruccionismo en un Parlamento recargado de trabajo.

No debemos engañarnos. Hay que aclarar las cosas. Hay que aceptar la legitimidad y respetar la legalidad; desde ellas se puede y se debe actuar sobre numerosas reformas necesarias. Pero utilizarlas como pretexto para la revolución debe ser denunciado. Todo grupo que se retire del Parlamento debe perder sus puestos; toda huelga a favor de ETA debe ser tratada como huelga revolucionaria; todo partido (el que sea) que juegue al margen de la ley y en contra de la legitimidad, debe ser deslegalizado. A todos se les debe dar la ocasión de rectificar, pero rápidamente. En un contexto de bandas armadas, tribunales paralizados, cárceles coladera y de inseguridad general, de poco valen los debates y las elecciones. Fuera de la ley, no hay sociedad, sino caos. En política interior no hay más que una regla segura: ley que no se cumple, no se respeta. Basta ya de prepararse unos para la revolución y otros para la guerra. España se merece otra cosa.

21. Economía y democracia

Como ya observó lord Keynes, las ideas políticas y económicas son muy verdaderamente importantes, una vez que logran arraigo, incluso si no son exactas; y conservan su influencia por mucho tiempo. Sólo los momentos de crisis profunda, como el actual, y como ya ocurrió en los años 30, invitan a su revisión en profundidad.

La teoría económica clásica, nacida en la Europa de finales del siglo XVIII, y sucesivamente adaptada a las nuevas circunstancias, sigue vinculada a las sociedades capitalistas que la han producido. Los economistas rusos, como observa Samuelson, no son brillantes, fuera del campo matemático y la teoría de las probabilidades. Buenos economistas, cuando trabajaban fuera de un régimen comunista, como Lange y Kalecki, no han vuelto a producir nada importante desde que regresaron, respectivamente, a Polonia y Checoslovaquia.

Es en los países occidentales, con una amplia clase media y numerosas empresas privadas, y un mercado generalizado de mercancías y de valores, donde se han desarrollado las economías de gran tamaño y las doctrinas económicas importantes. Escoceses como Adam Smith y judíos como Ricardo han sido sus primeros teóricos; siendo interesante el gran número de judíos que como

Samuelson o Friedman siguen ocupando los primeros puestos de la teoría económica; tal vez porque fueron los primeros banqueros, al estarles vedadas otras profesiones; o tal vez (como cree Friedman) porque las barreras que se les ponían en las viejas sociedades les hizo defensores natos del mercado libre; quizá porque (como pensaba Veblen) al dejar el *ghetto* y allí una gran parte de su tradición, sólo aceptarían su integración en la sociedad cristiana desde una posición muy crítica y desconfiada.

Lo cierto es que, desde comienzos del siglo XIX, la teoría económica y la doctrina política coinciden en la defensa de la idea liberal, primero, y la democracia después. La economía de mercado, sin interferencias, produce resultados óptimos para todos, afirman los manchesterianos; la libre discusión de los asuntos públicos en el Parlamento produce igualmente la mejor legislación. Luego se dirá que el derecho del consumidor a comprar lo que quiera y como quiera es el mejor control del sistema económico, porque recompensará al que le dé mejores productos y servicios; y que este «sufragio económico» es el equivalente del voto político, con el cual el ciudadano apoya o rechaza las opciones políticas.

Ésta es la doctrina básica del sistema occidental: el consumidor vota con su poder de compra; y, por otra parte, la libre competencia impide concentraciones excesivas y permanentes del poder económico; y lo mismo ocurre en la democracia con el poder político.

Sin embargo, hay que reconocer que, en la práctica, las cosas no son tan sencillas. El mercado, como ha demostrado Galbraith, tiene partes libres, y partes muy administradas, por grandes concentraciones de carácter oligopólico. La mayoría de los precios son controlados por el Gobierno o por grupos interesados. Ya en la gran crisis de los años 30 quedó demostrado, en los estudios de Robinson y Chamberlin, que normalmente funciona una competencia imperfecta, en la que debe incidir la política económica para restablecer el equilibrio.

Pero subsiste el hecho de que el sistema basado en la libertad de empresa no solamente es el que ha logrado cotas más altas en la prosperidad humana, sino que ha sido condición previa de la libertad política; y que donde la libre iniciativa desaparece, periclita también el Estado de derecho. Las minorías menos favorecidas, en el sistema de mercado, estarían aún peor fuera de él; el peor suburbio es mejor que el mejor campo de concentración. Es igualmente indudable que la propiedad, ampliamente difundida, es una base seria y realista de la libertad, y que en los regímenes totalitarios desaparecen juntas, mientras que aumenta correlativamente el poder de una burocracia irresponsable.

Adam Smith, buen escocés, comprendió que un poder social abierto no puede basarse en una virtud humana escasa, como es el altruismo; y debe basarse en los riesgos normales de la conducta humana: la defensa del propio interés y la competición por el éxito económico y social. Esa competencia estimula la imaginación para ofrecer mejores bienes y servicios; promueve la investigación tecnológica, claves del progreso económico y social (lo que es compatible con la investigación subvencionada con fondos públicos); motiva el ahorro y la acumulación inversora; incentiva el esfuerzo personal en el estudio y en el rendimiento.

Todo ello produce, además, una sociedad abierta y pluralista. El Estado puede y debe completar y corregir las tendencias del sistema, forzando la inversión pública, para una mejor calidad de la vida; promoviendo la educación, la sanidad, la seguridad social, la lucha contra la pobreza, la defensa del paisaje y de la Naturaleza en general.

Pero no se trata de destruir el poder económico, necesario para el desarrollo general; se trata (como en todos los poderes sociales) de someterlo a control, de hacerlo responsable. Ésta es la verdadera función de la legislación económico-social en una sociedad libre y democrática; no destrozar las empresas, no servir a la envidia o al resentimiento, sino lograr el máximo y mejor servicio para todos.

La «buena sociedad» es la que aumenta las posibilidades de consumo para hacer posible la plena producción y el pleno empleo; que lo hace reduciendo los enfrentamientos interiores y exteriores, preparando la paz social y no el enfrentamiento; y que abre oportunidades crecientes de cultura y de ocio civilizado. Esa sociedad posindustrial o poscapitalista que no puede ser, naturalmente, un nirvana de sexo y de droga, sino la de un hombre cada vez más integrado en el universo, como demanda Teilhard de Chardin.

Ahora bien, en este panorama de lo posible y deseable, se ha cruzado el fantasma del fracaso y la regresión. La segunda gran crisis económica mundial nos ha enfrentado con el Scila y el Caribdis del estancamiento y la inflación; no crecemos, y nuestro dinero se desgasta.

Es indudable que el fenómeno, como siempre, es a la vez económico y político. El método democrático, como observó Schumpeter, es «un arreglo institucional para llegar a decisiones políticas, en el cual se adquiere el poder de decidir en virtud de una lucha competitiva por el voto popular». Ello tiene muchas ventajas, pero, como señala Samuel Brittan en *Las contradicciones económicas de la democracia*, ese sistema crea una tentación (sobre todo en los sistemas multipartidistas) para que, en búsqueda de esos votos, los partidos tiendan a una escalada irresponsable en los ofrecimientos de favores económicos y de servicios sociales. Cualquiera que asista a un pleno municipal lo puede comprobar a diario. Ello no puede menos de llevar a una inflación creciente y finalmente a la desintegración social. Cuanto más revolucionario sea un partido, más le interesará forzar esta carrera, en la que gana a todos los paños.

La decadencia del Imperio romano fue un largo período en el que los romanos trabajaban cada vez menos, dejando a esclavos exteriores las labores manuales y a los germanos del Norte la defensa de las fronteras; mientras ellos pedían «pan y circo» gratuitos a los poderes públicos. En este ambiente de disolución moral e inflación creciente se fueron desintegrando todos los valores, todas las soluciones y todas las instituciones tradicionales.

Una situación de inflación rampante y desempleo creciente (aun sin miseria propiamente dicha) no puede durar, sin graves trastornos sociales y crisis política; eso fue, por ejemplo, lo que ocurrió en Chile a comienzos de los años 70. Y, por debajo de ciertos niveles, es obvio que el pueblo no aceptará unas libertades públicas teóricas, en vez de comida, vestido, vivienda y, sobre todo, un mínimo de seguridad.

Concluyo: el sistema democrático y el Estado de derecho dependen de un sistema económico eficiente y libre; en el cual partidos y sindicatos actúen responsablemente, y en el que los economistas, sin perjuicio de asesorar a los distintos grupos de presión o a las organizaciones políticas, se esfuercen por ensanchar la base doctrinal común. La Economía es Economía política, y toda política ha de asentarse en una base económica viable. Lo demás es predicar y no dar trigo.

22. Marxismo y democracia

Una de las frases que han pasado más desapercibidas en los últimos tiempos es la del director de *Pravda*, Afanasiev, al declarar que «en la URSS sufrimos de un exceso de democracia».

Ésta no es la opinión más comúnmente aceptada. Por supuesto la rechazan los nuevos filósofos: Glucksmann afirma que «no hay campos de concentración sin marxismo», y Lévy (al que hemos oído en televisión) que «no hay socialismo sin campos de concentración, ni sociedad sin clases sin su verdad terrorista». Lévy, tras definir al marxismo como el opio del pueblo, concluye que la lucha contra el marxismo sigue siendo la lucha contra el mundo de la opresión y del terror, «del cual es no solamente el aroma, sino la más sutil y taimada consagración».

Pero lo interesante es que la afirmación de que en el Este de Europa no hay tal «democracia popular» la reconocen los propios marxistas occidentales. No podían hacer otra cosa, después de los golpes formidables de los tanques rusos en el Berlín oriental, en Budapest y en Praga. Por eso ha nacido el «eurocomunismo», equívoca expresión acuñada por primera vez, en 1975, por Frane

Barbieri, periodista yugoslavo, que prevaleció sobre la de «neocomunismo», del italiano Arrigo Leri.

Los partidos eurocomunistas sólo tienen una cosa en común: son partidos que actúan en países occidentales, siempre en la oposición, ante una opinión generalizada en las demás fuerzas políticas y sociales de que en ningún caso deben llegar al poder; y que buscan una salida y una táctica a esta situación.

Por los años 75 a 76, parecía inevitable el triunfo final del comunismo en Italia; el PCI había subido del 27,2 %, en 1972, al 34,4 % del total de votos, en 1976. Pero luego las cosas empezaron a cambiar; en las últimas elecciones municipales, en los 255 municipios italianos con más de 5 000 habitantes, el PCI perdió la cuarta parte de sus votos (de 1976), y en el conjunto ha bajado casi un 10 %, regresando al nivel de 1972, o sea al momento anterior a la ofensiva en pro del «compromiso histórico».

En Francia parecía también inevitable, antes de la última elección presencial, el triunfo de la izquierda unida, y con él la entrada del PCF en el Gobierno, tras más de 30 años de ostracismo. Las elecciones se perdieron, pero además el PCF se ha separado cada vez más de los socialistas (tras haberlos traicionado) y prácticamente ha abandonado el eurocomunismo, volviéndose a alinear con Moscú, incluso en el tema de Afganistán. Los comunistas franceses vuelven a estar, no a la izquierda, sino al Este.

En política exterior, salvo ocasionales y matizadas condenas de este o aquel desafuero agresivo del Kremlim, todos los partidos comunistas lo están. El eurocomunismo es una medicina «sólo para uso interno». Para todos, Cuba está legítimamente en África; para todos, Giscard y Hassan son dos imperialistas; para todos, la OTAN es vitanda. Realmente, como dice G. Amendola, «el eurocomunismo no existe», o, como escribe G. Chiaramonte, «es una pura expresión verbal».

Veamos, pues, el tema más profundo del marxismo. El marxismo, nacido en el siglo XIX, ha sido, como dice Lévy, «el pensamiento de nuestro siglo» y el mayor «obstáculo de su pensamiento»; pero la extensión de su influencia no debe engañarnos sobre su crisis actual; lo mismo que el iluminismo terminó en Robespierre, el progresismo marxista acabó en Stalin. No es, por supuesto, el marxismo el mal único del mundo, ni de él dependen todos los demás. No busquemos interpretaciones simplistas; Caín mató a Abel sin haber leído a Marx, por más que algún marxista interprete la famosa contienda (en la que, como dice un libro medieval español, murió la tercera parte de la población masculina del mundo de entonces) como un conflicto de intereses entre agricultores y pastores, y los sarracenos nos molieron a palos muchísimo antes de que Lenin hubiese abierto la boca. Marx y el marxismo no tienen la culpa de todo lo que pasa en el mundo, y probablemente los ejércitos del zar andarían hoy también buscando, por Afganistán, los pasos hacia el subcontinente indio y los mares del Sur.

Es igualmente equivocada, y por las mismas razones, la pretensión de los marxistas de que disponen de un método general de interpretación o de un recetario de soluciones para todo. Una reciente y ridícula historia de la literatura española pretende interpretar a santa Teresa y a san Juan de la Cruz por métodos marxistas. El odio visceral entre turcos y griegos, o las tragedias personales de los señores Thorpe y Trudeau, nada tienen que ver con los planteamientos marxistas.

Hay, pues, que poner las cosas en su sitio; en una dimensión real, a la que no corresponden ni las posiciones de la ortodoxia marxista, ni las de ciertos antimarxistas que no han leído a Marx, ni a Lenin, ni a Mao.

Llevo años leyendo a Marx (casi todo) y a bastantes marxistas (de diversas obediencias) y he pasado dos años en Londres, donde Marx pasó la mayor parte de su vida y concibió sus teorías. Creo que los ingleses hacen muy bien en no dejar que sus restos vayan a la plaza Roja de Moscú, porque en aquella ciudad (ni la de entonces, ni la de ahora) Marx hubiera podido escribir sus libros, ni librarse de pasar (como mínimo) por Siberia.

Al hablar de marxismo, hay que distinguir tres cosas: el pensamiento de Marx y sus colaboradores inmediatos (el más importante, Engels); los diversos movimientos políticos y regímenes que se han inspirado en el marxismo, y sus respectivas evoluciones históricas; y, finalmente, el significado actual del marxismo como motor de empresas revolucionarias.

En cuanto a lo primero (el marxismo de Marx), es una doctrina económica y política, ciertamente vigorosa, pero una más; ha subrayado, exagerándolo, un factor de análisis, el económico; pero lo importante es recordar que no se han cumplido, históricamente, ninguna de las grandes previsiones de Marx. Ni los proletarios se han empobrecido en los países capitalistas, sino que la mayoría tienen coche; ni en éstos ha prevalecido la lucha de clases, sino la negociación colectiva y parlamentaria; ni estas economías dependían tanto de sus colonias. El marxismo ha triunfado en países agrarios y atrasados, como Rusia, China o Cuba; y en ellos tampoco ha surgido una democracia proletaria, sino fortísimas dictaduras, con partido único.

Del marxismo original han surgido numerosas escuelas e interpretaciones, en Rusia, China, Yugoslavia, etc., cada una con su historia y su sociología. Pero tampoco ha aparecido un universo pacífico socialista; entre Rusia y China, o entre Albania y Yugoslavia, las relaciones son las mismas que entre el perro y el gato.

Queda, pero se va desvaneciendo, el mito del marxismo salvador; las palabras (sobre todo, entre nosotros) conservan, a pesar de los hechos, un significado mágico y peleón.

Los socialismos se han ido despegando del marxismo, en Europa; van superando los errores de los años 30, y no es probable que vuelvan a caer en la trampa del Frente Popular; aspiran a administrar, democráticamente, el orden existente, y a dejarles a los comunistas y a los grupos marxista-leninistas lo otro.

Todos sabemos lo que es lo otro. Pero dejemos claro que toda posición socialista que asume la nación española, la libertad espiritual (ojo a las leyes sobre educación) y una democracia verdadera, sin reservas, debe merecer respeto, y ha de contribuir al afianzamiento del Estado constitucional.

Lo otro es diferente. Marxismo y democracia son claramente incompatibles. No se conoce un solo caso de gobierno comunista en el que las demás fuerzas políticas no sean eliminadas. No se conoce uno solo en el que exista la libertad de expresión o de candidaturas. El marxismo postula una planificación económica total y obligatoria, una integración de los sistemas de educación e información, una liquidación total de la propiedad y de la empresa privada.

Por supuesto que en ningún sitio lo plantea así, antes de tomar la sartén por el mango. Distingue entre la pequeña empresa y la grande; entre la pequeña burguesía nacional y los agentes de las multinacionales; entre el pequeño agricultor y el latifundista. Una vez que ha tomado el poder, y liquidado a los grandes y a los medianos, los pequeños le duran muy poco. Así pasó con los *kulaks* en Rusia y con los *guajiros* en Cuba.

Marxismo y democracia son incompatibles. Y hoy los intelectuales deberían preocuparse, más que de rehacer el mundo, procurar que no se deshaga de una vez. Y los críticos, sin dejar de castigar los defectos del sistema, pensar en el que podría venir. Y todos en que hay caminos de servidumbre sin retorno posible.

23. La España de los años 80

El 31 de diciembre pasado terminó la década de los años 70 y empezó inevitablemente la de los años 80. Ha sido un decenio muy importante para el mundo; en él han ocurrido muchas cosas muy importantes e irreversibles. Ha comenzado la crisis de la energía, y con ella una nueva etapa de la Historia económica. Con el final de la guerra del Vietnam y la nueva situación africana, ha empezado también una nueva era de las relaciones internacionales. Estados Unidos se encontró a la vez sin su presidente y su vicepresidente elegidos, y con un presidente Ford nombrado, y después con el señor Carter.

Una nueva ola de avances científicos (en el espacio, en la electrónica, en la biología); las nuevas ideas ecológicas, y sus próximos parientes, el «crecimiento cero» y la «belleza de lo pequeño»; el final de la era marxista, en lo ideológico, con los «nuevos filósofos», y del «izquierdismo divino» con la «nueva derecha»; el paso de una generación de grandes (Franco, De Gaulle, Chiang Kai-shek, Mao Tse-tung, Truman, Haile Selassie, Pablo VI, Picasso); el terrorismo organizado a escala mundial; la revolución sexual; las nuevas sectas religiosas o supersticiosas, con tragedias como el suicidio colectivo de Guayana («los niños primero») o la comedia del Palmar de

Troya; la revolución islámica, y mil cosas más que seguro que han ocurrido, tal vez aún más importantes, pero que todavía no las sabemos, o no conocemos su impacto real.

Para nuestra España ha sido una década igualmente decisiva y de cambio de rumbo histórico. Todos sabíamos que en ella se iba a producir, inevitablemente, la muerte de Franco, y con ella el comienzo de una etapa nueva. Algunos intentamos preparar algunos datos e ideas para ese momento decisivo, en los cuatro gruesos volúmenes de la obra colectiva de *La España de los años 70.*

Ahora que termina, parece razonable que volvamos la vista atrás, y hagamos una meditación sobre lo ya ocurrido, y que nos prepare al tránsito hacia la nueva década de los 80, que, por supuesto, va a ser también muy seria.

La primera consideración que se nos ocurre es la confirmación patente de que no hay nada definitivo en la Historia. Las cosas más firmes se mueven y dan paso a otras. Los economistas que pensaban que se había dominado el ciclo económico y que no volveríamos a contemplar grandes recesiones mundiales, se equivocaban; Keynes está tan muerto como Adam Smith y como Marx. Los que entre nosotros opinaban que todo estaba «atado y bien atado» (yo nunca lo creí) deben reconocer que los molinos históricos muelen muy despacio, pero muelen muy menudo. Los que no comprenden, en definitiva, que el cambio social y político es inevitable y permanente, y no hacen lo posible por adelantarse a los acontecimientos, no pueden luego quejarse de que la corriente los arrastre.

La segunda comprobación es igualmente evidente, pero se acepta con más dificultad, a pesar de ser un mero corolario de la anterior. Lo que ha empezado después de 1975 está también en proceso dinámico; no ha llegado todavía el proceso de asentamiento, que tampoco será definitivo. Estamos aún en medio de la transición, e importa mucho tener clara conciencia de ello, para acertar en lo que nos falta.

El tercer punto es que, en estas navegaciones históricas, hay dos actitudes equivocadas. Una es la de dejarse llevar adonde quieran el viento, las olas, las corrientes y las mareas; eso es lo que le ocurre a un barco sin gobierno. La otra es pensar que un rumbo teórico no haya de tener en cuenta todas esas circunstancias, si quiere uno evitar las galernas que puedan hundir al osado. «Ningún viento es favorable al que no sabe adónde va.» Ningún rumbo es bueno si no se oye diariamente el parte meteorológico. No basta ser un pragmático astuto, ni tampoco un cruzado intransigente. Hay que querer algo (algo que se quiere porque se respeta) y hay que saber llegar a ello, con prudencia y con destreza.

Supuestas estas consideraciones de sentido común, vengamos a algunas ideas para la reconstrucción de una España con futuro, cara a los años 80.

En primer lugar, hay que cerrar el período transitorio o constituyente. Sólo tienen interés en mantenerlo los revolucionarios; los que quieran aprovechar la ocasión para alterar fundamentalmente el sistema económico-social o la forma de Estado. Comunistas o separatistas quieren seguir desmontando lo que hay; sería absurdo hacerles el juego. No hace falta recordar que las posiciones reaccionarias coinciden, en lo esencial, con las revolucionarias: quieren otro orden de cosas, por las buenas o por las malas. En todo caso los que siguen prometiendo la ruptura, para cuando ellos lleguen, hacen el juego que desean lo mismo los revolucionarios que los reaccionarios.

La posición reformista es compatible, en cambio, con lo que estamos diciendo; incluso si afecta a reformas parciales de la Constitución, de la ley electoral y de otras cuestiones. Frente a la revolución y la reacción, es justamente un reformismo permanente y flexible lo que necesitamos. Hay que acabar con las imprecisiones, las debilidades y los «consensos»; gobernar es escoger, decidir y ejecutar. Ya están expresados los ideales y dichas las grandes palabras; ahora hay que funcionar, plantear programas concretos, saber lo que vamos a hacer el año 80, y así sucesivamente.

Esto supone, en segundo lugar, una remodelación de las fuerzas políticas, que permita la creación de una mayoría coherente, que permita prever lo que se va a legislar a quién lo va a administrar en los próximos tres años. Eso lo tiene Francia, lo tiene Inglaterra, no le falta ni a Portugal; nosotros hoy no lo tenemos; funcionamos con «mayoría a la carta», sin que se sepa esta semana con quién se va a «consensar» la próxima. Ninguna sociedad moderna puede resolver así sus problemas económicos, sociales o culturales ni acometer en serio una política internacional. Existen las bases sociológicas e ideológicas para conseguirlo, pero, hasta ahora, ha fallado la voluntad.

Tercero: ha llegado la hora de la seriedad administrativa. Hay que poner orden en el caos de las instancias centrales, regionales, provinciales y locales. Si no se hace pronto, y la palabra «transferencias» se convierte en un pretexto permanente para que nadie responda de nada, vamos al desastre. Si no se reconoce cuanto antes que hay que gastar con medida y con tino, vamos a la ruina. España tiene lo que tiene; hay que administrarlo para aprovecharlo y para acrecerlo; no podemos vivir como quisiéramos, sino como podamos y merezcamos. Y que nadie se engañe al respecto: lo que uno tome de más, se lo quita infaliblemente a otro; el empleado al desempleado; el parado de mala fe, al que trabaja para él, y así sucesivamente.

Finalmente, una cosa importantísima: basta de preguntarnos *lo que va a pasar*, y de decidir *lo que vamos a hacer*. La política no es como la meteorología; es poco lo que podemos hacer para que no llueva mañana; es mucho lo que podemos intentar para variar un rumbo político o para cambiar los pilotos desacertados. La España de los años 80 será, no lo olvidemos, en buena medida lo que hagamos y lo que merezcamos.

24. El mundo de los años 80

Así como es evidente que la España de esta década que empieza será, en buena parte, la que hagamos los españoles, no es menos cierto que se va a mover dentro del marco de la evolución general del mundo; un mundo fluido y complejo, como ocurre siempre en la Historia.

Europa estaba acostumbrada a ser el único personaje dinámico, representando su acción descubridora, conquistadora y asimiladora frente a grandes personajes pasivos, que formaban parte del decorado más que del reparto, en un gran drama fantástico. Desde comienzos del presente siglo, y cada vez con mayor intensidad, esta situación ha terminado, y esos gigantes mudos y pasivos (el Islam, China, la India, etc.) se han desperezado y se han puesto a actuar.

Éste es el primer dato: más personajes en la danza. El segundo ratifica y amplía el anterior: un crecimiento colosal de las poblaciones del mundo. Vamos rápidamente camino de los 5 000 millones de seres humanos; cuando yo estudiaba el bachillerato, andábamos por los 2 000. México va a pasar, en un siglo, de 10 a 80 millones; Marruecos, desde el comienzo del protectorado a 1980, de 5 a 20. Y debe añadirse que, por ley natural, esto indica una tendencia, en todos los países que mantienen esta fuerte presión demográfica, a un predominio de los jóvenes; la edad media (que en los países europeos está por encima de los 40 años), en la mayoría de los países nuevos se sitúa alrededor de los 20.

Tercer factor: presagios negativos y aun sombríos en cuanto a las posibilidades de desarrollo económico a corto y a medio plazo (en el largo plazo, estamos todos muertos, como observó Keynes en la primera gran crisis de los años 30), capaz de dar medios de vida y esperanzas de mejora a esas masas innumerables y políticamente activas. La crisis de la energía es real, independientemente del nuevo reparto que ha introducido de las riquezas que unos u otros puedan invertir o gastar. Las tierras podrían producir más y mejor; se podría aprovechar mejor el agua; pero nos va a faltar energía.

Cuarto elemento: nos falta algo aún más importante, que son ideas. El gran desarrollo económico y tecnológico que el mundo vive desde finales del siglo XV, ha pasado por tres fases fundamentales. La primera fue el mercantilismo. Los grandes estados europeos se dedicaron a explotar mejor las riquezas mundiales, gracias a un comercio expansionado por la navegación marítima y los descubrimientos. La segunda fase fue el industrialismo, basado en tres cimientos: la acumulación de capital creada por la etapa mercantilista; las nuevas técnicas (vapor, electricidad, abonos químicos, comunicaciones rápidas, etcétera), y la libre iniciativa, apoyada en la filosofía del liberalismo económico clásico.

Hacia 1930 entró en crisis el liberalismo industrial. Las ideas del librecambio no fueron suficientes para hacer frente a la gran crisis económica; y todos los países tuvieron que buscar fórmulas nuevas, que en todas partes supusieron una mayor intervención del Estado y una expansión de los medios económicos públicos. Para aquellos países que no adoptaron el socialismo de Estado, las nuevas ideas, experimentadas prácticamente en el «nuevo trato» del presidente Roosevelt, quedaron brillantemente expuestas en las doctrinas de lord Keynes. Medio siglo más tarde, éstas se revelan también como incapaces de hacer frente a la nueva situación. La tercera fase, la de la expansión desarrollista, toca a su fin. Ahora hay que volver a inventar.

No pretendo hacerlo ahora y de una vez. Pero no habrá solución alguna que pueda ser efectiva al nivel de cada nación por separado. La suma de los egoísmos nacionalistas nos hará empeorar a todos. Lo que ya se ha logrado en Corea del Sur, en Singapur o en Formosa, debe extenderse a otros países; sólo si todos mejoran, se salvará alguno.

Un mundo más grande, más complejo, en grave peligro de empobrecimiento. ¿Qué más? Es también un mundo en el cual la falta global de soluciones económico-sociales empieza a producir la tentación de buscarlas por el camino de la desesperación y de la violencia. El turbio conglomerado de la guerra y la revolución irracional está ahí; nos guste o no reconocerlo.

Empecemos por decir que intervenciones militares como la de Rusia en Afganistán, la de Cuba en Angola, la de Vietnam en Camboya (o Kampuchea, como se dice ahora), y tantas otras cuya lista sería interminable, hubieran dado ya lugar a un conflicto mundial en los tiempos anteriores a la bomba atómica; y mucho más unidas a fenómenos como la sistemática subida de los precios del petróleo, la expansión ilimitada de las aguas territoriales, y otros semejantes. El problema está en saber hasta cuándo puede aguantar la presión actual sin que explote la olla, a pesar de que está hecha para aguantar muy fuertes presiones.

Veamos quiénes son los que se dedican a cocinar a

presión. Está, evidentemente, en primer lugar la URSS. Los que se obstinan en afirmar que la actitud del Kremlin es puramente defensiva y en justificar sus colosales inversiones militares (mientras el pueblo ruso sigue con un nivel bajísimo de vida) y sus constantes expansiones de las zonas territoriales de influencia, por el temor de verse cercada e invadida, evidentemente ya no pueden sostenerlo en serio. Los que se empeñan en poner en paralelo la actitud norteamericana, cuando Washington se ha dejado meter goles mayúsculos en sitios como Cuba o Nicaragua, con las intervenciones soviéticas en Afganistán, Etiopía, Indochina o Angola; o sus fulminantes reacciones en Alemania Oriental, Hungría, Polonia y Checoslovaquia; evidentemente no hablan en serio. La URSS es la superpotencia que desea cambiar, en beneficio propio, el equilibrio mundial.

Éste es un hecho indudable; lo que se analiza menos es el porqué. Mi opinión personal es que, del mismo modo que en política interior el gobierno ruso se ha vuelto conservador del orden establecido, de la nueva clase que manda, en política exterior la URSS ya no busca tanto la revolución mundial, como la expansión imperialista, basada en una política de poder. Y aquí viene lo que se recuerda pocas veces: justamente porque no ha sido capaz de mejorar la suerte del pueblo, que sigue pobre y oprimido, es por lo que tiene que ofrecerle victorias exteriores. Los americanos, que viven bien, no las necesitan, y precisamente por eso suelen llegar tarde en sus decisiones exteriores; sólo cuando se ven en peligro reaccionan, como ocurrió en 1917 y en 1941. Es de esperar que ahora también.

Los rusos temen, en primer lugar, por la estabilidad de la propia URSS. El gran imperio eslavo, con el predominio de los rusos sobre una serie de pueblos europeos (ucranianos, bielorrusos, polacos, letones, lituanos, estonianos, finlandeses, etc.) y asiáticos (tártaros, mongoles, caucasianos, armenios, turcomanos, etc.), es más fácil de lo que parece; sobre todo porque estas «nacionalidades» (allí la palabra es la adecuada) están creciendo más rápidamente que el pueblo dominante, y en Asia está muy afectado el proceso por el actual despertar del islam. El gran imperio del Este, creado por normandos, germanos, bizantinos y mongoles, conoce su debilidad interior, y es dudoso que el marxismo-leninismo, que de momento lo ha reforzado, lo pueda consolidar definitivamente.

En segundo lugar, la URSS teme a China. Los grandes imperios se han hecho a base de un gran poder político-militar, no compensado por otro que actúe en el mismo espacio. Así como en Europa la expansión rusa siempre ha sido poco duradera, por estar compensada su fuerza por otras (ahora, la OTAN), en Asia pudo avanzar hasta el Pacífico, ante una China descompuesta y en retirada. Esta situación ha dado lugar a que la URSS retirara su ayuda a China, y ha sido estudiada a fondo por A. Amalrik en su libro *¿Sobrevivirá la URSS en 1984?*, que costó a su autor ser condenado a trabajos forzados, y luego al exilio.

Por estas causas hay que prepararse a un endurecimiento creciente de la burocracia política soviética, cada vez más envejecida, más distante de sus primitivos ideales, y más decidida a conservar el poder como sea; y en la cual predomina cada vez más la burocracia militar, la más eficiente, puesto que es sólo un armamento en lo que los soviéticos pueden codearse con el Occidente.

Del otro lado, están los norteamericanos. Recordemos simplemente que, como observó persona tan próxima al tema como Pierre Salinger, el asesor de prensa del presidente Kennedy, «cada cuatro años, los americanos juegan a la ruleta rusa», por cuanto «eligen a un hombre, con la esperanza de que sea el mejor, sin saber cómo va a gobernar». Ese mismo año, los rusos saben que ellos también pueden jugar, con ventaja, a la ruleta rusa. Ojalá ninguno se equivoque esta vez.

25. Terrorismo y democracia

Todos los días nos enfrentamos con las trágicas noticias de los ataques terroristas; militares, guardias, jueces, taxistas, son asesinados; se vuelan fábricas que preparan nuevas producciones de energía; se destruyen con explosivos bares o cafeterías llenas de gente. Terrorista es el que recurre al uso sistemático del asesinato, del secuestro, de la tortura, de la destrucción y de otros medios de intimidación para lograr fines políticos; es el que hace política matando.

El terrorista no busca la eliminación del más enemigo; le basta con asustar e inhibir a la mayoría pasiva. «Queremos escandalizar a la gente... Es nuestro único modo de comunicar con ella», dice uno de sus clásicos. El cura guerrillero que protagoniza la gran novela de Graham Greene *El cónsul británico* afirma que, para defender una causa justa, se puede asesinar a sangre fría a un inocente, con tal de llamar la atención al público sobre dicha causa.

La violencia actual no es, por ello, la romántica de los anarquistas del siglo pasado, que se jugaban la propia vida contra la del zar. Es mucho más viciosa, cruel y calculadora, por su organización y raíz totalitaria. Al «profeta armado» de Maquiavelo le ha sucedido el «partido armado» de la guerra revolucionaria.

El terrorismo es típico, en el mundo de hoy, de países que han tenido guerras civiles, que han llegado de modo brusco y mal preparados a fórmulas democráticas, en las que un cambio económico rápido ha sustituido súbitamente el sistema de valores tradicional; el de las zonas de frontera con intereses estratégicos para los grandes bloques políticos. En ningún caso se da ni en regímenes autoritarios, con medios fuertes de represión, ni en democracias bien establecidas y con un sistema adecuado de partidos políticos. Sólo pueden durar los que disponen de un «santuario» próximo a la frontera, como ocurre en los países árabes próximos a Israel.

En general, sus agentes son personas muy jóvenes, independientemente de quienes los manejan por detrás. Trotski, describiendo los orígenes revolucionarios del joven Lenin y sus compañeros, nos dice que eran «hijos de curas, de suboficiales, de modestos funcionarios, de mercaderes, de nobles venidos a menos, a veces de pequeños burgueses o de campesinos; es decir, estudiantes, seminaristas, maestros, en una palabra, gentes desclasadas, intelectuales sin nivel». La crisis de la familia suele influir profundamente; también se observa la presencia de personas muy dogmáticas, a veces procedentes de una actitud religiosa intransigente, o de una ideología de tendencias totalitarias. Abundan los comunistas que llevan el leninismo a las últimas consecuencias «gauchistas»; gentes «sin visión histórica» (Amendola), con «furia milenarista» (F. Ferrandi), que siente la «necesidad de respuestas totales y definitivas» (Bocca). En cuanto forman grupo, el problema se multiplica: Togliatti decía que «un trotskista es un espía; dos son un núcleo de provocación; pero mil constituyen un problema político».

Al lado del crecimiento espontáneo de los núcleos terroristas, está su coordinación a nivel mundial, dentro de los planes estratégicos de una política global como la del comunismo internacional. En 1966, la Dirección General de la Inteligencia de Cuba, enlazada con la importante delegación de la KGB soviética en La Habana, organizó en la propia capital cubana la primera Conferencia de solidaridad de los pueblos de África, Asia y América Latina, conocida como la Conferencia Tricontinental, y a la que asistieron delegados de 82 países. En realidad, fue la primera gran conferencia internacional de las organizaciones terroristas. De allí surgió una organización permanente, dedicada a coordinar los movimientos guerrilleros y terroristas, en el marco de una estrategia revolucionaria general; a planear diversas operaciones en Venezuela, Brasil y Bolivia (esta última, encabezada por el propio «Che» Guevara); a reclutar jóvenes prometedores para la Universidad Lumumba de Moscú; a organizar campos de entrenamiento para activistas en Cuba y en otros países. Nada de lo que ocurre hoy en Centroamérica puede entenderse sin este poderoso centro de influencia, de preparación de revoluciones, y su consolidación posterior.

Otra reunión terrorista internacional fue la convocada en el Líbano, en 1972, por el Frente Popular para la Liberación de Palestina (FPLP), de Habesh y Hadad, dirigido no sólo contra Israel, sino contra los regímenes árabes de corte conservador; más radical aún que Al-Fatah o Aln Yyad, de Yasser Arafat y Salah Jalef, del que dependen el grupo armado Assifa (La Tempestad) y el núcleo terrorista Septiembre Negro. A dicha conferencia asistieron el propio Baader, líder de los terroristas alemanes; el jefe del Ejército Rojo japonés; el IRA irlandés, y otros grupos (de Irán, Turquía, países americanos, etc.). En los tres meses siguientes se produjeron los atentados del aeropuerto de Tel-Aviv y de la Olimpíada de Munich. Más tarde apareció otra figura internacional del terrorismo, el famoso Carlos (Ilich Sánchez Ramírez), que interviene en Entebbe, en el secuestro de los ministros de la OPEP (Viena, 1975), en Mogadiscio (1977) y otros casos célebres.

Y no es un problema de cultura. Pocos países hay naturalmente y más profundamente cultos que Italia. Pero también en la «gran madre de las artes» se ha producido la «larga marcha metropolitana» de las Brigadas Rojas, que ha llegado a producir la «muerte a cámara lenta» de Aldo Moro, una de las grandes figuras del país, para prolongar y multiplicar el trauma de la sociedad entera.

Los últimos sucesos italianos demuestran que el origen de las Brigadas Rojas se remonta a la creación del «Colectivo político metropolitano», en 1967, que comienza sus atentados en 1969, característicamente, sin acompañarlos de reivindicaciones concretas. El paso siguiente fue la creación del Poder Obrero (Roma, 1971), de donde surge el primer «núcleo militar», Trabajo Ilegal. El mismo año comenzaron los contactos con otros grupos terroristas europeos. En 1972 se produjo el «salto de calidad», es decir, la cuidadosa elección de las víctimas, en el sentido de «golpear a uno para *educar* a mil», con una especial incidencia sobre magistrados, fiscales, fuerzas de orden público, etc. En 1978 se produjo el rapto y muerte de Aldo Moro. En 1979, el ministro de la Función Pública, Giannini, manifestó que se ha llegado «al límite de la recuperación» y anunció su propósito de abandonar Italia.

Porque llega un punto en el que las sociedades pierden la esperanza de que el Estado sea capaz de defenderlas, y en que los gobernantes carecen de la decisión de usar los medios adecuados para esa defensa; que pueden ser legales, pero no de legalidad ordinaria.

Ése es un momento gravísimo para la democracia. A. Grosser decía que un intelectual de izquierda es «un hombre que cree que, si llega al poder, no necesitará la policía». Un gobernante débil es el que, llegado al poder, es incapaz de usarla, y de reconocer que la primera misión del Estado es asegurar la paz de todos; que no es capaz de poner de su parte la superioridad moral; que vive de la improvisación, que, como dicen Kupperman y Trent, «sólo logra agravar y confundir más cada crisis».

En ese momento, de modo natural, aparece el otro terrorismo, el que quiere defender a la sociedad utilizando los mismos métodos del terrorista. Huelga decir que, así como los medios para destruir desde el Estado el terrorismo no pueden ser todos públicos ni seráficos, la proliferación de los terrorismos de uno y otro signo no resuelve nada y lo empeora todo.

La democracia no puede convivir mucho tiempo con el terrorismo. O aquélla liquida a éste (como en Alemania), o es liquidada por él (como en Uruguay). Hay que usar los medios constitucionales para evitar que prevalezcan los otros. No hay tercera solución; el desafío está ahí, y hay que recoger el guante.

26. La reforma de la institución familiar

La institución familiar, tal como la reguló el Código Civil (que codificó inteligente y respetuosamente las tradiciones de nuestro Derecho común), ha entrado en una importante fase de reformas a lo largo de los últimos veinte años. La mayoría de edad, la administración de la sociedad conyugal y otros puntos capitales han sido reformados, como lo hacía inevitable el cambio de la educación y de las costumbres, y en conjunto esas reformas están siendo bien absorbidas por la sociedad española.

Pero ahora nos enfrentamos con un problema muy diferente. En la familia, como en todo lo demás, hay las cuestiones fundamentales y las accidentales. La edad de los contrayentes, el sistema de gananciales, y otras muchas cuestiones, son importantes, pero no fundamentales.

Es, en cambio, cuestión sustancial la naturaleza permanente o coyuntural del círculo matrimonial. No es posible engañarse sobre este punto; se trata de dos concepciones distintas de la familia; la que acepta el divorcio vincular, o la que lo rechaza, como contradictorio con la naturaleza misma y los fines de la familia.

No se puede ir a la constitución de una familia sin la conciencia de que es una aventura seria, que compromete la existencia entera. Nadie está obligado a contraer matrimonio; de hecho las costumbres se han vuelto totalmente abiertas a que cada uno resuelva sus problemas personales como quiera y pueda. Pero en cuanto hablamos de familia, ya no estamos en los problemas personales de uno o de otro; estamos en el mundo de las relaciones interpersonales y sociales. Ahí surge el problema de la institución y sus reglas de juego.

Unos hombres fundan un banco; no se discute sólo sus intereses, sino el de todos cuantos depositan allí su dinero. Una sociedad construye casas; no se trata sólo de su legítimo beneficio, sino de que esas casas no se caigan sobre los inquilinos y los transeúntes. Un oficial no está en la posición para ganar una laureada, ni para ver cómo salva su vida; se debe a su compañía, o a sus hombres, o a su bandera.

En la familia, la cosa es más seria todavía. La vida entera de los hijos depende de los años de niñez, de formación, de constitución del carácter, de los sentimientos que le inspiren sus padres, hermanos y demás familiares. Un hombre y su mujer unen no sólo sus sexos, sino sus seres completos, como los pájaros hacen un nido, para que sobre su esfuerzo unido nazca la nueva generación.

El problema de los hijos de los divorciados es de sobra conocido, para volver sobre él. Del problema de los divorciados mismos se habla menos, porque se parte de la base equivocada de que ellos dividen su suerte. En realidad no es así; y las fuentes de ansiedad y de depresión son terribles para las personas que dudan ante esta decisión terrible.

Pero el problema más grave es el de la sociedad en su conjunto. España tiene un capital formidable en su institución familiar; es el que ha salvado de tantos naufragios. No se merece que nos pongamos a hacer experimentos frívolos con él. Ya sé que algunos hablarán de recurso a un tópico fácil; yo no lo creo. Todavía la diferencia es notoria con otros muchos países, incluso próximos; la familia española se mantiene relativamente sólida; resquebrajarla jurídicamente sería un grave error.

Para los que nos sentimos cristianos, la cuestión, por supuesto, no tiene duda; la doctrina evangélica, la ley canónica, las declaraciones recientes del Papa y del episcopado son claras: el matrimonio cristiano es indisoluble y el divorcio es un mal. Precisamente por ello todo mi razonamiento se mueve en el terreno de lo conveniente para la sociedad familiar, como tal, y para la sociedad española global.

¿Qué pueden ganar la una y la otra con una alteración fundamental de la disciplina familiar? Nada, en mi opinión. Habrá menos matrimonios contraídos responsablemente, y aumentará el de los improvisados e irresponsables.

Uno de los argumentos más empleados es el de que muchas personas no tuvieron opción, en una época de fuerte presión social y legal, para contraer precisamente matrimonio canónico. Independientemente del valor muy relativo del argumento (todos actuamos en la vida en una complejísima mezcla de libertad y de presión de las circunstancias), valdría más salvar el principio y sacrificar una concesión temporal. Podría abrirse un trámite para optar por el matrimonio civil (nuevamente regulado) para aquellos que alegasen que es el que hubieran preferido contraer de haber podido hacerlo. Pero en ningún caso puede aceptarse que una disposición de derecho transitorio dé pretexto para cambiar la totalidad del ordenamiento.

Nada de lo dicho se opone al reconocimiento del amor como la base fundamental del matrimonio feliz. Antes al contrario. El amor tiene poco que ver con la improvisación, con la experimentación pasajera, con la confluencia de dos egoísmos. El amor se asienta en la ilusión, que no existe sin un halo de eternidad; se depura en las dificultades superadas; se consolida en los logros comunes y en las cargas compartidas.

Tampoco se trata de desconocer que hay situaciones irreversibles; tienen perfecta cabida en un perfeccionamiento de las fórmulas tradicionales de separación y cuando proceda de nulidad.

Hay, repito, dos concepciones de la familia. Permítase a cada uno adoptar la que prefiera. Si un hombre y una mujer quieren correr la suerte de un matrimonio civil disoluble, y sus familias están de acuerdo, adelante; y no es pequeña reforma aceptar esto, que a algunos rigoristas parecerá excesivo. Pero si esas dos personas y sus familias desean optar por la forma tradicional de familia permanente y santificarla con un sacramento, tienen pleno derecho a hacerlo así, y con todas las consecuencias, protegidos por la ley.

Aún llego a más; como en el Derecho romano, estoy dispuesto a aceptar que la ley establezca ciertas consecuencias jurídicas (en favor de la mujer y de los hijos) para toda convivencia de una pareja, por un plazo mínimo (por ejemplo, de un año). Matrimonio civil, matrimonio por uso; pero también matrimonio religioso e indisoluble.

En una excelente comedia francesa, un simpático cura le explica a un mujeriego impenitente que el buen bebedor de vino no anda persiguiendo marcas ni añadas, sino que, una vez determinado el que realmente le gusta y le va, procura tomarlo siempre que puede, y aplicando el principio «de lo bueno poco». Así me ocurre a mí con el ribeiro blanco de Gomariz (de mi gran amigo Eligio) y con un par de albariños dorados de las tierras del Salnés, que preside Cambados, «pobre, hidalgo y soñador». Así le ocurre al hombre normal con la mujer, y pienso (siempre es arriesgado hablar por la otra admirable y misteriosa parte de la humanidad) que a la mujer con el hombre.

Pero, además, la duración es una cosa muy importante en todas las formas de relación humana. Ni los zapatos nuevos, ni los trajes flamantes, son los más cómodos; la confianza, la seguridad, la convivencia requiere también duración. Esto se aplica muy especialmente a las relaciones entre padres e hijos; que, de algún modo, se producen en una superposición de planos, que permite al padre convivir con sus hijos imaginándoselos a la vez niños, adolescentes, jóvenes y mayores; y también al hijo ver a sus padres en continuidad agradecida de todas sus entregas.

Cada vez estoy más convencido de que la muerte es, sobre todo, la separación de la familia; y que la muerte de las sociedades es la destrucción de su respectiva tradición familiar. Así ocurrió en Grecia y en Roma; así está ocurriendo hoy en diversos países occidentales, sin que ningún progreso económico lo pueda paliar. Pensemos muy seriamente antes de dar nuevos pasos improvisados y frívolos en asuntos de tanta trascendencia.

27. La hora de las sorpresas

La vida está llena de sorpresas. Pero hay, indudablemente, dos clases de sorpresas: las justificadas y las injustificadas. El caballero de más de 60 que se casa con una muchacha de menos de 20, tiene pocas sorpresas justificadas. El jugador que va a ligar descartándose de cuatro cartas, tampoco puede sorprenderse de no hacer un póquer.

En política ocurre lo mismo. Manejar una sociedad es una cosa muy seria; hurgar en sus resortes profundos, una tremenda responsabilidad; confundir las palabras con las realidades, jugar a aprendiz de brujo. En todos los casos, podrá invocarse una u otra atenuante, pero no cabe invocar sorpresa. Con los asuntos graves de la nación no se puede jugar; como decía don Eugenio d'Ors, los experimentos no se pueden hacer con champaña del bueno; hay que hacerlos con gaseosa.

En estos momentos la palabra clave es el desencanto, la frustración. En muchos españoles está perfectamente justificado este estado de ánimo, pues con toda clase de argumentos, promesas y ejemplos, sus dirigentes les ofrecieron lo que no les podían dar. En otros muchos, sin embargo, que tenían obligación de saber más, de conocer mejor la Historia, de enjuiciar de modo más profundo las realidades económicas y sociales, es inaceptable la actitud de sorpresa que ahora adoptan ante la marcha inexorable de las cosas.

Si algo nos enseña la Historia de España, de 1810 a nuestros días, es que resulta muy fácil redactar un texto constitucional; rellenarlo de frases sonoras; copiar de aquí y de allá ideas progresivas; establecer deseos de progreso y de mejora de esto y de aquello; obtener con todo ello grandes aplausos de acá y de allá. Lo que ya resulta más difícil es lograr que las instituciones funcionen correctamente, que la economía y el sistema social mejoren efectivamente; que el número de las leyes se corresponda con el respeto y el cumplimiento de las mismas; que los españoles mantengan una ilusión en su futuro y en el de sus hijos; que consiguientemente inviertan, desarrollen empresas, trabajen con ilusión en sus carreras y así sucesivamente.

Quiero aclarar desde ahora mismo que cualquier implicación de este planteamiento que vaya más allá de sus propios términos es salirse de la cuestión. En modo alguno pretendo que no tengamos alternativa a los sistemas autoritarios y de restricción de las libertades políticas. Toda la vida he defendido lo contrario. Lo que sí afirmo es que España, como cualquier sociedad, a la hora de hacer reformas ha de hacerlas en serio, con la cabeza, y por lo mismo progresivamente, poniendo los pies en la tierra, consolidando una tras otra, distinguiendo entre lo sólido y lo que funciona (que es mejor dejar como está) y lo que manifiestamente está superado y debe someterse a la cirugía y al tratamiento que corresponda.

Veamos algún ejemplo. Si a cualquier observador imparcial se le hubieran pedido menciones de instituciones sólidas, respetadas, con un funcionamiento establecido, capaces de adaptarse a los tiempos y de asumir nuevas tareas, estoy seguro de que en la mayoría de las respuestas hubieran figurado la Guardia Civil y la Diputación Foral de Navarra. Pues bien, con las dos hemos ido (mejor dicho, otros han ido) a meterse innecesariamente; mientras que siguen sin que nadie les meta mano una serie de otras cosas, notoriamente inoperantes y de las que nadie se acuerda.

El resultado es que, en muy poco tiempo, la escena política española, como ha ocurrido tantas otras veces, está dominada por el desencanto y la frustración. Su termómetro más claro es la abstención creciente, que en nuestro caso sólo puede interpretarse como falta de confianza en las instituciones y ante el rumbo general del proceso político.

Ese desencanto tiene, desgraciadamente, explicaciones fáciles. Una vez más, la reforma, al hacerse de modo precipitado y desconsiderado con la realidad, ha provocado la pérdida de la autoridad del Estado, un grave deterioro del orden público y de la seguridad ciudadana, una seria recesión económica, una profunda crisis social y una falta general de confianza y de esperanza en el futuro.

Para los que de ningún modo deseamos la involución ni aún menos un nuevo enfrentamiento entre los españoles, no cabe más que un pensamiento: *la reforma de la reforma.* Aún estamos a tiempo. La reforma es siempre posible. No era verdad que no fuera posible la reforma del régimen anterior; no es cierto que no deba intentarse la reforma de los errores cometidos en el proceso actual.

Naturalmente, ello exige una participación activa de todos los ciudadanos con influencia y responsabilidad; de todos los grupos que ven con preocupación la marcha de las cosas; de abandonar sin más o de dejar que las cosas se estropeen del todo.

Hablemos claro. Ninguna sociedad es capaz de soportar, sin graves tropiezos, la dosis actual de terrorismo y de inseguridad existentes en España. Ninguna sociedad puede afrontar los niveles de inflación y de paro previsibles para 1981, de seguir las cosas como van. Ninguna sociedad va a aceptar tampoco los sacrificios necesarios para salir del paso, si no se le presenta un plan de conjunto y con garantías de cómo se van a arreglar las cosas para el futuro.

El patriotismo nos obliga a aceptar que esto es así, y a aceptar cada uno los esfuerzos y los sacrificios que le correspondan. Ha llegado el momento de ponerse cada uno en su sitio, de formar sus propios juicios y de actuar en consecuencia. Las instituciones, sus titulares, los grupos sociales, los creadores de opinión, y así sucesivamente.

Y, más que nadie, los políticos; los que han presentado programas y hecho promesas; los que tienen la responsabilidad de un mandato electoral; responsabilidad que, en momentos de crisis, va mucho más allá de mirar a las conveniencias inmediatas o a las rutinas de partido.

Si queremos evitar nuevos deterioros, respecto de los cuales no podremos invocar sorpresa alguna, hay que rectificar el rumbo. Siguen algunos pidiendo la fuga hacia adelante, confundiendo las metas legítimas de lo deseable con las realidades del camino a seguir. Nadie quiere volver hacia atrás, en ningún terreno; lo que se pide es evitar nuevos errores, más engaños, otras debilidades o frivolidades.

Todos estamos por la libertad; pero no por la del delincuente o terrorista. Todos queremos autonomías: pero de verdad, para el municipio y la comarca, para la provincia y la región, con igualdad de oportunidades para todos; pero no pretextos para la fabricación de nuevos Estados, de peores y más caros centralismos, de separatismos larvados, de nuevas oportunidades de terrorismo. Todos queremos democracia: pero una democracia fuerte, capaz de gobernar, de defender la ley, de realizar obras públicas y sociales; y a la vez una democracia pública, no de secretos consensos y pactos tras la cortina, que son la negación misma del sistema.

Nadie ignora que estas cuestiones pasan por una razonable reforma constitucional y de la ley electoral, y sobre todo por el establecimiento de una mayoría estable y capaz de gobernar. De gobernar con las medidas enérgicas y decididas que España requiere con urgencia. Quien se oponga a ello tampoco podrá invocar sorpresa si se siguen estropeando las cosas y se produce lo peor, que es el tránsito de la actual actitud de abstención a la de enfrentamiento catastrófico.

Lo repito: no ha llegado la hora de las sorpresas; en verdad, lo que hay que decir es que ha pasado la hora de las sorpresas. A partir de este momento, que nadie se sorprenda de nada. O se hace lo que obviamente hay que hacer, o el paso rápido del tiempo empezará a marcar horas límite. Ojalá los anunciados debates políticos produzcan la cristalización definitiva de un estado de opinión que ya está ahí, pero que no acaba de decidirse a la manifestación pública e inaplazable.

Índice onomástico

COLECCIÓN TEXTOS

Títulos publicados:

1/António de Spínola
PORTUGAL Y EL FUTURO

2/Eduardo Haro Tecglen
DICCIONARIO POLÍTICO

3/Manuel Muñoz Hidalgo
CÓMO FUE MIGUEL HERNÁNDEZ

4/Víctor Alba
CATALUÑA DE TAMAÑO NATURAL

5/Manuel Fraga Iribarne
LAS LEYES

6/León Trotski
LA REVOLUCIÓN DE 1905

7/Antonina Rodrigo
GARCÍA LORCA EN CATALUÑA

8/Dino Biondi
EL TINGLADO DEL DUCE

9/Luis Gasca
CINE Y CIENCIA-FICCIÓN

11/Ricardo de la Cierva
CRÓNICAS DE LA TRANSICIÓN

12/Antonio Cascales y Juan José Folguerá
LOS HIJOS DEL CRAC

13/Francisco Umbral
MIS MUJERES

14/Emilio Romero
PRÓLOGO PARA UN REY

15/Víctor Alba
EL FRENTE POPULAR

16/Josep Vilaró, Xavier Vilaró
DICCIONARIO RELIGIOSO PARA LOS HOMBRES DE HOY

17/Claudio Sánchez-Albornoz
ANECDOTARIO POLÍTICO

18/Ramón Tamames
¿ADÓNDE VAS, ESPAÑA?

19/Antonio Padilla Bolívar
EL MOVIMIENTO ANARQUISTA ESPAÑOL

20/María Angustias Moreno
EL OPUS DEI. ANEXO A UNA HISTORIA

21/Ricardo de la Cierva
CRÓNICAS DE LA CONFUSIÓN

22/Ignacio Iglesias
LA FASE FINAL DE LA GUERRA CIVIL

23/Claudio Sánchez-Albornoz
SIETE ENSAYOS

24/Carlos Rojas
RETRATOS ANTIFRANQUISTAS

25/Emilio Romero
CARTAS PORNOPOLÍTICAS

26/Víctor Alba
LOS SEPULTUREROS DE LA REPÚBLICA

27/Manuel Fraga Iribarne, Rafael Rodríguez-Moñino
LOS FUNDAMENTOS DE LA DIPLOMACIA

28/Sergio Vilar
CARTA ABIERTA A LA OPOSICIÓN

29/Ramón Salas Larrazábal
PÉRDIDAS DE LA GUERRA

30/Ramón Tamames
UN PROYECTO DE CONSTITUCIÓN ESPAÑOLA

31/Pedro J. Ramírez
ASÍ SE GANARON LAS ELECCIONES

32/Antonio Padilla Bolívar
EL MOVIMIENTO SOCIALISTA ESPAÑOL

33/Carlos Marx, Federico Engels
ESCRITOS SOBRE ESPAÑA

34/Manuel Fraga Iribarne
LOS NUEVOS DIÁLOGOS

35/Emilio Romero
EL DISCRETO IMPERTINENTE

36/Víctor Alba
LA OPOSICIÓN DE LOS SUPERVIVIENTES (1939-1955)

37/José Luis Alcocer
RADIOGRAFÍA DE UN FRAUDE

38/Llibert Ferri, Jordi Muixí, Eduardo Sanjuán
LAS HUELGAS CONTRA FRANCO
39/Ramón Tamames
EL SOCIALISMO INEVITABLE
40/Manuel Fraga Iribarne
LA CRISIS DEL ESTADO ESPAÑOL
41/Víctor Alba
HISTORIA DE LA RESISTENCIA ANTIFRANQUISTA (1939-1955)
42/Joan Oliver, Joan Pagès, Pelai Pagès
LA PRENSA CLANDESTINA. PROPAGANDA Y DOCUMENTOS ANTIFRANQUISTAS (1939-1956)
43/Manuel Fraga Iribarne
LA CONSTITUCIÓN Y OTRAS CUESTIONES FUNDAMENTALES
44/Ramón Garriga
RAMÓN FRANCO, EL HERMANO MALDITO
45/Ángel Pestaña
TERRORISMO EN BARCELONA (MEMORIAS INÉDITAS)
46/Juan Zafón Bayo
EL CONSEJO REVOLUCIONARIO DE ARAGÓN
47/Manuel Fraga Iribarne
DESPUÉS DE LA CONSTITUCIÓN, Y HACIA LOS AÑOS 80
48/Ramón Garriga
LA SEÑORA DE EL PARDO
49/Emilio Romero
CRÓNICAS MALDITAS
50/Javier Rubio
ASILOS Y CANJES DURANTE LA GUERRA CIVIL ESPAÑOLA
51/Antonio Padilla Bolívar
EL MOVIMIENTO COMUNISTA ESPAÑOL
52/José Ramón Lasuén
LA ESPAÑA MEDIOCRÁTICA
53/Federico Silva Muñoz
LA TRANSICIÓN INACABADA
54/Ramón Garriga
NICOLÁS FRANCO, EL HERMANO BRUJO
55/Josep Maria Figueras
DE «EL CAPITAL» AL CAPITALISMO
56/Manuel Fraga Iribarne
IDEAS PARA LA RECONSTRUCCIÓN DE UNA ESPAÑA CON FUTURO